JN443554

대전환시대의

한국교회

새 시대를 위한 신학과 영성의 모색

이정순 지음

신아사

목차

제1부 대전환시대의 영성

제2부 예수를 깊이 생각하라!

제3부 예수의 발자취를 찾아서
- 서평, 여행기

들어가는 말

지난 3년간 인류는 코로나 바이러스라는 전대미문의 큰 재난을 겪었다. 많은 사람들이 죽고 직업을 잃고 가족이 해체되는 슬픔을 겪기도 했다. 이제 가까스로 대참사가 수습되면서 인류는 대전환시대를 맞고 있다. 코로나 시대를 지나 코로나 이후 시대로 접어들고 있는 것이다. 지금 새로운 국면에서 시작되는 세계는 코로나 이전과는 전혀 다른 세계이다. 코로나 이전의 시대로 돌아간다는 것은 이제 불가능하다.

전 세계적으로 어수선한 이때 우리의 모습을 돌아보고 미래를 향해 한 걸음 한 걸음 내딛을 때이다. 최첨단 과학 기술이 발전하면서 이제 인공지능의 신세계가 밝았다고 자축하는 곳이 있는가 하면 전쟁과 갈등이 곳곳에서 일어나고 있는 것이 우리의 현실이다. 국내적으로는 피흘려 이룩한 민주주의가 후퇴하면서 무너지기 직전이라고 곳곳에서 아우성이다. 수십 년 전 독재 시대로 퇴행하는 일이 벌어지고 있다. 이 모든 일과 무관한 사람은 아무도 없다. 모두 이 사회와 이 세계의 구성원이기 때문이다. 모두 거미줄처럼 얽혀 있는 세계이기 때문이다. 따라서 왜 이렇게 되었는지 우리 모두 진지하게 반성하고 성찰할 때이다.

대전환시대를 맞이하면서 한국 교회의 모습은 어떠한가? 우리 사회는 이미 오래전부터 탈종교화 현상이 시작되어 이제 국민의 절반 이상이 무종교인이다. 신앙인이면서 교회를 나가지 않는 '가나안 신자'들도 갈수록 늘어나고 있다. 이런 현상은 한층 더 가속화되고 있는 현실이다. 더욱이 저출산 고령화 사회로 접어들면서 한국의 종교인구는 계속 줄어들 전망이다. 대전환시대에 한국 교회는 어디를 향해 가고 있는가? 코로나 시대에 일부 교회와 목회자들의 잘못된 처신으로 기독교는 사회의 지탄을 받곤 했다. 코로나 여파로 대면 예배 참여자의 수도 감소했지만, 엎친 데 덮친 격으로 일부 기독교인들의 반사회적인 행동으로 기독교에 대한 인식은 더 나빠졌다. 그야말로 기독교가 개독교로, 목사가 먹사로 전락한 시대가 된 것이다.

어디서부터 잘못된 것일까? 무엇을 바로 잡아야 하는 것일까? 앞으로 나아갈 방향은 무엇인가? 필자는 한국 교회를 사랑하는 마음으로 현재 한국 교회의 모습에 관해 성찰하면서 나아갈 방향을 생각해 보았다. 학교에서 신학을 가르치는 일 뿐 아니라, 짧지 않은 세월을 한국과 미국에서 목회자로 활동해 온 필자의 경험 역시 이런 작업을 시작하는 데 큰 도움이 되었다.

이번에 출판하는 『대전환시대의 한국 교회』는 필자가 지난 20여 년간 이곳저곳에 쓴 글들을 다듬어서 엮은 책이다. 글의 형식은 다양하지만 모두 필자의 신학적 관점이 반영된 글들이다. 최근 몇 년간 쓴 글들이 대부분이지만, 가끔 오래된 글들도 들어있다. 그때와 상황이 다소 바뀌었지만 문제의 본질은 바뀌지 않았다고 보기 때문이다. 또 필자가 미국에 거주하던 시절에 쓴 글들도 몇 편 있는데, 비교의 관점에서 한국 교회에 도움이 될 것 같아 수록했다. '새 시대를 위한 신학과 영성의 모색'이라는 부제목에 부합하는 글들은 주로 코로나 시대를 겪으면서 나온 것들이다.

이 책은 총 3부로 구성되어 있다. 제1부는 대전환시대 한국 교회의 영성의 정립을 위해 도움이 될만한 글들로 이루어져 있다. 침묵의 영성, 우리 민족의 영성, 사회적 영성, 모든 성도들의 날, 해방의 영성 등 전통적으로 성령충만과 통성기도를 강조하는 한국 교회에 새로운 관심과 자극을 줄 수 있는 주제들을 다루고 있다. 제2부에서는 코로나 시대를 겪으면서 성찰적 관점에서 쓴 글들을 모았다. 여기에 역사의 예수 문제, 현대신학의 흐름, 신학의 토착화 문제, 미국의 기독교 등에 관한 글도 첨부했다. 이 글들은 오래전에 『신학비평』에 기고한 글들인데, 필자의 신학 연구 주제인기도 하다. 미국의 영향을 강하고 받고 있는 한국 교회의 모습을 뒤돌아볼 수 있도록 미국에 관한 글도 수록했다. 제3부는 서평과 여행기이다. 단순한 서평과 여행기가 아니라 필자의 신학적 관점이 들어있는 서평과 여행기이다. 대부분 책을 소개해달라는 부탁을 받고 쓴 글들이다. 또 여행기도 이미 다른 곳에 연재한 것들인데, 다시 읽으면서 수정하였다. 이런 글들을 통해 신앙의 근거인 예수의 발자취를 찾아갈 수 있도록 도움을 주는 데 글의 목적이 있다.

이번에 부족한 글을 엮어서 펴내는 데는 상당한 용기가 필요했다. 코로나 바이러스로 움추려 들었던 시기를 지나면서 다가오는 새 시대를 향해 작은 소리라도 외쳐야 한다는 생각이 계기가 되었다. 필자가 자라온 한국 교회는 더욱 보수화되었다. 신학계는 여전히 서구신학의 포로기를 벗어나지 못하고 있고 오직 소수만이 토착화 신학과 민중신학을 계승하여 한국신학을 발전시키려는 시도를 외롭게 하고 있다. 한국 교회는 사회·정치적으로 퇴행하는 시대에 보조라도 맞추듯 사회 현실과 무관한 그들만의 배타적인 공동체로 전락한 지 오래이다. 그래서 이제 교회가 사회를 걱정하는 것이 아니라 사회가 교회를 걱정하는 시대가 되었다. 이대로 가다간 어디가 끝인지 모를 정도로 밑을 향해 계속 추락할 뿐이다. 이런 현실에서 필자는 한국 교회를 사랑하는 마음으로 성찰의 자세를 가다듬고자 했다. 그리스도인인 우리 자신을 먼저 철저히 성찰할 때 새 시대를 향해 나아갈 수 있는 토대가 형성되리라고 생각한다.

책을 편집하면서 다시 읽어보니 여전히 표현이 어색하고 중복되는 곳이 종종 등장한다. 독자 여러분들의 양해를 부탁드린다. 신학적인 책이지만 누구든지 읽고 싶은 부분을 자유롭게 선택해서 읽을 수 있고, 혹 생각할 거리가 생기면 뜻을 같이하는 사람과 같이 토론하면 좋을 것 같다. 그래서 이 시대에 작은 촛불을 켜는 계기가 되길 바란다. 무엇보다도 이 책이 한국 교회를 사랑하고 염려하는 사람들에게 작은 위로와 희망이 되었으면 좋겠다. 책을 집필하는 데 곁에서 큰 힘이 되어 준 아내 창금, 딸 보름, 아들 한얼, 사위 피터에게 감사를 드린다. 마지막으로, 이 책을 출간하는 데 도움을 주신 한규갑 상무님께도 감사를 드린다.

2023년 5월 16일

이정순

제1부

대전환시대의 영성

침묵 가운데 말씀하시는 하나님

새해 아침이 밝았다. 묵은 해를 뒤로 하고 하나님이 주신 새해를 향해 힘차게 나아갈 때이다. 흔히 이때만 되면 기독교인들은 기도원과 같은 조용한 곳을 찾아 새해를 계획하곤 한다. 하나님과 나 자신과의 관계를 새롭게 하면서 새해를 향해 새로운 발걸음을 내딛기 위해서이다. 무엇보다 이번 새해는 침묵 속에서 하나님을 만나 새 힘을 얻을 때이다.

구약성서 열왕기상 19장에 보면 엘리야 예언자가 바알 예언자들과의 대결 후 이세벨 왕후의 추격을 피해 홀로 광야로 도망 다니는 모습이 나온다. 그러다 로뎀 나무 아래에서 하나님이 보내신 천사를 통해 다시 힘을 얻고 호렙산으로 가서 한 동굴에서 밤을 지내게 된다. 여기서 엘리야는 하나님의 음성을 들으면서 자신의 사명을 재다짐한다. 그런데 엘리야가 하나님의 음성을 듣는 과정에 매우 특이한 점이 있다. 열왕기상 19장 11절을 보면 “이제 곧 나 주가 지나갈 것이니, 너는 나가서 산 위에, 주 앞에 서 있어라”(표준새번역)라고 하나님께서 엘리야에게 말씀하신다. 그런데 그 후 엘리야 앞에 강한 바람이 불어 산과 바위를 부수고 또 지진도 일어나고 불이 났지만, 하나님은 그 안에 계시지 않았다. 12절 후반부를 보면 이런 현상들이 지나간 후 하나님의 “부드럽고 조용한 소리가 들렸다”고 나와 있다. 이 표현을 개역 개정에서는 하나님의 "세미한 소리"로 공동번역에는 "조용하고 여린 소리"로 표현하고 있다. 대부분의 영어 성경들도 비슷하게 표현하고 있다. 그런데 영어권의 공인 표준역인 NRSV 성경에서는 이 표현을 "완전한 침묵의 소리"(a sound of sheer silence)라고 표현하고 있다. 매우 독특하면서도 중요한 표현이라고 생각한다. 앞의 내용을 대비해서 생각해 보면 하나님은 기적적인 사건들이나 온갖 형태의 요란스러운 자연 현상에서 자신을 드러내시지 않고 온전한 침묵 가운데서 자신을 드러내셨다. 영어 성경의 표현은 침묵 그 자체가 하나님이 말씀하시는 매개체임을 알려 준다. 하나님은 온전한 침묵 가운데 침묵으로 엘리야에게 말씀하셨다. 하나님은 바로 '침묵의 소리' 자체라는 것이다.

그리스도인들은 매일같이 기도한다. 특히 묵은해를 마무리할 때도 새해를 시작할 때도 기도로 한다. 하지만 기도란 무엇인가? 왜 그리스도인들은 기도하는가? 모든 종교인이 기도를 드리는데, 그리스도인들의 기도는 무엇이 다른가? 이 시대의 영성가요 실천가였던 헨리 나웬(Henry Nowen)은『마음의 길: 사막의 영성과 현대의 목회』라는 책에서 이 문제에 좋은 답을 제시한다. 그에게 기도는 그리스도인의 신앙과 영성을 증진시키는 데 가장 중요한 항목이다. 그런데 그는 기도 이전에 먼저 침묵에 대해 말한다. 그에 따르면, 침묵은 참된 기도를 드리기 위해 거쳐야 할 전 단계이다. 침묵은 참된 기도가 드려지는 자리이다. 바로 침묵은 영성의 한 주제이다. 그러므로 헨리 나웬은 이를 '침묵의 영성'이라 부른다.

오늘 우리는 너무도 말이 많은 세상에서 살고 있다. 엄청난 말의 홍

수 속에 빠져서 더 이상 말의 중요 기능인 의사전달이 제대로 이루어지지 않고 있다. 사람들 간의 교제가 불가능하게 되었으며, 진정한 공동체를 만들지 못하게 되었다. 말은 더 이상 우리의 삶에 생명을 주지 못하게 되었다. 특히 말하는 문화가 발달되어 있고 말을 잘못하면 바보로 취급해 버리는 서구 사회와 같은 곳은 더욱 그러하다. 말의 참된 기능을 회복하기 위해 나웬은 무엇보다도 침묵의 중요성을 강조한다. 나웬에 의하면, "침묵은 영적 생활의 중요한 수련들(규율들) 가운데 하나이다." 침묵은 말의 고향이다. 침묵을 통해 우리는 참된 말의 힘과 결실을 얻게 된다. 그래서 나웬은 사막의 교부들이 광야에 나가 수행했던 침묵의 영성으로부터 배울 것을 권고한다.

사막의 교부들에 의하면 침묵은 세 가지 중요한 의미를 갖는다.

첫째, 침묵은 우리를 순례자로 만든다. 여기서 순례란 사람이 자기 혀를 다스려야 한다는 것을 의미하며, 곧 침묵하는 것을 뜻한다. 성서 곳곳에 말에 대한 경고가 들어 있다. 말로 실수하지 않기 위해서는 침묵의 훈련이 필요하다. 침묵은 그리스도인의 영적 여정에서 세상의 죄의 영향을 받지 않은 채로 머물 수 있게 만들며, 이런 이유로 침묵이야말로 가장 완전한 길이다. 그러므로 침묵은 영적 생활에서 따라야 할 중요한 규칙들 가운데 하나로서 많은 신앙의 선조들이 이를 강조했다. 말의 기능 역시 중요하다. 하지만, 말은 영적 여정에서 작은 마을 가운데 너무 오래도록 멈추어 있는 것 같은 감정을 갖게 하고, 자주 우리가 소명을 받은 순례자라는 사실을 잊게 만든다. 그러므로 "침묵하는 것은 우리를 순례자의 상태로 머물게 한다."

둘째, 침묵은 우리 마음속에 있는 불을 지킨다. 이는 침묵의 보다 적극적인 측면을 의미한다. 침묵은 내적인 불, 영적인 불, 곧 우리 안에 계신 성령의 생명을 지키는 데 목적이 있다. 침묵은 종교적인 정서의 내적인 불을 지킨다. 곧 침묵은 하나님의 내적인 불을 보살피고 살아 있도록 만드는 수련이다. 아무리 많은 말을 하고, 많은 체험을 나누는 사람이라 하더라도, 쉽게 지쳐 떨어지고, 오히려 마음속에 있는 하나님의 영의 불이 죽는 경우가 있다. 오히려 많은 말들이 신앙을 약화시키고 사람을 냉담하게 만든다. 바로 여기에 침묵의 의의가 있다. 침묵은 바로 마음속에 있는 성령의 불을 지키고 다시 살려내어 신앙을 회복시키는 거룩한 규율이요 수련이다. 그러므로 오늘날 수많은 말의 유혹에 빠진 자들, 특히 목회자들의 신앙을 회복시키고 새롭게 하기 위해 바로 이 침묵의 영성이 필요하다.

셋째, 침묵은 말하는 것을 가르친다. 이것은 침묵이 미래 세계의 신비로서 자신을 드러내는 방법을 의미한다. 참된 말, 결실을 맺는 의미 있는 말은 침묵에서 나와 침묵으로 돌아가는 말이다. 힘 있는 말은 침묵에서 비롯된다. 침묵에 바탕을 두지 않는 말은 "울리는 징과 요란한 꽹과리"(고전 13:1)와 다를 것이 없다. 여기서 우리는 하나님 자신이 말씀하시는 신비, 침묵과 말씀을 통해 참여하는 위대한 신비를 발견하게 된다. 하나님은 영원한 침묵에서 말씀하셨고 이 말씀을 통해 세상을 창조하셨다. 하나님의 말씀은 여러 계기를 통하여 침묵을 깨뜨리신 것이 아니라, 오히려 침묵의 풍요를 드러내셨다. 하나님은 바로 우리를 거룩한 침묵으로 인도하시며 이 침묵의 여정을 통해 참다운 말의 창조와 재창조를 가능케 한다. 그러므로 이제 온갖 말에 휩싸인 이 시대에 온전한 침묵 가운데 말씀하시는 하나님의 음성을 듣고 새해 새 출발을 해야 할 때이다. <2019. 1. 8.>

다시 생각하는 목회의 본질

한국 교회에서 교회와 목회자들의 문제들이 터져 나오고 있다. 곳곳에서 목회자들의 윤리 문제가 불거져 나오고 있고, 각종 재정 비리, 목회자 세습 문제, 성 추문으로 목회자들이 지탄을 받고 있다. 목회자들이 언론 매체의 주제가 되고, 세상의 법정에서까지 시시비비를 가려야 하는 일들이 벌어지고 있다. 최근 '교회개혁실천연대'의 조사 보고에 의하면 특히 교회 내 발생하는 각종 문제는 대부분 목회자의 인사·행정·재정적 전횡에서 비롯되는 것으로 나타났다.[1] 목회자의 신앙적, 신학적 자질 부족으로 인해 교회 분란이 발생하고 있다는 것이다. 그래서 이제 목사가 먹사로, 기독교가 개독교로 불리는 시대가 되었다. 이것은 무엇보다도 목회의 본질과도 관계가 있다. 많은 목회자들이 목회를 잘못 이해하고 있기 때문이다. 목회에 대한 개념이 바로 서 있지 못하기 때문이다. 정말 목회란 무엇인가? 목회의 본질은 무엇인가?

영성학자이자 실천가였던 헨리 나웬은 목회의 개념을 이렇게 정의한다. "목회란 주님의 이름으로 하는 섬김입니다. 곧 가난한 사람들에게 복음을 전하고, 포로 된 자들에게 자유를 선포하고 눈먼 자를 눈뜨게 하고 억압된 자를 풀어주며 주님의 날을 선포하는 것입니다"(눅 4:18).[2]

---

1 "교회 분쟁, '목회자 전횡에서 비롯'", 『기독교타임즈』 (2019년 1월 12일).

2 헨리 나웬/피현희 역, 『예수님을 생각나게 하는 사람』(서울: 두란노, 1999), 8.

즉 예수님이 행하셨던 것을 본보기로 삼아 세상 속에서 예수님의 이름으로 구체적으로 섬김을 실천하는 것이 목회라는 것이다. 이런 섬김으로서의 목회를 위해서 영성도 필요한 것이고 기도도 해야 한다. 그는 더 나아가 신학자 스워드 힐트너(Seward Hiltner)를 자신의 스승으로 삼아 목회의 내용을 구체적으로 밝힌다. 그 중심적인 단어는 '치유하다'(healing), '붙들다'(sustaining), '인도하다'(guiding)이다.[3] 목회란 바로 예수님을 매개로 하여 사람들을 치유하고, 붙들어 주며, 제대로 인도하는 것을 뜻한다. 바로 예수님이야말로 이런 목회의 중심이며 주제이다. 헨리 나웬은 그의 책『살아 있는 상기자』(The Living Reminder)[4]에서 목회자는 예수님의 치유와 붙드심과 인도하심을 생각하게 만드는 자라고 정의한다. 그러므로 예수께서 본을 보이신 것처럼, 목회자는 세상 속에서 구체적으로 섬김을 실현할 때, 사람들을 치유하고 삶을 잘 지탱하게 하고, 의미 있고 바른 진리의 길로 인도하는 역할을 제대로 수행할 때 하나님의 빛을 비추는 바른 목회가 이루어진다는 것이다. 이를 좀 더 자세히 살펴보자.

첫째, 현대 목회의 중심과제 중 하나는 인간 치유의 문제이다. 복잡한 현실 속에서 사람들은 이런저런 병을 안고 살아가고 있다. 우리 사회에서도 많은 가정이 파괴되고 이혼율이 급증하며, 많은 사람들이 알코올과 마약에 중독되어 살아가고 있다. 이제 사회 곳곳에서 힐링(healing)이라

3 Seward Hiltner, *Preface to Pastoral Theology* (New York: Abingdon Press, 1954).

4 이 책은 이봉우 역의『生活한 想起者로서의 司牧者』(왜관: 분도출판사, 1993)와 피현희 역의『예수님을 생각나게 하는 사람』(서울: 두란노, 1999) 등 두 가지로 번역되었다.

는 단어를 자주 사용하고 있다. 그만큼 많은 사람들이 육체적, 정신적으로 고통을 겪고 있다는 것이다. 비근한 예로 목회자를 포함한 많은 그리스도인조차도 몇 번씩 이혼을 경험하고 있다. 이제 미국에서 태어나는 세대들은 일생에 평균 2.5번씩 결혼하는 것을 고려해야 하는 시대가 왔다고 학자들은 진단한다. 그러므로 이제 교회에서는 두 번째, 세 번째 결혼을 당연히 축하해 주어야 한다고까지 말을 한다. 한국 사회도 예외는 아닐 것이다. 너무나 많은 사람들이 정신적으로, 육체적으로 파괴되고 병들어 있다. 이제 교회가 신앙공동체로서 어떻게 이들을 치유하느냐가 중요한 목회의 과제로 등장하고 있다. 인간 치유의 문제는 더 이상 회피할 수 없는 가장 우선적인 과제이며, 구원의 대체 용어라고 생각된다.

헨리 나웬에 의하면 이 시대의 목회자들은 하나님의 위대한 역사를 생생하게 기억하여 고통받는 자를 치유하는 소명을 받은 자들이다. 그들은 사람들이 상처 입은 과거를 단순히 기억하는 데서 그치지 않고, 그것을 하나님이 그리스도의 고통을 통해 이루신 구원사건과 연결함으로 치유가 이루어지도록 이끄는 자들이다.[5]

헨리 나웬은 그의 초기 저작 『상처 입은 치유자』(The Wounded Healer)에서 치유의 문제를 감동적으로 서술한 바 있다.

> 사역자의 부르심은 자신의 시대가 처한 고통을 그 마음으로 깨닫는 것이며, 그 깨달음으로부터 그의 사역이 시작되기 때문입니다 . . . 그의 사역이 진실

5 헨리 나웬/이봉우 역, 『生活한 想起者로서의 司牧者』 (왜관: 분도출판사,1993), 33.

> 한 것으로 여겨지는 길은 자신의 마음으로 직접 경험한 고통을 말하는 것입니다. 그러므로 고통을 통해 얻은 상처가 다른 사람을 치유하는 원천으로 이용되는 방법을 사역자가 깊이 이해하지 못한다면, 진정한 사역은 이루어질 수 없을 것입니다.[6]

나웬은 치유의 문제를 더 자세히 다룬다. 그에 따르면, (1) 목회자는 기억하는 일을 통해 치유하고, (2) 기억하는 일들을 통해 개인의 상처를 받아들이고 고통받는 모든 인류의 상처와 연결한다. 그리고 목회자는 인간의 고통과 상처를 예수 그리스도 안에서 하나님이 겪으시는 엄청난 고통과 끊임없이 연결시킴으로 하나님을 경험하고 그로 인해 치유가 일어나게 한다는 것이다. 바로 여기에서 기도가 이루어진다. 그러므로 목회자는 목회 현장 속에서 그 자신이 수많은 상처를 받지만, 그 상처를 통해 오히려 타인의 상처를 이해하고 동일화하며, 치유할 수 있는 자로 변화된다. 바로 목회자는 '상처받은 치유자'이다.

나웬은 여기서 치유의 본질에 대해 이렇게 말한다. "치유한다는 것은 근본적으로 고통을 없애는 것이 아닙니다. 우리의 고통이 더 큰 고통의 한 부분이며, 우리의 슬픔이 더 큰 슬픔의 한 부분이며, 우리의 경험이 그리스도가 이런 고난을 받고 자기의 영광에 들어가야 할 것이 아니냐(눅 24:26)고 하신 그리스도의 더 큰 경험의 한 부분임을 드러내는 것입니다."[7] 여기서 나웬은 그리스도 안에서 하나님을 기억하게 함으로써 치유가 일어나게 하는데, 이 때 치유를 베푸시는 분은 그리스도 자신이라

6 헨리 나웬/최원준 옮김, 『상처 입은 치유자』 (서울: 두란노,1999), 10-11.

7 헨리 나웬/피현희 역, 『예수님을 생각나게 하는 사람』(1999), 25-26.

는 점을 분명히 한다. 즉 그리스도만이 우리의 인간 소외를 무너뜨리고, 하나님과 다른 인간과의 부서진 관계를 회복시킬 수 있다는 것이다.[8]

나웬에게서 특이할 점은 이런 치유가 개인의 고통뿐 아니라 사회 전역으로 확대되고 있다는 점이다. 곧 개인적인 치유뿐 아니라 사회적인 치유에도 관심을 가지고 있다는 점이다. 그는 초창기부터 사회적인 문제에 적극적으로 개입하며 참여해 왔다. 그는 결코 개인의 치유문제를 사회적인 치유의 문제와 분리하지 않았다. 그는 다음과 같이 좀 더 구체적으로 말한다.

> 목회적 과제는 구체적인 상황에 처해 있는 사람들-질병이나 슬픔에 젖어 있는 사람들, 빈곤과 억압으로부터 고통을 받는 사람들, 세속적 또는 종교적 제도의 복잡한 그물에 사로잡혀 있는 사람들로 하여금 자신의 생활을 이 세상에서의 하나님의 끊임없는 구속 사업의 일부로서 이해하고 체험할 수 있도록 돕는 것이다. 이러한 통찰과 체험을 통해 사람들의 아픔이 치유될 수 있는 이유는 이 세계와 하나님 간에 부서진 관계를 회복하고 새로운 일치를 창조해 내기 때문이다.[9]

둘째, 목회란 사람들이 예수님에 대한 기억을 통해 그가 돌보시고 지탱해 주시는 그런 관계 속으로 들어가게 해주는 것을 의미한다. 나웬은 이렇게 말한다. "예수를 기억하는 일은 과거의 구원 사건을 기억하는 것보다 훨씬 더 능력이 있다. 그것은 생명을 주는 기억, 즉 현재 여기서

---

8 앞의 책, 38.

9 헨리 나웬/이봉우 역, 『生活한 想起者로서의 司牧者』(1993), 31-32.

우리의 삶을 지탱해 주고 세워 주면서 일상의 많은 위기 가운데서 뿌리 내린 참 존재 의식을 우리로 하여금 갖게 해주는 기억이다."[10] 그러므로 목회자란 신자들에게 이런 기억을 불러일으키게 하는 자이다. 목회자는 하나님의 현존과 부재(不在)를 동시에 강조함으로 이런 역할을 한다. 곧 언제나 하나님이 함께함으로 그분의 현존과 지탱하심을 강조할 뿐 아니라, 하나님의 부재 가운데서도 이런 하나님의 현존을 경험하게 해야 한다는 것이다. 나치의 감옥 속에서 죽음을 기다리며, 하나님의 부재 가운데서 하나님의 현존을 경험한 본회퍼야말로 좋은 예이다. 곧 하나님의 부재와 현존의 끊임없는 상호 작용 속에서 서로를 붙들어 주게 된다는 것이다.

더 나아가 목회자는 자신의 목회 가운데서도 하나님의 현존과 부재의 목회를 실천해야 한다. 다시 말해, 목회자는 항상 신자들의 요구에 응하는 현존과 실재의 목회뿐만 아니라, 스스로 창조적인 부재를 통하여 그 자신이 먼저 하나님과의 친밀감을 발전시키고, 그것을 목회의 동력으로 삼아야 한다는 것이다. 나웬은 목회자가 분주함과 유용성과 필수성과 같은 기도의 허상들에서 벗어나, 침묵의 기도, 때때로 쓸모없게 느껴지는 그런 기도를 통해 하나님의 현존 속으로 더 깊이 들어가라고 말한다. 즉 목회자가 진정한 목회자가 되기 위해서 늘 하나님 앞에 기도로 침묵하고 홀로 있는 시간을 가져야 한다는 것이다. 나웬은 이렇게 말한다.

10 헨리 나웬/피현희 역,『예수님을 생각나게 하는 사람』(1999), 48.

> 기도는 하나님 앞에서 빈 마음으로 무력하게 있으면서 모든 것이 은혜이며, 아무것도 단지 우리의 고된 노력의 대가로 얻어진 것이 없음을 선언하는 한 방법이다. 참으로 하나님을 위해 우리 시간을 써 버리는 것이 바로 사역(목회)의 행위이다. 왜냐하면 이 일은 우리 사역자와 사람들에게 하나님은 우리의 선한 노력에 관계없이 누구에게든 자유롭게 다가가신다는 것을 기억시켜 주기 때문이다.[11]

셋째, 목회는 예수님에 대한 기억을 통해 사람들을 인도하고 그들에게 희망과 자신감을 주는 것을 의미한다. 그러므로 목회자는 영적인 안내자이다. 여기서 기억은 다시 중요한 역할을 한다. 기억은 과거의 상처를 치유하고 현재의 우리를 지탱케 한다. 더 나아가 기억은 미래를 인도하고 삶을 끊임없이 새롭게 해준다. 그러므로 목회자가 "살아 있는 기억장치가 된다는 것은 기억하는 일을 통해 자신들이 맡은 사람들에게 새로운 방향을 제시하고 그들이 알지 못하는 새로운 땅으로 인도하는 예언자가 됨을 의미한다."[12]

나웬에 의하면 기억은 단지 과거의 모든 일을 철저히 성찰하는 것을 의미하지 않는다. 우리의 기억들은 성찰 이전 단계에 이미 우리 자신 안에 들어와 피와 살이 되었다. 그러므로 신뢰와 사랑과 용납과 용서와 자신감과 희망에 대한 기억들이 우리 존재 안에 들어와 우리의 기억이 된다.[13] 이런 기억들은 위기의 때에 다시 살아나 큰 힘을 발휘한다. 바로

---

11 앞의 책, 61.

12 앞의 책, 69.

13 앞의 책, 72.

이런 기억들이 사람들을 인도한다. 그런 기억들이 우리를 도와 믿음으로 이상을 향해, 더 나은 상태를 향해 앞으로 나아가게 한다는 것이다. 바로 이런 기억 한 가운데에 예수님이 계시다. 예수님은 이미 제자들에게 앞으로 어려운 시간이 닥칠 때 그들에게 기억할 것을 촉구했다. "내가 너희에게 이런 일들을 말하여 두는 것은, 그 일들이 이루어지는 때가 올 때에, 너희로 하여금 내가 한 말을 도로 생각나게 하려는 것이다"(요 16:4).

그렇다면 목회자는 신자들을 어떻게 인도하는가? 목회자는 구체적인 상황 속에서 사람들로 하여금 대결케 하고(confronting) 영감을 불어넣는(inspiring) 두 가지 방식으로 사람들을 인도한다.[14] 먼저 대결케 한다는 것은 예언자들의 사역을 의미한다. 이것들은 사람들이 갖고 있는 잘못된 환상, 거짓된 장벽들, 성장을 방해하는 장애물들, 정신적이고 영적인 사슬들을 폭로하고 벗겨내는 고통스러운 일을 뜻한다. 목회자는 이런 대결케 하는 일에 머무르지 않고, 더 나아가 신앙인들이 본래의 이상을 되찾게 하고, 위대한 비전(영감)이 시작되었던 지점으로 다시 돌아가게 한다. 위대한 예언자들과 개혁자들의 삶이 이를 잘 말해 준다. 대결케 하는 일은 고백과 회개를 촉구하고, 영감을 불어넣는 일은 새로운 용기와 확신을 가지고 삶을 다시 살아가게 만든다. 목회자는 바로 이런 두 가지 방식으로 사람들을 인도한다.

더 나아가 이런 인도자가 되기 위해 목회자는 하나님의 말씀을 끊임없이 묵상하는 일을 통해 먼저 그 말씀들을 가슴속에 새길 수 있어야 한다고 나웬은 말한다. 하나님의 말씀이 목회자의 피와 살이 될 때, 새

14 헨리 나웬/피현희 역, 『예수님을 생각나게 하는 사람』(1999), 76.

로운 세계를 안내하는 진정한 기억장치가 될 수 있다는 것이다. 나웬에 의하면, 묵상은 지적인 성찰 이상을 의미한다. 그것은 하나님의 말씀에 대한 '전적인 묵상'이다. 나웬은 중세 베네딕트 수도회 신학자 장 러끌락(Jean Leclercq)의 말을 인용하여 이렇게 말한다. "묵상은 성서 본문을 읽고 마음으로 깨닫는 것이다. 존재 전체로 깨닫는 것이다. 그 구절을 입으로, 발음하는 몸으로, 그 구절을 마음에 새기는 기억으로, 그 구절의 의미를 이해하는 지성으로, 그 구절을 실천에 옮기려는 의지로 깨닫는 것이다."[15] 사람들에게 절망이 아니라 희망을, 슬픔이 아니라 기쁨을, 죽음이 아니라 생명을 상기시키기 위해, 또 자신보다는 바로 이런 하나님을 상기시키기 위해 목회자는 바로 하나님의 말씀에 대한 전적인 묵상을 철저히 수행해야 한다는 것이다. 물론 이런 묵상은 결코 신비적이고 내면적인 차원에 머물지 않는다. 그것은 사회적인 차원으로까지 확대된다.

목회자는 목회 사역 도중 좌절하고 한계를 느끼곤 한다. 그래서 과연 목회자 자신이 이런 치유와 지탱과 인도의 사역을 감당할 수 있는가 하고 묻곤 한다. 헨리 나웬의 다음과 같은 말은 목회자에게 큰 위로와 희망을 준다. "목회의 큰 신비는 우리 자신의 약점과 한계에 압도되어 있음에도 불구하고, 우리는 여전히 너무도 명료하게 거룩한 상담자이신 하나님의 영을 우리 자신을 통해 비추고 다른 사람들에게 빛을 가

---

15 Jean Leclercq, *The Love of Learning and the Desire for God: A Study of Monastic Culture* (New York: Fordham University Press, 1961), 21-22.

져다줄 수 있다는 것이다."[16] 목회자가 칭찬보다는 지탄을 더 많이 받고 있는 이 시대에 다시 한번 목회의 본질을 되새길 때이다. 그리고 목회의 본질을 되새겨 목회자가 바로 설 때 한국 교회에 희망이 있다고 믿는다. <2019. 1. 24.>

16 헨리 나웬/피현희 역,『예수님을 생각나게 하는 사람』(1999), 82.

우리 민족, 우리 영성

1

해마다 전통명절이 다가오면 한민족 모두 고향을 찾아 차례를 지내고 조상에게 감사의 예를 드린다. 서구화의 영향과 도시문화의 발달로 인해 이제 전통 그대로 고유 명절을 지키지는 않지만, 한민족 구성원 모두 이런 전통명절은 가장 정겹고 기쁨이 넘치는 때임이 틀림없다. 설날은 한국식 신년축제로, 추석은 한국식 추수감사제라고 말할 수 있을 것이다. 물론 이런 명절들은 농경 사회를 중심으로 발달된 것이기 때문에 농경문화가 쇠퇴한 현시점에 그 의미가 예전 같지는 않겠지만, 여전히 흩어져 있던 형제, 자매들이 같은 조상의 이름으로 한자리에 모여 정을 나눌 수 있는 중요한 절기라는 데 그 누구도 이의를 제기하지 않을 것이다. 하지만 한국에 사는 기독교인들은 이런 대열에서 언제나 소극적이거나 주춤거린다. 그것은 극보수적인 신앙에 근거해 민속 명절을 여전히 이교도적이고 세속적인 문화로 보고 거부하고 있기 때문이다. 그래서 다 같이 조상을 기리는 차례에도 끼지 못하고, 조상의 묘를 찾는 성묘 대열에도 선뜻 나서지 못하는 것이다. 오히려 전통명절이 되면 이 땅의 기독교인들은 더 많은 갈등과 고민에 싸이게 된다. 혹시나 십계명을 범하는 죄를 짓지 않을까 고민하곤 한다. 또 어떤 경우에는 제사 거부로 인해 갈등과 싸움을 일으키기까지 한다.

현재 한국 개신교인들에게 전통문화와 관련해서 가장 큰 걸림돌은 역시 제사 문제이다. 한국의 제사 문화는 사구에는 없는 매우 독특한 문화이다. 설이나 추석, 또는 조상이 돌아가신 날에 죽은 조상을 산 조상처럼 간주해 절이라는 독특한 방식으로 예를 표하는 유교식 제사 문화는 한국에만 발달된 매우 독특한 문화이다. 유교의 본고장 중국도 한국과 다른 문화를 가지고 있다. 한민족은 서양 문화가 들어오기 전까지 절로 예를 표했다. 1883년 조선에서 최초로 미국 등 서방 세계에 파견된 외교 사절단인 보빙사가 미국 대통령을 접견할 때 절을 하는 사진을 본 적이 있다. 악수나 목례가 아니고 바닥에 엎드려 절을 했다는 점이 매우 흥미로웠다. 그처럼 절을 한다는 표현 방식은 지금도 설날에 세배하거나, 어른께 예를 표현하는 방식으로 사용되고 있는 한민족의 독특한 전통이다. 130여 년 전 이 땅에 들어온 미국 선교사들은 신앙 열정은 뜨거웠으나 선교지의 토착문화를 깊이 이해하지 못했다. 그리고 그들은 대부분 신학적으로 극보수 또는 근본주의자들이었다. 이 때문에 신학적 논쟁을 벌일 틈도 없이 바로 한국인들에게 조상제사를 우상숭배로 가르쳤고, 그런 가르침이 지금도 변함없이 큰 영향을 끼치고 있는 현실이다.

십계명 제5계명에 부모를 공경하라는 말씀이 있다. 그런데 조상을 살아계신 부모의 연장으로 공경하는 것이 왜 죄가 되는지, 왜 조상이 하나님과 같은 신적인 대상으로 간주되어 우상숭배로 비판되어야 하는지 2019년을 사는 우리에게는 선뜻 이해되지 않는다. 조상은 조상일 뿐 하나님이 아닌데도 말이다. 하나님에 대한 굳건한 신앙이 있다면 그 어떤 것도 하나님과 같은 신앙의 대상이 될 수 없을 것이고, 조상과 같은 개념도 단지 부모와 같은 효의 대상으로 간주하면 문제가 없지 않을까 하는 생각이 든다. 그 조상들을 통해 궁극적으로 생명의 근원이신 하나님께로 가면 되지 않겠는가?

2

16년간 미국에서 살았던 필자로서는 서구의 문화가 얼마나 한국 문화와 다른지, 기독교의 경우만 해도 미국 기독교 문화가 한국 기독교 문화와 얼마나 많이 다른지 절감하고 했다. 간단히 몇 가지 예를 들어 보자. 미국의 경우 절이나 목례라는 예법은 없다. 손을 흔들어 인사하거나 악수하며 인사하는 것이 보통이다. 모르는 사람을 만났을 경우 내가 상대방에게 해를 끼칠 의도가 없다는 뜻으로 먼저 웃으면서 간단한 인사를 건넨다. 또 공동묘지가 마을 한가운데 있는 걸 보고 놀란 적이 있다. 이것은 죽은 자를 산 자들의 공동체의 일원으로 간주한다는 것을 보여준다. 그렇다고 우리나라처럼 성묘를 가거나 죽은 날을 기념하여 추도예배를 드리지도 않는다. 예배의 경우도 대부분 미국교회들이 주일 낮 예배 한 번뿐이라고 하면 다들 놀랄 것이다. 아니 새벽 예배도 없고, 수요 예배도 없고, 속회도 없이 어떻게 신앙생활이 가능할까? 목사가 교인들 심방도 자주 못가고 특별한 요청이 있을 때만 허락받고 가야 한다니! 크리스마스 때는 그 전날 저녁에 주로 촛불 예배가 있고 당일은 예배가 없고, 오히려 가정에서 파티를 하는 게 미국의 문화이다. 크리스마스 예배보다는 '크리스마스 파티'가 더 보편화되어 있다는 말이다. 이 모든 것들은 미국 기독교가 철저히 개인주의, 실용주의 문화에 뿌리를 내린 기독교이기 때문에 그러하다. 이런 환경에서 자란 이들이 한국의 조상제사와 절 문화를 보면 어떤 반응을 보이겠는가?

제사의 문제는 이미 16세기 중국이라는 콘텍스트에서 예수회 선교사 마태오 리치(Matteo Ricci, 1552~1610)를 중심으로 활발히 논의가 전개된 적이 있다. 하지만 한국 개신교는 아직도 이런 문제를 공개적으로 논의한 적이 거의 없다. 이 문제가 한국 기독교를 토착화시키고 한국적 영성을 정립하는 데 중요한 문제인데도 130여 년 전 선교사들의 가르침에 반하는 말을 조금이라도 하면 금방 이단으로 몰리곤 하는 폐쇄적인 분위기 때문이다. 오죽하면 여의도순복음교회 담임목사였던 조용기 목사 같은 보수주의자마저 목회적 어려움을 호소하면서 제사를 수용했다가 다시 철회하는 해프닝을 벌인 적이 있다. 2002년 교계 신문에 보도된 바에 따르면, 조용기 목사는 "산 부모에게 절하는 것처럼, 제사에서는 죽은 부모에게 절하는 것"이라는 발언을 해서 대한예수교장로회(통합)측의 이단 시비에 휘말렸고 곧바로 입장을 철회했다고 한다. 사실 각 교회에서 교인들에게 명절 때마다 나눠주고 있는 추도 예배문은 내용을 예배로 바꿔놨을 뿐 유교식 조상제사의 변형이라고 말할 수 있다. 서구에는 이런 추도예식이 없기 때문이다.

아무리 문화를 거부하고 싶어도 사람은 문화 속에 살아간다. 기독교는 2,000여 년 전 팔레스타인 지역에서 유대 히브리 문화와 지중해 유역의 헬레니즘 문화를 토대로 형성되었다. 복음의 진리는 불변하는 것이지만 예수 당시에는 히브리 문화와 사상 속에서 형성되었고, 바울을 거치면서 헬라 문화의 옷을 입고 한층 더 발전하게 되었다. 그런 기독교 복음이 유럽으로 전파되었고 다시 미국을 거쳐 우리나라에 들어온 것이다. 오랜 역사를 거치면서 복음의 외적인 모습은 그때그때마다 달라졌다.

우리가 믿는 예수 그리스도의 복음의 진리는 영원하고 절대적인 것이지만, 그 진리를 이해하고 표현하는 방식은 상대적이다. 즉 복음의 진리는 항상 시대적, 지역적 문화 환경의 제약 안에서 선포된다는 것이다. 우리가 믿는 성서의 하나님은 먼저 유대 이스라엘이라는 역사적 환경 속에서 유대인 예수를 통해 자신을 드러내셨다. 당연히 유대인들은 유대교적 사고방식과 용어로 예수를 통해 드러난 진리를 이해하고 표현했다. 대표적인 용어들이 '메시아', '제2의 아담', '인자'(사람의 아들), '하나님나라', '최후 심판' 등과 같은 용어들이다. 그런데 이 복음의 진리가 헬레니즘의 문화권으로 전파되기 시작하자, 비유대교 문화권에 사는 사람들에게는 유대적인 용어들이 이해될 수 없었다. 그러자 복음 전도자들은 다시 헬레니즘 문화의 언어를 사용해 복음을 전하기 시작했다. 히브리어 '메시아'를 헬라어로 번역한 '그리스도'라는 단어가 대표적인 경우이다. 또 신약 성서 전체가 코이네 헬라어로 기록되었다는 것은 많은 것을 시사한다.

특히 요한복음서 저자는 예수 그리스도를 표현함에 있어서 유대적인 용어가 아니라 헬라적인 용어인 '로고스'를 사용했다. 우리말 성경에는

'말씀'이라고 번역했는데, 헬라어 원어로는 '로고스'이다. 고대 헬라(그리스) 철학에서 원래 로고스는 존재의 원리이자 통일의 원리였다. 문자적으로 볼 때 이 단어는 메시아 개념과 꼭 맞는 것은 아니었다. 하지만 당시 헬레니즘 문화권 사회의 지식인들에게 로고스는 하나님의 아들이요 인류의 메시아인 예수 그리스도를 이해시키는 가장 적절한 용어였다. 요한복음은 이외에도 '생명', '빛', '진리' 등과 같이 헬라 철학에서 자주 사용되는 용어들을 통해 예수 그리스도의 복음을 전파했다. 그럼으로써 요한복음은 공관복음서와는 다르게 '영적인 복음서, 신비주의 복음서'라는 별명이 붙을 정도로 후대 그리스도교의 영성 형성에 큰 영향을 끼쳤다. 요한복음서는 헬라 문화에 속해 있는 청중들을 대상으로 복음을 전하기 위해 기록된 복음서였다. 따라서 헬라 문화에 익숙한 용어들을 통해 예수를 이해시키려고 노력했던 복음서였다. 다른 식으로 말하면 요한복음서는 헬라식으로 토착화된 복음서였다.

3

존 웨슬리(1703-1791)에서 시작된 감리교회는 "성경, 전통, 체험, 이성"이라는 4가지 요소에 뿌리를 내리고 있다. 이 4가지 반석 위에 감리교 신학이 토대를 두고 있다는 말이다. 그런데 1884년 아펜젤러의 선교로 시작된 한국 감리교는 '토착문화'라는 한 가지 요소를 더 강조하고 있다. 현재 감리교본부 웹싸이트의 "기독교대한감리회 신학을 위한 지침"에 따르면, 진정한 한국 감리교회가 되기 위해서는 "웨슬리의 유산을 계승하여 복음이 한국문화에 뿌리내려 열매 맺게 하는 신학을 수립해야" 한다고 소개하고 있다. 이런 규정은 1930년 한국감리교회가 자치를 이루면서 한국감리교회의 성격을 규정하면서 내세운 다음과 같은 지침에서 비롯된 것이다.

> 한국 감리교회는 "진보적이므로 생명이 있는 이의 특색을 가졌으니 곧 그 시대와 지방을 따라 자라기도 하며 변하기도 할 것"이라고 말한다. 그리고 한국적 교회가 되게 하자는 것은 "교회생활 중에 무엇이든지 한국에서 된 것이 아니면 내버린다는 협소한 말이 아니라" 도리어 "고금을 통해 전래한 바를 감사한 마음으로 받아서 예배에나 행정에나 규칙에 잘 이용하되 한국문화와 풍속과 습관에 조화되게 하고자 하는 것"을 말하고 있다. 한국 감리교회가 진정한 한국 교회가 되도록 하는 데 있어서 성경, 전통, 체험, 이성과 더불어 한국의 문화를 중시하는 신학의 수립이 절실하게 요청된다. 이는 진정으로 복음적이며 한국적인 찬송가를 짓는 과제를 비롯하여 한국 감리교회의 예배, 신조, 영성, 선교와 같은 구체적인 신앙생활의 전 영역에서 복음이 한국인들의 문화와 심성에 뿌리내려 열매 맺게 함을 말한다.[17]

이런 소중한 지침을 토대로 한국 감리교회는 초장기부터 복음의 토착화에 힘썼다. 대표적으로 윤성범의 '성(誠)의 신학', 유동식의 '풍류(風流)신학', 김하태의 '경(敬)의 신학' 등을 예로 들 수 있다. 이런 신학들은 한국의 전통 종교사상을 복음적으로 해석하여 한국적 기독교의 형성을 모색하는 데 그 목적이 있었다. 감리교 전통에 서 있는 목원대학교의 경우 초창기부터 이런 토착화 신학의 전통이 매우 강했다. 목원대학교

---

17 "기독교대한감리회 신학을 위한 지침", https://kmc.or.kr/about-kmc/faith-of-kmc

제2대 학장이었던 이호운 목사는 이미 토착화 신학의 정신을 실천적으로 구현하고자 노력한 선구적인 인물이었다. 이호운 목사는 1964년 5월 4일 감리교대전신학대학(목원대) 개교 10주년을 맞이하면서 목원대의 정체성과 앞으로 이룰 꿈에 대해 이렇게 언급했다.

> 오늘날 우리 대전신학교를 보고 "너는 무엇 때문에 세워졌느냐?"고 묻는다면, 우리는 이렇게 대답할 것입니다.… 우리가 소중히 지니고 실현시키려고 애쓰고 힘쓰는 꿈은 복음의 실제화와 생활화이요 복음의 대중화와 민중화입니다.… 우리의 이상은 … '복음을 흙에 개이려는 것'입니다. 우리는 성직자로 초연하고 성별된 사람들이라 해서 은근히 허세를 부리고 권위를 내세우기에 여념이 없는 교역자를 기르기보다, 민중을 이해하고 그들 속에서 그들과 함께 사는 친구와 일꾼을 기르렵니다.[18]

"복음을 흙에 개이려는 것"이야말로 토착화의 가장 적절한 표현이다. 그는 목회적 실천을 통해 복음의 한국적 토착화를 모색했던 것이다. 목원대학교 제9대 학장을 지냈던 김하태 박사 역시 일찍이 유교와의 대화를 통해 한국 신학을 발전시키려 했던 대표적인 감리교 목회자이자 신학자였다. 미국에서의 오랜 목회적 경험과 학문연구를 통해 그는 기독교 복음을 한국의 토양에 토착화시키려 했다. 김하태 박사는 토착화의 문제를 이렇게 피력한 적이 있다.

> 그리스도교가 한국 땅에 들어와 한국 종교와의 대화와 수정의 과정을 지

18 감리교대전신학대학동문회 편, 『목원의 꿈』 (서울 : 활문사, 1972), 262~263.

> 날 때 그리스도교는 사상적, 논리적, 또는 건설적 작업을 하게 되는 것이므로 토착화 신학의 문제가 대두된다. 토착화 신학의 목적은 그리스도교의 진수를 어떻게 한국적인 것으로 만드느냐 하는 데 있다. 한국적 언어와 한국적 정서와 한국적 사상을 매개로 하여 그리스도교의 진리를 한국인에게 알맞고, 한국인이 잘 이해할 수 있는 형태로 만들어 놓을 때, 이 작업은 완성될 것이다.[19]

한국에서 유교는 낡고 진부한 종교요 사회 진보를 가로막는 장애물로 간주되고 있기도 하지만, 지난 500여 년간 한국인의 삶 속에서 가장 깊은 영향을 끼쳐온 종교라고 김하태는 본다. 즉 한국인의 가치관과 세계관은 여전히 유교의 영향을 깊이 받고 있다는 말이다. 이런 상황에서 유교와 같은 전통문화를 그리스도교적인 관점에서 비판적으로 수용하는 작업은 기독교를 한국의 땅에 토착화시키는 데 필수적이다. 제사 문제도 이런 차원에서 접근해야 할 것이다.

다시 성서로 돌아가 보자. 요한복음 1장 14절에 "말씀(로고스)이 육신이 되었다"라는 선언이 나온다. 이 구절은 절대적이고 영원한 진리가 세상에 임할 때는 구체적인 문화, 시공 속에 나타날 수밖에 없다는 것을 잘 보여준다. 그야말로 토착화의 가장 중요한 원리를 보여준다. 원문에는 '로고스'가 '사르크스'가 되었다고 나와 있다. 로고스와 사르크스는 너무나 대조적인 단어다. 하늘과 땅끝이라고나 할까? 로고스는 저 하늘 위에, 곧 영적인 차원에 있는 최고 존재를 뜻하지만, 사르크스는 낮고 천한 이 세상의 구체적인 현실을 뜻한다. 이는 우리가 믿는 복

19 김하태, 『동서철학의 만남』(서울 : 종로서적, 1986), 212.

음, 우리가 추구하는 진리는 구체적인 역사적 현실에 임하여 인간 예수 그리스도로 나타났다는 말을 뜻한다. 그러므로 토착화는 그리스도의 화육의 원리에 기초해 있다. 하나님이 예수 그리스도라는 인간을 통해 나타나셨듯이, 복음의 진리는 끊임없이 구체적인 세상 문화와 현실 가운데 뿌려지고 나타난다는 것이다. 그것은 끊임없는 화육의 사건이다. 그리스도는 끊임없이 우리의 심성과 현실문화에 화육하신다는 것이다. 그러므로 복음의 토착화야말로 이 땅에서 끊임없이 그리스도의 화육의 사건을 체험하는 것을 의미한다.

개신교 선교 135년을 지나면서 이제 우리 민족의 문화와 얼을 통해, 우리 민족의 말과 가락을 통해 우리의 독특한 신앙과 영성을 개발할 때이다. 이는 예수 그리스도의 화육의 사건을 한국인의 심성과 문화 한가운데서 체험하는 것을 의미한다. 이제는 당당히 5,000여 년 한민족의 역사 속에서 활동하셨던 하나님, 오늘 우리 문화 가운데 활동하시는 바로 그 하나님을 체험하고 당당히 선포할 때이다. 잠언 5장 15절에 "너는 네 우물의 물을 마시고 네 샘에서 솟아나는 물을 마셔라"는 구절이 있다. 이 구절은 우리가 신앙과 영성에 관해 이야기할 때 각자는 자신의 우물에서 물을 마시는 방법을 알아야 한다는 것을 말해 준다. 우리는 지금 어떤 우물에서 물을 마시는가? 우리 교회는 어떤 우물에서 물을 마시는가? 한국 교회는 어떤 우물에서 물을 마시는가? 한국 기독교인으로서 우리는 이렇게 대답해야 할 것이다. "우리는 우리 자신의 우물에서 물을 마신다." <2019. 2. 14.>

사순절 기간에 지나는 영성의 오솔길

올해도 어김없이 예수의 고난과 죽음을 묵상하며 그의 삶을 실천하는 사순절 기간이 시작되었다. 요즈음 들어 한국 교회도 사순절 40일 특별기간을 많이 지키고 있는 편이다. 그만큼 절기력을 따르는 교회들이 많이 늘었다는 증거이다. 물론 많은 교회들이 이 기간 동안 특별 새벽기도회만을 유독 강조하고 있다. 그래서 이 기간만 되면 교회마다 사순절 40일 새벽 기도회나 특별 집회를 알리는 현수막이 내걸리곤 한다. 새벽에 교회에 가서 예배드리고 기도하는 것이야 잘못된 것이 없지만, 사순절의 의미를 여기에만 제한하는 것은 문제이다. 사순절은 교회보다는 그리스도인의 삶 속에서의 실천이 더 강조되는 기간이다. 그리스도인들의 생활 속에서 사순절의 의미를 되새길 수 있는 다양한 프로그램들이 필요한 것 같다.

미국에서는 가톨릭과 개신교를 망라하여 많은 교회들이 '재의 수요일'에서 시작되는 사순절기를 중요하게 지키고 있다. 사순절이 시작되는 재의 수요일이 되면 곳곳에서 이마에 십자가 표시를 한 사람들을 보곤 한다. 재의 수요일 예배에 참석해 보면 지난해 종려 주일에 썼던 마른 종려 가지를 불에 태워 재를 만든 후 그것으로 신자들 이마에 십자가 표를 만들어 주는 예식을 경험하게 된다. 목사나 신부는 사순절을 경건하게 시작하고자 하는 신앙인들을 설교단 앞으로 초대한 후, '회개하고 복음을 믿으십시오'(마 1:15), '사람은 흙에서 왔으니 흙으로 돌아갈 것을 생각하라'(창 3:19)라고 권고한다. 이 의식은 많은 것을 의미한다. 이마에 십자가의 형태로 재를 바르는 것은 무엇보다도 참회와 회개의 상징이다. 이제 부활절까지 계속되는 기간 동안 그리스도의 제자로서 경건하고 특별하게 삶을 살겠다는 약속이기도 하다. 또한 이것은 삶의 한 가운데서 예수의 고난과 죽음을 생각해 보고 그것을 삶에 적용하겠다는 다짐이다. 이제 예수의 십자가를 이마에 붙인 만큼 그리스도인의 정체성을 분명히 하는 기간이 바로 사순절이다.

사순절(四旬節)은 40일을 의미한다. 정확히 말하자면 사순절은 재의 수요일부터 성 목요일과 성 금요일을 거친 후 부활주일 바로 직전까지의 40일을 의미한다. 물론 이 기간은 글자 그대로 40일이라기보다는 신앙인들이 예수님의 부활을 준비하는 회개와 정화의 특별시기를 의미한다. 왜 40일인가? '40'이라는 숫자는 상징적인 숫자이다. 즉 40은 신앙인들이 하나님의 백성으로 태어나기 위해 거치는 정화의 준비 기간을 상징한다. 성서를 보면 이스라엘 백성이 하나님과의 관계를 회복하기 위해 참회와 속죄로써 자신을 정화할 때 '40'이라는 숫자가 종종 등장한다. 하나님께서 노아 홍수로 새로운 세상을 준비할 때 이 땅에 40일간 비가 내렸고, 이스라엘 백성이 약속의 땅으로 들어가기 전에 40년간 광야를 헤맸으며, 모세는 십계명을 받기 전 40일간 단식했다. 예수님도 공생애를 시작하기 전에 40일간 광야에서 금식하셨다. 이렇게 기독교인들에게 40은 특별한 숫자이다. 특히 주님의 부활을 진정으로 기뻐하고 축하하기 위해서는 40일간의 참회와 정화와 겸손의 기간을 거쳐야 한다.

사순절 기간은 무엇보다도 영적 성장의 길이다. 영성이 더욱더 깊어지는 기간인 것이다. 하나님과의 친밀한 관계가 더욱 깊어지는 기간이다. 흔히들 영성 하면 성령 충만을 생각하는 것이 한국 교회의 풍토이다. 통성기도를 통해 성령의 충만을 받는 것이 영성의 전부처럼 생각하고 있다. 그래서 매일 같이 새벽기도에 나가 성령의 충만함을 달라고 기도하곤 한다. 또 각종 부흥회에 참석하여 울부짖곤 한다. 그러다 또 허전해지면 다시 이런 식의 부흥회를 찾곤 한다. 이런 식의 성령 충만 역시 중요한 영성의 길이지만, 늘 반복되는 갈급함만을 재촉한다면 진정한 의미의 참된 영적 성장은 힘들게 될 것이다. 일상생활 속에서의 묵상과 기도 및 내적 성찰, 더 나아가 생활 속에서의 신앙적 실천이 수반되어야 할 것이다.

순간적인 뜨거움을 추구하는 식의 신앙생활을 통해 기독교인들이 생활 속에서 겪는 각종 스트레스와 한을 일시적으로 푸는 심리적인 해소감을 느낄 수도 있겠지만 참된 영적 성장으로 나아가기 위해서는 그 이상이 필요하다. 내 안을 풍성하게 채워달라는 기도뿐만 아니라 내면 깊숙이 들어가 온갖 세상 때로 가득 찬 나 자신의 마음을 비우는 기도도 필요하다. 예수님은 스스로 "자기를 비워 종의 형체를 가지사 사람들과 같이 되셨다"(빌2:7)고 했다. 예수님은 하나님의 본체이셨지만 하나님과 동등 됨을 취하지 아니하시고 오히려 자기를 비우시고 이 땅에 오셨다. 이런 예수님을 본받아 '비움의 기도'를 실천해야 할 때이다. 그럴 때 우리는 그동안 깨닫지 못했던 영성의 새로운 차원을 경험하게 될 것이다.

사도 바울의 목회 현장에는 각종 은사체험을 강조하는 성령 운동이 만연했다. 또 바울 자신이 각종 신비체험을 한 자로 소개되고 있다. 하지만 정작 우리가 따라야 할 본보기인 예수님은 어떠한가? 예수님은 신비체험만을 유독 강조한 적이 없다. 예수님 자신도 신비체험을 하셨다. 대표적인 것이 변모 사건(마 17:1-9, 눅9:28-36)이다. 지금도 교회에서는 예수님의 변모 사건을 기념하여 변모 주일을 지킨다. 복음서 기록에 의하면 예수님이 기도하시러 제자들을 데리고 산에 올라갔다가, 모습이 변하고 옷이 눈부시게 빛났다고 한다. 그리고 모세와 엘리야가 그곳에 나타나 예수님의 죽음에 관해서 이야기했고, 하늘에서 "이는 내 아들, 내가 택한 아들이니 그의 말을 들어라!"라는 소리까지 들렸다고 한다. 그야말로 하나님의 현존을 직접 체험한 신비로운 사건이다. 함께 했던 제자들은 그곳에 초막을 짓고 신비로운 상태에 계속 머물고자 했다. 하지만 예수님은 신비체험으로 산 위에 머물기보다는 산 아래로 내려와 자신의 길을 힘차게 갔다. 다시 병자들을 고치시고 귀신들을 쫓아내는 자신의 사역을 묵묵히 감당하셨다. 그의 신비체험은 하나님나라 운동을 위한 에너지로 사용되었다. 그의 영성은 하나님나라를 제대로 선포하고 실천하기 위한 힘이었다. 그래서 예수님은 늘 가난하고 소외된 자들과 함께하면서 철저히 섬김과 나눔을 실천하며 사신 것이다. 예수님은 자기 혼자만 신비스러운 체험이나 능력을 소유하고 즐기려고 하지 않았다. 오히려 예수님은 세상 한가운데서 하나님의 나라를 선포하고 실천하는 사회적이고 실천적인 영성의 모습을 보여주셨다.

무릇 모든 종교마다 나름대로 신비체험이 있다. 당장 눈에 보이는 특별한 현상을 추구하는 경향이 많이 있다. 힌두교나 불교에서는 어떤 단계의 정신적 육체적 수행에 이르면 신비한 능력을 행사할 수 있다고 믿고 있다. 이를 '잇디'(iddhi)라고 부른다. 요가나 명상 수행을 집중적으로 오랫동안 한 사람은 이런 능력을 행사할 수 있다고 한다. 하지만, 이런 '잇디'는 참된 깨달음에 이르는 한 단계에 불과하지, 깨달음 자체와는 무관하다. 이제 막 구도의 길에 이른 사람이 어느 정도의 수행을 걸쳐 경험할 수 있는 초보적인 단계라는 것이다. 한국 사람들은 성격이 급해 특히 이런 잇디를 추구하는 경향이 심한지도 모른다. 그래서 한국 그리스도인들은 방언을 하고, 꿈을 해석하고, 예언 기도를 하는 것에 집착하는지도 모른다. 하지만 이런 것들은 영성의 길에서 중요한 계기로 작용할 수 있지만, 영성 그 자체는 아님을 인식할 필요가 있다. 굳이 말하자면 이런 모든 것들은 영적인 유아기에 해당하는 것들이다. 영성의 길은 멀다. 우리의 인생 여정처럼, 영성의 길에는 청소년기와 장년기와 노년기에 이르는 먼 여정이 기다리고 있다.

기독교 영성이란 무엇인가? 한마디로 하나님과의 합일을 추구하는 노력이다. 예수님이 바로 대표적인 모델이다. 사순절 기간은 예수님의 영성을 본받는 기간이다. 예수님이 곧 닥칠 수난에 앞서 하나님과의 일치를 구하며 밤을 지새운 것처럼 사순절 영성의 밤을 지나는 기간이다. 이 영성의 밤을 잘 지나면 또 다른 차원의 신앙에 들어선다. 영적인 성장이 이루어지는 것이다. 부활의 기쁨을 맛보는 것이다. 중세의 신비주의자 십자가의 성요한(St. John of the Cross, 1542-1591)에 따르면, 하나님과 합일을 이루기까지 우리 영혼이 거쳐야 하는 세 가지 밤이 있다.

왜 밤을 지나야 하는가? 그것은 영적 성장을 위해 우리 영이 밤의 어둠 속에서처럼 고통스러운 과정을 겪어야 하기 때문이다.

먼저, 첫 번째 밤은 단절, 곧 탈출을 의미한다. 영성은 단절에서 비롯된다. 영성은 새로운 출발을 위해 기존의 것들과 단절할 때 시작된다. 곧 이제까지 품고 있던 세상의 소유물에 대한 욕망을 끊어버리고 새로운 출발을 하는 것이다. 하나님에게 이끌리어, 그에 대한 사랑에 불붙어 어두운 밤에 탈출을 감행하는 것이다. 이런 부정과 단절은 인간의 감각에는 마치 밤과도 같은 것이다. 그래서 고통스럽고 힘든 것이다. 하지만 이런 단절은 하나님의 해방 활동의 표현이다. 하나님이 손을 펴셔서 히브리 노예들을 이집트의 억압에서 이끌어내셔서 대탈출을 시작하게 한 것과 같다. 이 탈출은 곧 투쟁과 전쟁을 의미한다. 칠흙 같은 어두움을 고통스럽게 지나야 한다. 하지만 하나님의 사랑이 이 모든 것을 지나가게 하는 힘을 준다. 하나님의 사랑을 생각할 때 우리는 영혼의 첫 번째 밤을 지나게 된다.

두 번째 밤은 하나님과의 합일을 위해 떠나는 신앙의 여정이다. 믿음은 하나의 여정이다. 아브라함이 하나님의 지시를 받아 길을 떠나듯이 말이다. 하나님께로 가는 길은 곧 믿음의 여정이다. 아니 믿음이 바로 길이다. 이 길은 이성적인 자에게는 어두운 밤과 같다. 이 밤은 첫 번째 밤보다 더 훨씬 깊고 어둡다. 하지만 이제 신앙을 길잡이 삼아 더 든든하고 확실하게 이 밤을 지나갈 수 있다. 어둠에서 출발하였지만, 이제 믿음이라는 지팡이를 들고 더욱 확고하게 이 길을 갈 수 있다는 것이다. 이 길은 또한 많은 노력을 필요로 한다. 이 영성의 길에서 뒤로 후퇴

할 수도 있고 더 이상 앞으로 나아가지 않을 수도 있다. 그것은 개인의 노력에 달려 있다. 이처럼 영성은 노력과 훈련이 없이는 성장하지 않는다. 광야에서 방황한 히브리인들처럼 이 길을 가는 자들은 또한 자신의 광야에서 철저한 고독에 처하곤 한다. 이 고독은 이기적으로 자신에게로 위축되는 것이 아니라, 하나님을 체험하는 데 그 목적이 있다. 또 이 막막한 광야, 지극히 깊고 아득한 광야에는 흔적을 남긴 길이란 자취도 찾아볼 수 없다. 이처럼 영성의 길에는 로드맵이 없다. 영성의 길은 성령의 자유로운 활동으로 이루어지는 지속적이고 창조적인 자유를 의미한다. 그것은 개개인이 성령의 자유로운 활동 안에서 찾고 만들어가는 길인 것이다.

세 번째 밤은 새벽이 되기 전의 상태, 곧 새날이 시작되어 빛이 막 떠오르기 시작하는 때를 뜻한다. 이 단계에서 비로소 낮의 찬란한 빛, 곧 하나님과의 합일을 이루게 된다. 모든 영성의 길은 바로 이 단계에 도달하는 것을 목표로 한다. 이전 단계에서 하나님은 여전히 밤에서와 같이 보이지 않지만 이제 영혼의 세 번째 밤을 지나면서 떠오르는 햇빛처럼 밝히 드러나신다. 그럼으로써 하나님의 현존을 인식하고 체험하게 되며, 영적인 완성을 이루게 된다. 그래서 십자가의 성요한은 이렇게 고백한다. "아 인도하는 밤이여, 새벽보다 더 사랑스러운 밤이여! 아 사랑하는 자와 사랑받는 자를 연합시킨 밤이여, 사랑받는 자를 그분의 사랑으로 변화시킨 밤이여."

십자가의 성요한이 말하는 영혼의 세 밤은 하나의 비유이다. 자신의 영적 체험을 통해 그리스도인이 걸어가야 할 영성의 과정을 묘사한 것이다. 영혼의 세 밤은 신앙인이 반복적으로 체험해야 할 다양한 영성의 단계들을 의미한다. 이처럼 기독교 영성은 하루아침에 완성되지 않는다. 영성은 계속 걸어야 할 길과 같다. 많은 사람들이 찾지 않는 좁은 오솔길과도 같다. 하나님의 주도로 시작되는 이 영성의 오솔길을 가기 위해 끊임없는 우리 자신의 노력이 필요하다. 이것이 바로 영성훈련이 갖는 의미이다. 예수의 삶과 고난과 죽음을 생각하는 이 계절에 우리는 영혼의 어떤 밤을 지나고 있는가? <2019. 3. 7.>

그리스도인의 영적 성숙과 사회적 책임

매년 5월 첫째 주 일요일이 되면 미국 보스턴 지역에서는 "굶주리는 자들을 위한 걷기대회"(Walk for Hunger)가 성황리에 열리곤 한다. 이 행사는 보스턴시 곳곳에서 많은 사람들이 참석하는 큰 행사이다. 2006년도 미연방 보고서에 의하면 매사추세츠주에서 약 50만 명의 사람들이 지속적이고 적절한 음식을 공급받고 있지 못하고 있으며, 다섯 명 중 한 명의 어린이가 굶주리고 있다고 한다. 그야말로 풍요 속의 빈곤이라는 말이 미국의 현실을 가장 잘 묘사한다고 생각된다. 이 걷기대회 행사는 "프로젝트 브레드"(Project Bread)라는 프로그램의 일환으로 열리곤 한다. 언젠가 이 지역 신문을 보니 약 40,000여 명의 사람들이 참여해서 300만 달러를 모금했다고 한다. 모금된 돈으로 수백 개의 무료급식소를 돕는다고 한다. 이 지구촌 곳곳에는 여전히 이웃에게 관심을 갖는 많은 사람들이 있음을 확인하게 된다. 그런데 이 행사를 통해 기억해야 할 사실이 있다. 바로 이 대회는 미국 최초로 가톨릭 사제회를 결성한 아이작 헥커(Issac Hecker) 신부에 의해 매우 신앙적인 동기로 이 행사가 시작되었다는 것이다. 그의 생애는 우리 그리스도인들에게 많은 교훈을 주므로 잠시 소개하고자 한다.

1837년 헥커 집안 형제들은 뉴욕에 불어닥친 경제난으로 많은 사람들이 굶주리는 것에 충격을 받고, 그들에게 빵을 만들어 나누어 주는 운동을 시작했다. 그때 막내였던 아이작 헥커는 18세였다. 아이작은 이 자선 운동으로 많은 것을 경험했고, 이 일은 그의 평생 사업으로 이어졌다. 아이작은 1843년 보스턴 남부의 웨스트 락스베리에 있었던 '브룩팜'에 들어갔다. 이 농장은 데이빗 쏘로우와 왈도 에머슨의 이상을 실현하려는 유토피아적 공동체였다. 아이작은 이곳에서 "영적으로 성숙하면서도 사회적으로 책임을 다하는 삶의 길"을 실현해 보려고 노력했다. 아이작 헤커는 이 농장에서 빵 만드는 기술자로 공동체를 섬겼다. 사람들은 그를 가리켜 "진실된 추구자"(Earnest the Seeker) 라고 불렀다. 아이작 헥커는 1844년 그리스도인이 되었다. 그때 그는 새로운 전기를 마련하고자 유럽을 도보로 걷기로 한다. 쏘로우에게 같이 동참하기를 간청했으나 쏘로우는 그것이 불가능하다고 말하면서 거부했다. 비록 유럽 도보 걷기운동이 실패로 끝났지만, 그는 벨기에로 가서 신학 공부를 하고 신부가 되어 미국에 돌아온다. 그 후 그는 미국에서 새로운 유형의 가톨릭교회를 만들려고 노력했고, 특히 평생 가난한 사람들에 대한 관심과 사랑을 교회를 통하여 구현하려고 애썼다. 이를 "뉴잉글랜드의 가장 위대하고, 가장 고귀하며, 가장 용감한 꿈"이라고 그는 주저 없이 말하곤 했는데, 이 꿈은 바로 일생 동안 굶주리는 사람들을 돕는 것이었다.

아이작 헥커의 노력은 결코 허사가 아니었다. 1세기가 지난 다음, 뜻을 같이하는 사람들이 모여 아이작 헥커의 정신을 되살리는 운동을 전개했다. 마침내 이들은 1969년 처음으로 "굶주린 사람들을 위한 걷기운동"을 전개했고, 이후로 계속된 걷기운동으로 1974년 "Project Bread"

라는 기구가 탄생하여, 굶주린 사람들을 지속적으로 도울 수 있게 되었다. 이 운동은 오늘날까지 계속되고 있다. 매년 보스턴 거리에서 실시되는 걷기대회의 기원을 소개하면서 필자는 그리스도교 신앙의 핵심인 영성과 사회적 책임은 두 개가 아니라 하나라는 사실을 다시 한번 깨닫게 된다. 아이작 헥커가 추구했던 사회 운동은 철저히 신앙과 연결되어 있었다. 그는 자신이 말한 대로 영적으로 성숙하고 사회적으로 책임을 다하는 삶을 살고자 노력했다. 그럼으로써 그리스도교의 참된 영성은 무엇인지를 잘 보여주었다.

21세기를 살고있는 우리 사회에서 요즈음 많이 듣는 용어가 있다면 그것은 '영성'(spirituality)이다. 원래 이 용어는 가톨릭 전통에서 나온 단어이다. 특히 17세기에 프랑스 가톨릭교회에서 영성에 관한 많은 서적들이 쏟아져 나오므로 '영성', '영성 생활', '영성 신학' 등의 용어들이 발달하기 시작했다. 개신교 전통에서는 영성이라는 단어보다는 '성령이 충만한 삶' 또는 '성령에 따라 사는 삶'이라는 말을 주로 써왔다. 가장 많이 드는 성서적 예는 고린도전서 2:14-15이다. 여기에서 사도 바울은 영적 인간과 자연인을 비교한다. 하나님의 영을 받은 영적인 인간이 그리스도인이라는 것이다. 그러므로 그리스도인은 성령을 충만히 받아야 한다는 것이다. 이 영적인 인간, 성령 충만한 인간에서 영성이라는 단어가 발전되어 나왔다.

오늘날 영성이라는 단어는 개신교, 가톨릭, 정교회를 포함한 그리스도교뿐 아니라 대중적으로 광범위하게 사용되고 있다. 그야말로 우리는 영성의 시대에 살고 있다. 그 대표적인 예가 미국 스칼라 프레스에서

25권 시리즈로 발행되고 있는 '세계의 영성'이라는 주제의 책들이다. 이 책들은 세계 각 지역에서 일어나고 있는 종교 영성들을 각 권마다 주제로 다루고 있다. 어떤 책은 불교의 영성에 관해, 또 어떤 책은 힌두교의 영성에 관해, 또 어떤 책은 유교의 영성에 관해 다루고 있다. 물론 그리스도교 영성은 3권에 걸쳐 다루고 있을 정도로 그 연구 분야와 전통이 가장 광범위하다. 미국 종교학자들에 따르면, 현재 미국에서는 전통적인 제도종교, 특히 그리스도교에 대한 관심은 현저히 줄어드는 반면, 새로운 종교 영성에 대한 관심은 오히려 늘어나고 있다고 한다. 그만큼 많은 사람들이 전통적인 그리스도교의 영성에 싫증이 나 있다는 것을 보여준다. 이것은 또한 지금이 그리스도교의 영성에 대한 새로운 길을 모색해야 할 때라는 것을 의미한다.

영성에 대한 성서적 근거를 곳곳에서 제시할 수 있겠지만, 필자는 구약성서 본문 미가서 6:6-8야말로 그리스도교 영성이 무엇인지를 가장 분명하게 제시해 준다고 생각한다. 본문의 주인공 미가 예언자는 예루살렘으로부터 약 25마일 떨어진 작은 농촌 출신의 청년이었다. 그가 활동하던 B.C. 735-701년 당시 이스라엘은 국제적으로 신흥 강대국인 아시리아 제국의 위협을 받고 있었고, 끊임없이 전쟁에 시달려야 했다. 또 국내적으로는 많은 불의가 자행되고 있었다. 권력을 장악한 도시인들이 농민들을 속이고 수탈했고, 그들의 토지와 농작물마저 빼앗았다. 결과적으로 부자는 더 부자가 되고 가난한 자들은 더 가난한 자로 전락하는 비참한 현실이었다. 또한 종교적으로도 갖은 불의가 저질러지곤 했다.

이런 현실 속에서 미가는 하나님의 진노와 심판을 외친다. 본문 6장 5절에 보면 그의 메시지의 핵심은 이스라엘이 노예로 고생하던 이집트를 떠나 약속의 땅으로 들어갈 때 하나님께서 보여주셨던 사랑과 은혜를 이스라엘이 까맣게 잊어버리고, 하나님의 뜻을 저버린 채 갖은 불의와 악에 빠져 있다는 것이다. 6장 6절에서 8절까지를 보면 먼저 예언자 미가는 사회적인 실천이 모자란 예배행위를 비판한다. "높이 계시는 하나님 야훼께 예배를 드리려면, 무엇을 가지고 나가면 됩니까? 번제를 가지고 나가야 합니까? 송아지를 가지고 나가야 합니까? 수양 몇천 마리 바치면 야훼께서 기뻐하시겠습니까? 거역하기만 하던 죄를 벗으려면, 맏아들이라도 바쳐야 합니까? 이 죽을 죄를 벗으려면, 이 몸에서 난 자식이라도 바쳐야 합니까?" 아무리 정성스러운 예배와 제물도 사회적 실천이 결여되어 있다면 하나님이 원하시지 않는다는 것이다. 오히려 하나님이 원하시는 것이 있는데, 바로 8절의 내용이다. "정의를 행하며, 인자를 사랑하며, 하나님과 함께 겸손히 동행하라."

미가가 외쳤던 이 구절은 그리스도교의 성숙한 영성, 균형 잡힌 영성을 핵심적으로 제시한다. 그것은 세 가지로 요약할 수 있다. 첫째로, 하나님과 겸손히 동행하는 삶이다. 영성에 대한 수많은 정의가 있지만 그리스도교 영성은 하나님과의 만남에서 시작된다. 하나님이라는 존재가 빠지면 다른 방식의 종교 영성은 될 수 있지만 그리스도교 영성은 될 수 없다. 하나님을 만나고 그의 존재를 생활 속에서 느끼는 것이 바로 그리스도교 영성의 출발이다. 더 나아가 하나님을 내 마음에, 내 삶의 중심에 모시고 살아가는 길이 그리스도교 영성의 길이다.

둘째로, 인자(仁慈)를 사랑하는 것, 즉 자비(mercy)를 베풀기를 좋아하는 삶이다. 어떤 성서는 "한결같은 사랑을 실천하는 것"으로 번역했다. 사람은 사회적인 관계 속에서 삶을 살아간다. 따라서 비참한 곤경에 빠져 있는 다른 사람들을 외면하고 살 수는 없다. 특히 그리스도교의 영성은 이웃과의 관계 속에서 자비와 사랑으로 나타나야 한다. 성서에서는 하나님 사랑과 이웃 사랑을 동시에 강조하고 있지 않은가? 특히 신약성서 요한일서를 보면, 하나님은 사랑이라고까지 얘기한다. 따라서 사람을 사랑함으로써만 하나님을 제대로 사랑하게 되는 것이라고 말하고 있다. "사랑하지 않는 사람은 하나님을 알지 못한다. 하나님은 사랑이시기 때문이다"(요일 4:8). "지금까지 하나님을 본 사람은 없습니다. 그러나 우리가 서로 사랑하면, 하나님께서 우리 가운데 계시고, 또 하나님의 사랑이 우리 가운데서 완성되는 것이다"(요일 4:12). 나 혼자만 하나님을 만나는 것, 나 혼자만 신비를 체험하는 것은 올바른 그리스도교의 영성이 아니다. 이웃과의 관계에서 사랑과 자비로 나타나는 것이 바로 올바른 그리스도교의 영성이다.

셋째로, 단순히 이웃에 대한 자선에서 그치는 것이 아니라 구체적인 사회정의의 실천에까지 나아가는 삶이다. 언젠가 어떤 목사님이 "정의와 자선의 차이"라는 제목의 설교를 감명 깊게 들은 적이 있다. 제목이 시사하는 대로 정의와 자선에는 분명히 차이가 있다. 자선은 내가 어떤 사람보다 우월하다는 의식이 작용하는 상태이다. 내가 형편이 더 낳고 더 좋아서, 나보다 못한 사람을 돕는다는 생각이 깔려 있다. 하지만 정의는 다른 사람들을 나와 동등한 인간으로 보고, 구체적으로 그들과 삶을 함께하는 좀 더 적극적인 차원을 의미한다. 그리스도인들은 자선에는 많이 익숙해져 있다. 하지만 정의의 문제를 들먹이면, 마치 신앙과 거리가 먼 것처럼 잘못 생각한다. 정의야말로 이웃 사랑이나 자선을 더 구체적이고 적극적으로 사회에서 실천하는 길이다. 정의야말로 구약의 예언자들이 그토록 간절히 외쳤던 중심 메시지였다. 오늘날 정의가 실현되지 않고서는 진정한 자선이란 불가능함을 우리는 너무도 뼈저리게 느낀다. 그것은 사회구조의 문제가 그 어느 때보다도 심각하기 때문이다. 그리스도인으로서 우리는 자선을 베푸는 것도 중요하지만, 더 나아가서 우리들이 살고 있는 사회가 보다 정의로워지도록 사회 구조적인 측면의 문제에도 관심을 기울여야 한다. 그럴 때 우리의 영성은 한 단계 더 높아질 수 있다.

오늘날 그리스도교회의 가장 큰 문제 중 하나는 하나님과의 신비적인 만남을 추구하는 개인적인 영성과 사회적인 변혁을 추구하는 사회적인 영성이 서로 극단적으로 분리되어 있다는 것이다. 일찍이 20세기 영성 신학의 분야에서 큰 영향을 끼쳤던 헨리 나웬은 그의 역작인 『상처 입은 치유자』에서 이런 문제를 지적하면서 그리스도교 영성의 본질이 무엇인지를 명쾌하게 설명해 주었다. 그는 이렇게 말했다.

> 예수님 안에서는 신비주의적 방법과 혁명적 방법이 서로 상반된 것이 아니라 인간의 경험적 초월방식의 양면이라는 확신이 강해집니다. . . 신비주의와 혁명주의는 급격한 변화를 일으키려는 하나의 시도가 지닌 두 가지 측면이다. 신비주의자는 사회비평가가 될 수밖에 없습니다. 왜냐하면 자기성찰을 통해 그는 병든 사회의 뿌리를 발견하게 되기 때문입니다. 마찬가지로 모든

> 혁명주의자는 인간으로서 자기 자신의 상태와 직면할 수밖에 없습니다. 새로운 세계를 위해 투쟁하는 가운데, 자신이 자신의 두려움 및 거짓된 야망과도 싸우고 있다는 것을 발견하기 때문이다. . . 예수님께서는 우리 가운데 오셔서, 인간의 마음을 변화시키는 것과 인간 사회를 변화시키는 것이 별개의 과제가 아니고 십자가의 기둥처럼 서로 연결되어 있다는 것을 그 누구도 부인할 수 없도록 명백히 밝혀 주셨습니다.

예수님이 이 땅에 오신지 2000여 년이 지난 오늘날 많은 사람들이 예수님을 믿고 따른다고 하지만 그들의 실제 삶의 모습은 가지가지이다. 많은 이들이 성령을 뜨겁게 체험하고 각종 신비적인 은사를 받았다고 간증한다. 한국처럼 기도 잘하고 영적으로 뜨거운 나라는 없을 것이다. 하지만 이 모든 현상들이 단지 개인적인 영성에만 국한된다면 그리스도교의 진정한 영성과는 거리가 멀어지고 말 것이다. 그것은 쉽게 영적 자기도취에 빠지게 할 것이다. 이제 한국 교회가 성숙한 그리스도교의 영성과 사회적 실천에 대해 더 적극적으로 관심을 기울여야 할 때이다. 미가서 6장 8절을 통해, 나타난 영성의 정의, 즉 "하나님과 겸손히 동행하고, 자비를 베풀기를 좋아하며, 정의를 실천하는 삶"을 통해 자신의 영성에 대한 성찰이 있어야 할 때이다.

영성적인 삶을 가장 먼저 실천하신 분은 예수님이시다. 신약 성서 누가복음 4:14-21을 보면 예수님이 자신의 공생애를 시작하시면서 앞으로 자기가 감당해야 될 일들을 구체적으로 밝히시는 내용이 나온다. 그래서 이 단락을 흔히 예수님의 메시아 취임사라고 부른다. 먼저 14절을 보면 예수님께서 성령의 능력을 가득히 받고 갈릴리로 가셔서 하나님나라 운동을 시작하셨다고 되어 있다. 예수님은 하나님의 영을 충만히 받은 사람, 영적으로 성숙한 사람이었다. 16절 이하를 보면 성령으로 충만한 그분의 삶이 어떠했는지를 잘 알 수 있다. 어느 안식일에 예수님은 고향인 나사렛에 있는 회당에 들어가셨다. 거기서 두루마리 성경책을 들고 이사야 61장 1절에서 2절까지의 말씀을 읽으셨다. 이 말씀은 예언자 이사야가 장차 태어날 메시아와 그 메시아가 짊어질 사명에 관해 예언한 내용이었다. 예수님은 바로 이 말씀이 자기에게 이루어졌다고 선포하셨다. 누가복음 4:18-19에는 다음과 같이 예수님의 사명을 소개하고 있다. "주의 영이 내게 내리셨다. 주께서 내게 기름을 부으셔서, 가난한 사람들에게 기쁜 소식을 전하게 하셨다. 주께서 나를 보내셔서, 포로된 사람들에게 자유를, 눈먼 사람들에게 다시 보게 함을 선포하고, 억눌린 사람들을 풀어주고, 주의 은혜의 해를 선포하게 하셨다." 예수님은 바로 이런 일을 하기 위해서 세상에 오셨다고 선언하셨고, 이제 이런 일을 하겠다고 사람들에게 공개적으로 알렸다. 이 복음서 본문을 통해 우리는 예수님이 가지셨던 영성에 대해 알 수 있다. 그것은 다름 아니라 예언자 미가가 선포했던 말씀의 구체적인 실현이었다.

한마디로 예수님이 보여주신 영성은 역사와 사회 한 가운데서 구체적으로 실현되는 삶이었다. 예수님이 보여주신 영성에서는 영과 육이 분리되지 않았고, 개인과 공동체가 분리되지 않았기 때문이다. 예수님은 이 땅에 왜 오셨는가? 바로 가난한 사람들에게 기쁜 소식을 전하고, 포로된 사람들에게 자유를 주고, 눈먼 사람들을 보게 하고, 억눌린 사람들을 풀어주며, 주의 은혜의 해를 선포하게 하시기 위해 오셨다. 이

분을 주님으로 고백하는 그리스도인들은 마땅히 이런 삶을 사는 자들이다. 이것이 바로 그리스도교의 영성이다. 그저 나 혼자서 은혜를 체험하고 마는 삶이 아니다. 교회의 존재 이유 역시 너무도 분명하다. 예수 그리스도를 머리로 고백하는 교회는 가난한 자들에게 희망을 주고 고통당하는 자들을 도와주며 좀 더 세상이 밝아지도록 사회 구석구석을 찾아가 따뜻한 사랑을 베풀며 일하는 곳이다. 교회가 이점을 분명히 하지 않는다면 그것은 세상의 사교집단(social club)과 다를 바가 없을 것이다.

사순절을 지나면서 우리는 매일 매일의 삶이 영성으로 더 풍부해지고 새로워져야 한다. 그러기 위해서 먼저 하나님과 겸손히 동행하는 삶을 살아야 할 것이다. 하나님은 우리의 삶의 근원이요 토대이다. 그분으로부터 힘을 얻고 의미를 찾아야 할 것이다. 또한 하나님과의 관계가 다른 사람과의 관계 속에서 자비로, 사랑으로 나타날 수 있어야 할 것이다. 더 나아가 그리스도인의 영성은 사회와 역사 속에서 정의의 실천으로 나타날 수 있어야 할 것이다. 성숙한 영성은 사회적 실천과 별개의 것이 아니라, 하나이다. 그리스도인들의 영성이 성숙해질수록 사회에 대한 관심과 실천도 더 적극적이고 구체적으로 나타나야 한다. 바로 예수님이 그런 삶을 사셨다. 이 거룩한 절기에 개인과 사회를 변화시키는 성령의 불꽃이 우리들 각자의 가슴속에서 새롭게 타오를 수 있기를 소망한다. <2019. 3. 31.>

세월호 참사 이후의 신학과 영성

1

올해도 어김없이 세월호 참사 추모일이 다가왔다. 5년 전 4월 16일 갑작스러운 참사로 무고한 학생과 시민 304명이 죽고 실종되고 말았다. 배가 침몰하기 시작한 후에도 충분히 구조할 수 있는 시간이 있었음에도 정부 당국과 해경은 힘을 다해 구조하지 않으므로 수많은 인명이 희생된 엄청난 참사였다. 특히 희생자들 대부분이 어린 학생들이라는 점에서 우리의 마음은 참담하다 못해 찢어진다. 세월호 참사 5주기를 맞으면서 이제는 가슴에 묻고 더 이상 거론치 말자는 사람들의 목소리도 들린다. 지난 5년간 세월호 사건을 무슨 큰 상이라도 된 듯이 지긋지긋하게 우려먹었으니 여기서 끝내야 한다고 말하는 자들도 있다. 심지어 세월호 참사를 단순 선박사고로 비유하는 사람도 있다. 세월호 참사의 본질을 제대로 파악하지 못하고 같은 동료 인간의 현실을 외면하는 매우 비인간적인 반응이다. 내 자식이 그런 끔찍한 참사를 겪었다면 그런 반응을 할 수 있을까? 한국 교회는 어떠한가? 지난 5년 동안 한국 교회는 세월호 참사와 관련해서 무엇을 말하고 무슨 일을 했는가? 세월호 참사는 특히 한국 교회 신학과 영성의 방향에 어떤 의미가 있는가? 세월호 참사 이전과 이후는 같은가? 또 아무 일도 없었듯이 과거와 같은 삶을 살아가야 하는가? 갑작스럽게 일어난 세월호 참사는 우리에게 많은 질문을 던진다. 모름지기 뜨거운 심장을 가지고 이 땅을 살아가는 인간이라면, 모름지기 하나님의 뜻을 묻고 헤아리는 이 시대의 진정한 신앙인이라면 이 질문에 답해야 할 것이다.

먼저, 우리는 진지하게 물어야 한다? 세월호 참사와 관련해서 얼마나 많은 한국 교회와 신앙인들이 관심을 갖고 유족들의 아픔을 내 아픔으로 알고 그들과 함께 울었는가? 세월호 참사 유족들이 생업을 포기한 채 거리와 광장으로 나다니며 세월호 참사의 온전한 진상규명을 위해 온몸으로 투쟁할 때 얼마나 많은 한국 교회와 신앙인들이 이들을 위해 기도하고 이들과 연대했는가? 4월 16일을 전후해서 세월호 참사를 추모하며 예배를 드리는 교회는 과연 몇 교회나 있었을까? 1000만여 명의 신자를 자랑하고 세계적으로 큰 메가 처치들이 있다고 자부하는 한국 교회 중 소수만이 세월호 참사에 관심을 갖고 유족들을 돌보며 진상규명을 위해 노력해 왔다. 마치 소수의 남아 있는 자들처럼 말이다. 이것이 우리 한국 교회의 부끄러운 현실이다. 무엇보다 회개가 필요한 때다. 이웃의 아픔에 함께 하지 못하고, 오히려 그것이 마치 남의 일인 것처럼 몰아붙였던 자세를 회개해야 할 것이다. 내 자식은 죽지 않았으니까 다행이라는 생각으로 저들의 아픔을 외면한 것을 회개해야 한다. 국가 시스템의 잘못과 사회구조적인 문제를 논하기 전에 우리 그리스도인들은 먼저 "내 탓이요", "우리 한국 교회 탓이요"를 외치면서 재를 뒤집어쓰고 가슴을 치면서 회개할 때이다. 진정한 회개야말로 새로운 삶을 향한 첫걸음이다. 예수님도 첫 번째 외친 메시지가 회개의 메시지였지 않은가? "때가 찼다. 하나님의 나라가 다가왔다. 회개하여라. 복음을 믿어라"(막 1:15). 세월호란 대사건을 통해 하나님의 때인 '카이로스'가, 회개를 위한 '카이로스'가, 새 시대의 신앙과 영성을 위한 '카이로스'가 이제 이 땅에 임한 것이다.

2

세상은 그저 흘러가는 시간인 '크로노스'로만 이루어지지 않는다. 크로노스를 넘어서는 또 다른 시간이 질적인 시간, 의미 있는 시간, 하나님이 주시는 시간인 카이로스가 있다. 이제 세월호 참사를 통해 하나님이 주시는 카이로스를 체험하며 우리 모두 세월호 참사 이후의 신학과 영성을 모색할 때이다. 그만큼 세월호 참사는 하나님이 한국 교회와 한국 그리스도인들에게 새로운 변화를 위해 주신 역사적인 기회요 때이기 때문이다. 개인에게 인생의 큰 전환점이 있듯이 세월호 참사야말로 한국 교회를 위한 큰 전환점이다. 이 말에는 세월호 참사 이전의 한국 교회의 안일하고, 개인 중심적이고, 기복적이고, 자기도취적인 신앙에 대한 반성이 전제되어 있다. 동시대를 살아가면서도 이런 반성이 결여되어 있다면 세월호 참사는 그야말로 무의미하고 평범한 또 하나의 사건에 불과할 것이다. 하지만 이 시대의 양심 있는 그리스도인이라면, 진정으로 사람 사는 사회를 조금이라도 고민하는 사람이라면 세월호 참사는 하나님이 우리 모두에게 주신 역사의 새로운 전환점일 것이다.

세월호 참사는 마치 "모든 것이 파괴되고 중심이 무너지고 있는"(W.

B. Yeats) 우리의 현실을 상징하는 것 같다. 그때 그 순간 그 바다에서, 수많은 무고한 사람들이 죽음의 위협에 처해 있을 때, 해경마저도 구조하기를 외면해 버린 바로 그곳에 하나님은 어디 계셨는가 하고 우리는 절규한다. 그것은 마치 우리의 존재 중심이 흔들리는 사건과도 같다. 하지만 그런 절규는 절규로 그치지 않는다. 그것은 우리에게 세월호 참사 이후의 신앙과 영성으로의 길을 향해 새로운 결단을 요구하기 때문이다.

이제 더 이상 한국 기독교는 무관심과 나 홀로의 종교가 되어서는 안 될 것이다. 그 대신 한국 기독교는 공감과 연대의 종교가 되어야 할 것이다. 즉 슬퍼하는 자들과 함께 슬퍼하는 종교, 아파하는 자와 함께 아파하는 종교, 탄식하는 자와 함께 탄식하는 종교가 되어야 할 것이다. 일찍이 예수님은 예루살렘에 가까이에 오셨을 때 그 도시를 보시고 눈물을 흘리셨다(눅 19:41). 또 예수님은 죽은 나사로를 살리시는 기적을 행하시기 전에 가족들이 슬피 울고 있는 모습을 보고 마음이 비통해지셔서 눈물을 흘리셨다(요11:33-35). 그야말로 예수님은 인간의 아픔에 공감하며 함께 슬퍼하는 분으로 나타난다. 초대 교회 성도들에게 주는 권면의 말씀 중 하나도 "기뻐하는 사람들과 함께 기뻐하고, 우는 사람들과 함께 울라"(롬12:15)였다. 기독교는 아픈 사람과 함께 우는 종교다. 그들과 함께 울며 그들의 아픔을 느끼는 종교다. 현대 용어로 말하자면 기독교는 '공감'(sympathy)의 종교인 것이다. 공감이란 함께 감정을 느낀다는 뜻이다. 공감이란 타인과 같은 감정의 상태가 되어 그들의 눈과 귀로 세상을 보고 듣는 것을 뜻한다. 철저히 나 자신이라는 울타리를 벗어나 고통받고, 슬퍼하고 탄식하는 자들의 입장이 되는 것을 뜻한다.

기독교는 공감과 연대의 종교다. 우리가 믿는 예수 그리스도가 이 길을 먼저 실천하셨다. 기독교의 가장 근본적인 교리인 성육신의 교리, 즉 절대자요 초월자이신 하나님께서 이 땅에 유한한 인간의 옷을 입고 오셨다는 요한복음 1장 14절의 선언이 대표적인 예이다. 이제 하나님은 저 하늘에서 이 땅을 이끌어가는 분이 아니라 인간의 현실 한 가운데서 인간과 함께 아파하며 역사하고 개입하시는 분이시다. 빌립보서 2:6-8에 기록된 '자기 비움의 그리스도론'은 이 진리를 더 구체적으로 선포한다. "하나님과 그분은 하나님의 모습을 지니셨으나, 하나님과 동등함을 당연하게 생각하지 않으시고, 오히려 자기를 비워서 종의 모습을 취하시고, 사람과 같이 되셨습니다. 그는 사람의 모양으로 나타나셔서, 자기를 낮추시고, 죽기까지 순종하셨으니, 곧 십자가에 죽기까지 하셨습니다." 자기를 비웠다는 헬라어 단어 '케노시스'는 그분을 주님으로 믿는 우리 그리스도인이 어떤 삶을 살아야 할지를 잘 보여준다.

그동안 우리는 너무 채우려고만 하지 않았는가? 나 자신만의 신앙에만 몰입하지 않았는가? 이웃이 어떻게 되든지 말든지 나 하나만, 우리 교회만, 한국 교회만 성장 발전하면 된다는 생각에 빠져 있지는 않았는가? 특히 한국 교회는 축복과 성장의 논리로 계속 채우는 데만 힘쓰지 않았는지 뒤돌아보게 된다. "애통하는 자는 복이 있다"라는 기독교의 단순한 진리를 회복하기 위해서 무엇보다 이제 우리 자신을 비워야 할 때이다. 예수님이 자신을 비우셔서 이 땅에 인간으로 오신 것처럼 그를 믿는 우리들 역시 자신을 돌아보며 비워야 할 부분을 비울 때 우리 주위의 슬피 우는 이웃이 비로소 눈에 들어올 것이다. 이 세상은 나 혼자만 사는 세상이 아니라 이웃과 함께 사는 세상임을 깨닫게 될 것이다. 그럴 때 진정으로 그들의 아픔이 내 아픔이 되고 그들과 함께 공감하며 그들의 편에 설 수 있게 될 것이다.

세월호 이후의 신학과 영성은 무엇보다 슬퍼하는 이웃과 함께 슬퍼하고 그들의 아픔을 내 아픔으로 받아들이며, 이들의 아픔을 치유하는 데 초점이 맞춰져야 할 것이다. 더 나아가, 유가족들의 한 맺힌 절규가 철저한 진상규명과 정당한 심판으로 해결되고, 이 땅에 정의가 실현되어 유가족들이 조금이나마 위로를 받을 수 있도록 이들과 함께 적극 연대하고 노력하는 실천의 신학과 영성이 되어야 할 것이다. 또한 이런 참사가 다시 일어나지 않도록 사회구조의 변혁을 위해 사회문제를 예언자적으로 비판하고 해결을 위해 적극적으로 개입하는 신학과 영성이 되어야 할 것이다.

4월은 아픔의 계절이다. 4·16 세월호 참사와 4·19 혁명이 일어난 달이다. 또 그리스도의 고난을 묵상하는 사순절 기간이기도 하다. 하지만 4월은 결국 부활로 이어진다. 5월의 푸르른 희망으로 이어진다. 그리스도의 고난과 죽음은 삶의 끝이 아니다. 그것은 예수 그리스도의 부활로 이미 시작된 미래에 대한 희망, 즉 현재로 뚫고 들어오는 새로운 미래의 현존이다. 예수님이 부활한 후에 먼저 가 계시겠다고 약속하신 땅 갈릴리(막16:7), 그 치열한 삶의 현장으로 되돌아가 그분이 시작하신 그 일을 힘차게 감당하라는 카이로스의 부름인 것이다. 또한 진정한 마음으로 애통해하는 이 땅 모든 이들의 가슴을 예수 그리스도의 부활로 가득 차게 하라는 카이로스의 부름인 것이다. 이제 끝이 아니라 새로운 시작이라는 것을... 하나님나라를 향한 새로운 발걸음이라는 것을...

서러워 말아요 꽃잎이 지는 것을
그 향기 하늘 아래 끝없이 흐를 텐데
그 향기 하늘 아래 끝없이 흐를 텐데

아쉬워 말아요 지나간 바람을
밀려오는 저 바람은 모두가 하나인데
밀려오는 저 바람은 모두가 하나인데

부르지 말아요 마지막 노래를
마지막 그 순간은 또다시 시작인데
마지막 그 순간은 또다시 시작인데

- 조동진의 '다시 부르는 노래'

<2019. 5. 12.>

삼위일체 하나님의 영성적 의미

기독교 절기력으로 성령강림절이 지나면 바로 삼위일체주일을 지킨다. 물론 교회력을 중요시하지 않는 교회에서는 삼위일체주일이 있는지조차 모른다. 하지만 삼위일체주일이 교회력에 들어있는 것을 보면 삼위일체가 우리 기독교 신앙에서 얼마나 중요한지를 알 수가 있다. 특히 삼위일체는 예배의 중요 전통으로 오랫동안 전해 내려오고 있다. 좋든 싫든 기독교인이라면 예배를 드릴 때마다 삼위일체 하나님을 고백하기 마련이다. 하지만 삼위일체 교리만큼 이해하기 어려운 교리도 없을 것이다. 목회자들과 신앙인들이 삼위일체 교리를 제대로 이해하고 있는지 의문이 든다. 이것은 일차적으로 충분한 신학교육의 부재 때문이다. 삼위일체 교리에 대한 역사적, 신학적 교육이 충분히 이루어지지 않았기 때문이다. 최근에 어떤 목회자와 나눈 대화가 생각난다. 그는 삼위일체에 대해 신학교에서 제대로 배운 적이 없다고 고백하면서, 왜 삼위일체를 믿고 있는지 정확하게 이해할 수 없다고 언급했다. 그러면서 나에게 삼위일체를 한 마디로 설명해 보라고 요구했다. 나는 최근의 해석을 중심으로 간단하게 설명했는데, 그는 전혀 이해하지 못한다고 답했다. 어떻게 5분에 걸친 설명으로 삼위일체가 다 설명될 수 있을까 하는 씁쓸한 생각이 들었다. 이게 바로 우리의 현실이다. 왜 우리는 유대교처럼 야훼나 엘로힘으로 계시된 한 분 하나님만을 믿지 않고, 성부,

성자, 성령으로 계시된 삼위일체 하나님을 믿고 있는 것일까?

현대 신학자 폴 틸리히 교수가 하버드에서 강의할 때 어떤 학생이 왜 우리는 유니테리언(Unitarian, 단일신론자)이 아니고 삼위일체(Trinitarian)를 믿는 자들인가 하고 질문한 적이 있다. 이 물음에 틸리히는 유니테리언이나 유대교의 유일신론보다는 삼위일체가 더 역동적인 하나님을 보여주기 때문이라고 그 이유를 설명했다. 즉 유니테리언이나 유대교의 유일신론은 하나님의 역사를 한 측면에서 보여주지만, 삼위일체는 하나님의 역사를 여러 측면에서 보여주는 보다 역동적인 교리라는 말이다. 적어도 삼위일체에서는 하나님은 성부, 성자, 성령의 세 측면에서 역사하신다는 말이다. 매우 적절한 설명이라는 생각이 든다. 하지만 이런 개략적인 설명으로는 삼위일체가 정확히 이해되지 않는다. 위에서 하나님의 역사의 역동성, 즉 세 가지 차원으로 나타나는 하나님의 역사를 너무 강조하게 되면 하나님이 세 가지 양태(mode)로 나타나셨다는 이른바 양태론의 오류에 빠지게 된다. 목회자들이 설교 시간에 가장 많이 삼위일체의 예로 들곤 하는 '아버지, 남편, 아들', 또는 '기체, 액체, 고체'의 세 가지 형태라는 비유는 '양태론'의 오류를 그대로 드러낸다. 왜냐하면 하나님은 사람이나 물질이 아니기 때문이다. 하나님은 하나님이시다. 하나님은 모든 존재를 초월해 계신 절대자요, 초월자이시며, 모든 존재의 근원이시다. 또한 하나님이 성부 시대와 성자 시대에 역사하셨고 지금은 성령 시대이므로 성령으로 역사하고 계시다는 주장을 너무 강조하다 보면 하나님이 마치 3분인 것처럼 착각하게 만드는 삼신론(three Gods)의 오류에 빠지게 된다. 삼위일체 하나님은 한 분 하나님을 의미하는 것이지 세 분 하나님을 의미하지 않기 때문이다. 이상과 같이 양태론과 삼신론은 목회자들이 가장 쉽게 빠지게 되는 삼위일체의 오해 또는 왜곡이다.

또 다른 오류를 지적하자면, 삼위일체 신앙이 정확히 성서에 근거해 있다는 지적이다. 그래서 어떤 사람들은 창세기 1장 2절에 나오는 "하나님의 영은 수면 위에 운행하시니라"라는 구절부터 성령의 역사라고 해석하곤 한다. 또한 복음서와 서신서의 많은 구절들이 이를 증거하고 있다고 주장한다. 하지만 이런 주장은 삼위일체 교리가 확립되고(381) 신약 성서가 정경으로 완성된 때(397)를 고려해보면 맞지 않는다. 더 정확히 말하자면 성서에는 '하나님에 관한 삼중적인 형식'이 이곳저곳에서 언급되고 있지만, 이것이 바로 지금 우리가 고백하는 삼위일체라고 언급하고 있지는 않다는 것이다. 더 직접적으로 말하자면 성서에는 삼위일체라는 단어가 없다. 예수님의 부활 후 성령의 체험으로 형성된 초대 교회에서는 하나님에 관한 삼중적인 형식이 예배에서 먼저 사용되기 시작했다. 특히 그리스철학을 공부한 바울이 헬레니즘 세계 문명권에 복음을 전파하기 시작하면서 이제 기독교는 그리스철학의 도움을 받아 복잡한 형이상학적 체계를 갖추기 시작했다. 구약성서 시대나 역사적 예수 시대와는 매우 다른 양상이 전개된 것이다.

기독교가 콘스탄틴 황제에 의해 로마의 종교로 인정된 후에 바로 콘스탄틴 황제는 325년에 니케아 공의회를 열어 아리우스파를 이단으로 정죄하고 삼위일체 교리의 확립을 명령했다. 이때까지 곳곳에서 형성되기 시작했던 삼위일체의 교리가 이제 보편교회가 인정하고 사용할 수 있는 교리로 확립되기 시작한 것이다. 잘 알려져 있듯이, 삼위일체는 신학자들이나 초대 교부들이 함께 모여 충분한 토론을 걸쳐 형성된 교리가 아니다. 오히려 삼위일체는 콘스탄틴 황제의 통치를 위한 목적으로 급하게 형성된 교리이다. 즉 정치적인 목적에 의해 아타나시우스파 한쪽의 입장을 토대로 삼위일체의 기본 교리로 형성되었다는 것이다. 오늘날이었다면 다양한 전통을 대표하는 신학자들과 교회 지도자들이 모여서 충분히 시간을 가지고 신학적 토론을 거쳐 완성했을 것이다.

물론 니케아 공의회에서는 삼위일체 교리의 토대가 형성되었을 뿐 완성되지는 않았다. 그리스도론에 관한 문제가 제대로 해결되지 않았기 때문이다. 이후 우여곡절을 통해 381년 콘스탄티노플 공의회를 거쳐 그리스도론의 문제가 해결되었다. 그 후에도 두 번에 걸친 콘스탄티노플 공의회(553, 683)에서도 삼위일체에 관한 문제들이 논의되었고, 정통으로 간주한 삼위일체 논리에 벗어난 이론들을 정죄했다. 또 삼위일체 교리가 확립된 제1차 콘스탄티노플 공의회나 신약 성서가 정경으로 확립된 카르타고 공의회(397)를 생각해 보면 거의 400여 년간 기독교는 지금과 같은 삼위일체 교리도 없었고, 정경으로 간주된 성서도 없었다는 말이 된다. 물론 그래도 그 시대 기독교인들은 훌륭한 신앙을 대대로 가르치며 전할 수 있었고 마침내 로마의 종교로까지 자신들의 종교를 승격시키기까지 했다. 교리를 절대화하는 사람들이 이 사실을 어떻게 받아들일지 자못 궁금하다.

어쨌든 삼위일체는 이제 그리스도인이라면 누구도 부인할 수 없는 기독교 전통이 되었다. 삼위일체가 바울의 헬라화된 기독교의 부산물이라는 비판을 듣는다 하더라도, 이제 삼위일체는 기독교 예배 안에 뿌리내린 확고한 전통이다. 이제 문제는 삼위일체를 어떻게 이해하고 믿는가 하는 것이다. 가톨릭교회에서 미사 때 자주 쓰는 "이것은 신앙의 신비입니다"라는 말로 삼위일체를 얼버무려 버릴 수만은 없다. 물론 삼위일체가 신앙의 신비인 것은 맞지만, 그렇다고 인간의 이성까지 다 포기해 버리고 설명 내지는 이해하려는 시도까지도 무시해 버릴 필요는 없다. 그렇다면 삼위일체를 어떻게 이해할 것인가? 필자는 현대 삼위일체의 해석 중 신학자 레오나르도 보프(Leonardo Boff)와 위르겐 몰트만(Jürgen Moltmann)이 제시하는 '사회적 삼위일체론' 또는 '공동체적 삼위일체론'이 매우 타당하며 의미 있는 해석이라고 생각한다. 보프나 몰트만은 초대 교회에서 사용되었던 헬라어 단어 '페리코레시스'(perichoresis)라는 개념을 중심으로 삼위일체를 설명한다. 페리코레시스란 '상호순환', '상호침투', '상호내재' 등으로 번역된다. 보프나 몰트만은 페리코레시스를 사용하여 한 위격에 두 위격들이 상호침투되어 있음을 표현하고자 한다. 이 용어가 언제부터 삼위일체에 사용되었는지 정확하지는 않지만, 매우 오랜 역사를 가지고 있음은 분명하다.

헬라어 페리코레시스는 두 가지 의미를 갖는다. 첫째, 다른 위격 안에 포함되고 내주하며 존재하는 어떤 상황이나 상태를 의미한다. 이 경우 페리코레시스는 상호순환의 뜻을 지닌다. 이 뜻을 삼위일체에 적용하면, 한 위격이 다른 두 위격들 안에 존재하고, 다른 두 위격들을 둘러싸며, 다른 두 위격들과 똑같은 영역을 차지하고 다른 두 위격들을 채운다는 의미이다. 둘째, 페리코레시스는 활동적인 의미를 지닌다. 이것은 한 위격이 다른 두 위격들과 더불어, 동시에 다른 위격들 속으로 상호 침투하거나 상호 얽히는 것을 의미한다. 이런 점에서 볼 때 페리코레시스는 하나님의 세 위격들에 독특하게 적용되며, 세 위격의 살아 있고 영원한 관계를 적절하게 표현한다. 즉 하나님의 위격은 셋이지만 서로 동등한 상호침투나 상호교류를 통해 하나라는 전체성을 늘 유지한다는 것이다. 그러므로 1+1+1=3이 아니라 1+1+1=1이 된다는 것이다.

더 나아가, 페리코레시스를 예수 그리스도의 인성과 신성에 적용해서 설명할 수도 있다. 예수님은 이렇게 기도하신 적이 있다. "아버지께서 내 안에 계시고, 내가 아버지 안에 있는 것과 같이, 그들도 하나가 되어서 우리 안에 있게 하여 주십시오"(요17:21). 인간 예수와 하나님이 하나라는 말인데, 이 말은 무엇을 의미하는가? 먼저, 예수 그리스도 안에 있는 신성과 인성은 아들의 인격 안에 공존하며 일치된다. 두 본성이 인격 안에서 너무도 깊이 하나가 되기 때문에 한 본성의 속성들은 다른 본성의 속성들과 상호 교환된다. 두 본성은 용해되거나 혼돈됨 없이 서로에게 상호 침투한다는 것이다. 즉 신성은 인성을 입고 신성과 인성 각각은 동일한 하나님의 본체의 전체성을 가짐으로써 진정한 페리코레시스를 완성한다는 것이다. 이것을 속성의 교류라고 부른다. 둘 같지만 속성의 교류를 통해 하나라는 전체성을 견지한다는 것이다. 삼위일체 하나님의 의미를 전통적으로 인격, 관계성, 신성, 발현 등으로 설명하는데, 이런 방식은 페리코레시스 모델에서 모두 설명이 가능하다. 삼위일체는 하나님의 세 위격의 연합과 상호침투로 이루어지기 때문이다. 즉 삼위의 일치는 상호침투와 연합의 일치인 것이다. 상호침투와 연합을 통해 한 분 하나님이 되심을 잃지 않는다는 것이다.

페리코레시스 모델은 삼위일체의 중요한 의미를 드러낸다. 즉 삼위일체는 피조세계를 포함해서 세 위격의 존재를 넘어 열려진 연합을 구성한다는 것이다. 삼위일체라는 서로 동등한 위격들의 상호침투와 교류를 통한 일치는 그를 믿는 인간과 피조세계 역시 동등한 관계에 기초한 공동체나 사회를 우리에게 계시한다. 먼저, 그를 믿고 따르는 무리들이 이룬 신앙공동체인 교회가 그런 모습을 띤 진정한 공동체, 어떤 위계질서나 차별이 없는 동등한 구조의 공동체를 구현하라는 하나님의 뜻이 드러난다. 더 나아가, 인간 사회 전체가 삼위일체로부터 영감을 받아 친교, 기회의 균등, 개인과 단체가 동등하게 중요시되는 사회를 형성하라는 하나님의 뜻이 드러난다. 역으로 말한다면, 모든 면에서 이루어지는 참여와 연합에 기초해 사회구조가 이루어진 자매와 형제의 사회만이 삼위일체의 형상과 모양을 가진 사회라고 말할 수 있다는 것이다. 몰트만은 이런 사회를 다음과 같이 기술한다. "지배와 억압이 없이 전체적으로 하나를 이루는 기독교 공동체, 계급 지배와 독재의 억압이 없이 전체적으로 통일된 하나를 이루는 인간공동체만이 삼위일체 하나님을 존중한다고 말할 수 있다. 삼위일체의 형상과 모양을 가진 사회는 인간의 권력이나 소유에 의해서가 아니라 사회적 관계로 특징되는 사회이다."

그러므로 삼위일체야말로 교회와 사회를 위한 영감의 원천이다. 삼위일체야말로 기독교가 어떻게 존재해야 하며, 또한 기독교인들이 어떤 삶을 살아야 할지를 제시해 주는 지침이다. 삼위일체야말로 기독교인들의 신앙과 영성의 근거이다. 삼위일체를 고백하는 자들이라면 세 위격이 동등하게 서로 교류하며 침투함으로 일치를 이루시는 삼위일체 하나님을 믿는 믿음의 의미를 깊이 생각하며, 그런 신앙을 생활 속에서 구현해내고자 노력해야 할 것이다. 이것이 바로 삼위일체 하나님의 영성적 의미이다. "우리가 하나인 것과 같이, 그들도 하나가 되게 하여 주십시오"(요17:11). <2019. 6. 21.>

'모든 성도들의 날'과 감리교의 영성

11월 1일은 '모든 성도(인)들의 날'(All Saints' Day)이다. 한국 기독교인들에게는 생소한 날이다. 우리나라 달력에는 표시가 되어 있지 않지만, 미국 달력에는 11월 1일이라는 숫자 밑에 '모든 성도들의 날'이라는 표시가 되어 있다. 필자가 미국에 유학하여 생활하던 첫해에는 이날이 무슨 날을 의미하는지 알 수 없었다. 한국 개신교회에서는 한 번도 이런 교회 명절을 지킨 적이 없었기 때문이다. 하지만 이후 이날이 기독교의 오랜 전통에서 비롯되었다는 것과 지금도 가톨릭, 개신교, 정교회에 속한 많은 교회들이 11월 1일 직전 주일이나 그다음 주일을 '모든 성도들의 날' 주일로 지키고 있다는 것을 알게 되었다. 미국에서 전래된 한국 개신교에는 이날이 없는 것을 보면 매우 의아하다는 생각조차 들곤 했다.

영어 'All Saints' Day'는 한글로 '모든 성인들의 날' 또는 '모든 성도들의 날' 쯤으로 번역할 수 있을 것이다. 가톨릭이나 정교회, 성공회에서는 '만성절'(萬聖節)로 번역한다. 하지만 개신교 전통을 따르는 필자는 '모든 성도들의 날'로 번역하고자 한다. 이런 번역은 특정 성인들만을 지칭하지 않고 예수 그리스도를 믿는 모든 자들이 구원받은 거룩한 자, 즉 성도가 될 수 있으므로 적합하다고 생각한다. 모든 성도들의 날은 본래 초대 기독교에서 지켰던 '순교자의 날'에서 비롯되었다고 한다. 그

유래는 확실치 않으나 보통 4세기경부터 시작되었으며 9세기에는 매우 성행했던 것으로 알려져 있다. 초기 기독교에서는 죽은 자들의 기일을 늘 기념하곤 했다. 특히 순교자들의 기일을 중요하게 생각했는데, 순교자들이 그리스도 안에서 승리를 이루었으며, 현재도 그리스도와 함께 존재한다고 믿었기 때문이다. 이 전통이 '모든 성도들의 날'로 자리 잡게 되었고, 오늘날 서양의 많은 교회들이 이날을 교회 절기로 지킨다.

이것은 성서적으로도 근거가 있다. 가장 대표적인 근거가 히브리서 11장의 말씀이다. 잘 알려져 있듯이 히브리서 11장을 보면 수많은 믿음의 조상들이 언급되고 있다. 즉 우리보다 앞서서 살다간 수많은 믿음의 조상들이 현재 우리들의 신앙을 증언하고 있으므로 계속해서 신앙의 길을 가라고 권면한다. "그러므로 이렇게 구름 떼와 같이 수많은 증인이 우리를 둘러싸고 있으니, 우리도 갖가지 무거운 짐과 얽매는 죄를 벗어버리고, 우리 앞에 놓인 달음질을 참으면서 달려갑시다"(히12:1). 언뜻 보기에 왜 죽은 자들까지 거론하는가 하고 의아심을 가질지도 모른다. 하지만 히브리서 저자는 죽은 성도들로 이루어진 과거의 신앙 전통을 창조적으로 수용하는 것이야말로 현재의 신앙을 가능케 한다고 강조한다. 그리스도 안에서 죽은 성도들을 생각하게 될 때 비로소 기독교 이전의 수많은 신앙의 조상들을 자신들의 과거요 뿌리로 생각할 수 있게 된다는 것이다.

이렇게 죽은 성도들을 생각하는 전통은 곳곳에 남아 있다. 우리들이 예배 때마다 외우는 사도신경에 보면 '성도들의 교제'라는 구절이 들어 있다. 이 구절은 원래 초대 교회에서 살아 있는 기독교인들과 이미 죽은 성도들과의 교제를 의미했다. 곧 죽은 자들과 산 자들이 하나님 안에서 교통함을 의미했다. 이 성도들의 교제는 초대 기독교 신앙을 형성하는 중요한 요소였다. 다시 말해, 성도들의 교제는 하나님의 사랑이 구현되는 장소 중의 하나였다. 사도 바울은 로마서 8장에서 죽음이 기독교인들을 하나님으로부터 분리할 수 없을 뿐 아니라, 죽음이 성도들의 교제를 분열시킬 수 없다는 점을 강조한다. "누가 우리를 그리스도의 사랑에서 끊을 수 있겠습니까? 환난입니까, 곤고입니까, 박해입니까 . . . 나는 확신합니다. 죽음도, 삶도, 천사들도, 권세자들도, 현재 일도, 장래 일도, 능력도, 높음도, 깊음도, 그 밖에 어떤 피조물도, 우리를 우리 주 예수 그리스도 안에 있는 하나님의 사랑에서 끊을 수 없습니다" (롬 8:35-38).

바로 이런 전통이 종교개혁 이후에는 바뀌게 되었다. 즉 모든 성례전적 전통이 축소되었고, 성도들의 교제는 기존의 살아 있는 기독교 공동체만을 의미하게 되었다. 성서를 중심으로 한 새로운 종교를 만들다 보니 성서적 근거가 불분명한 전통들을 모두 없애버리고 말았다. 하지만 이런 전통들은 신자들의 신앙생활에 매우 중요한 요소들이었다. 1500여 년간 내려오던 기독교의 전통이 개신교라는 새로운 전통을 통해 단절되고 축소되고 만 것이다. 물론 당시 부패한 가톨릭의 교권에 항거하여 새로 개혁된 기독교를 만들다 보니 이런 단절과 축소는 나름대로 의미 있는 일이었다.

또한 기독교 역사상 죽은 성도들을 위한 의식을 거행한 예들이 많이 있다. 3세기에 기독교 교회는 죽은 자들의 무덤 앞에서 성만찬을 행하곤 했다. 이것은 산 자와 죽은 자 모두 예수 그리스도의 살과 피를 함께 떼는 기독교 공동체의 일원으로 간주하는 사고라고 볼 수 있다. 이런 예식은 순교자들을 위해서도 행해졌다. 게다가, 주일날 거행하는 성만찬에서도 죽은 성도들을 기억하기 위해 그들의 이름을 불렀다. 초기 기독교에서 시작된 죽은 자들에 대한 예전은 성인숭배(cult of saints)와 연관되어 광범위하게 발전되었다. 초대 교회는 죽은 성도들을 찬양하고 모방하기도 했고, 성도들의 무덤 앞에서 축하와 기도의 모임을 드리곤 했다. 기독교가 시작된 고대 세계에서 무덤은 인간과 신이 접촉하는 장소였기 때문이다. 따라서 초기 기독교인들은 무덤을 성인(성도)들이 들어가는 특권적 장소로까지 생각했으며, 성인들 역시 이 세계와 저 세계의 매개자로서 기능하는 중재자로서 간주되었다.

물론 기독교 역사상 성인숭배와 그들이 행하는 중재 역할에 대한 많은 논란이 있었다. 루터는 그리스도 중심주의에 근거해서 성인들의 중보를 부정했으며, 성인숭배를 교회에서 금지시켰다. 왜냐하면 성인들에 얽힌 온갖 종류의 전설들이 기독교인들에게 매우 부정적으로 영향을 끼친다고 보았기 때문이다. 이런 점에서 부패한 가톨릭을 향한 루터의 종교개혁은 당시 상황에서 타당했다. 하지만, 루터의 종교개혁은 기독교인의 삶에 매우 중요하게 작용하는 중요한 상징들과 예전들을 모두 없애버리는 역할도 했다는 점을 지적할 필요가 있다. 루터의 종교개혁 이후로 프로테스탄트 교회의 예전은 가장 빈약한 형태로 변화되었다. 따라서 현재 많은 교회들이 사라진 전통과 상징의 복원과 비판적 수용에 관심을 두고 있는 실정이다.

현재 한국 교회는 찬양, 통성기도, 말씀 중심의 매우 단순한 예배가 주류를 이루고 있다. 이런 유형의 예배가 성도들의 뜨거운 신앙을 형성하는 데 큰 기여를 한 것도 사실이다. 하지만 기독교 영성이 더욱 깊어지기 위해서는 그동안 사라졌던 여러 전통들을 비판적으로 수용 발전시킬 필요가 있다. 이런 점에서 한국 교회는 성례전성(sacramentality)을 강화하는 방향으로 예배를 갱신하고 보완할 필요가 있다. 필자는 특히 '성도들의 교제'라는 사라진 전통에 관심을 가져야 한다고 생각한다. 특히 이 전통이 서구에서는 '모든 성도들의 날'로 지속되고 있다는 것을 기억하고 한국 교회의 절기력에서도 이날을 포함시켜야 한다고 생각한다. 무엇보다도 기독교인들에게, 성도들의 교제라는 전통은 믿음의 근원인 그리스도를 중심으로 모든 성도들을 존경(veneration)의 대상으로 삼을 수 있게 해주고, 현재의 삶을 더욱 풍요롭고 생동감 있게 만들어 줄 수 있으리라고 생각한다. 물론 성도들 또는 성인들은 예배의 대상이 아니라, 현재 살아 있는 성도들에게 도움을 주는 신앙적 존경과 흠모의 대상이 될 수 있을 것이다. 이것은 중세 시대에 성행했던 복잡한 성인숭배와 이에 얽힌 교리를 부활시키는 것을 의미하지 않는다.

감리교의 창시자 존 웨슬리는 생전에 '모든 성도들의 날'을 항상 존중하고 축하했다. 1767년 11월 1일 자 일기에서 웨슬리는 모든 성도들의 날을 "내가 참으로 사랑하는 축제"(a festival I truly love)라고 표현했으며, 1788년 11월 1일 자 일기에서도 모든 성도들의 날을 "나는 언제나 편안한 날로 생각한다"(a day that I peculiarly love)라고 기록했다. 물론 가톨릭의 예전을 상당 부분 수용했던 성공회의 사제였던 웨슬리로서는 당연한 반응이었는지도 모른다. 중요한 것은 감리교의 창시자 웨슬리가 이날을 너무도 중요하게 지켰다는 사실이다. 따라서 그를 따르는 감리교인들 역시 당연히 이날을 중요한 절기력으로 지킬 때 참다운 감리교의 영성이 구현될 수 있을 것이다. 이런 맥락에서 미연합감리교회에서는 지금도 이날을 교회의 중요한 전통으로 간주하고 축하하고 있다. 미연합감리교회 공식 웹사이트(umc.org)는 이날을 다음과 같이 규정하고 있다. "모든 성도들의 날은 신앙 안에서 살다 간 모든 사람들을 위해 하나님께 감사를 드리는 기회를 의미한다. 모든 성도들의 날은 우리의 역사, 즉 연합 감리교인들이 교회의 전통이라고 부르는 것을 축하하는 때이다." 한국 감리교회는 성경, 전통, 체험, 이성, 토착문화라는 다섯 가지 기둥 위에 세워져 있다. 그중 두 번째가 전통이다. 즉 2000여 년간 내려오는 교회의 전통을 중시하라는 의미이다. 따라서 아직은 낯설지만 '모든 성도의 날'과 같은 전통을 다시 발굴하고 기념하는 것이야말로 한국 감리교의 신앙과 영성을 좀 더 풍요롭게 할 수 있는 길이라고 생각한다.

'모든 성도들의 날'은 이미 앞서간 성도들 모두와의 지속적인 만남을 가능케 해주는 중요한 절기이다. 바로 이날을 통해 성도들은 그리스도의 영과 사랑을 함께 나누게 되는 공동체, 즉 과거, 현재, 미래에 속한 성도들의 불가시적 공동체의 일원이 되며, 세계에서 가장 광범위한 에큐메니컬 공동체를 형성하게 된다. 다시 말해, 이날을 통해 현재의 성도들은 과거의 뿌리와 연결되고, 이런 관점에서 종말론적으로 완성되는 미래까지 바라볼 수 있게 된다는 것이다. 해마다 전 세계 교회들에서

‘모든 성도들의 날’을 기념하여 드리는 기도를 통해 지금도 많은 신앙인들은 이날의 의미를 되새기곤 한다. 우리 한국 교회, 특히 한국 감리교회에서도 이렇게 될 날을 소망해 본다.

> 영원하신 하나님, 이날 우리보다 앞서가신, 구름떼 같은 수많은 믿음의 증인들을 저희가 기억하게 하옵소서. 모든 시대, 모든 세대에서 삶과 죽음으로 자신들의 신앙을 증언했던 자들, 오늘 우리가 누리고 있는 신앙의 자유를 위해 용기를 내고 희생했던 모든 자들, 고통과 박해와 죽음을 감수하며 형제·자매들을 위해 봉사했던 자들, 영광의 나팔 소리를 들으면서 저세상으로 가신 모든 자들, 이 모든 자들을 저희가 기억하게 하옵소서. 또한 우리가 사랑했던 사람들, 당신과 함께했던 사람들, 우리의 마음에 새겨진 이름들의 주인공들, 이들 모두를 저희가 기억하게 하옵소서. 그리고 그들의 삶이 헛되지 않도록 저희들이 고귀한 신앙의 길을 걷게 하옵소서. 그래서 그들의 불가시적 현존 가운데서 하루하루를 살아가게 하옵소서(모든 성도들의 날에 드리는 기도문 중 일부, Chalice of Worship, 181-182쪽). <2019. 11. 4.>

해방의 영성이란 무엇인가?

최근 어떤 인터넷 신문에서 해방의 영성운동에 관한 평가를 읽은 적이 있다. 가뜩이나 보수화되어가고 있는 한국 교계의 현실 속에서 이런 주제가 다루어지고 있다는 것에 놀랐다. 모 신학대학 교수가 쓴 이 글에 따르면, 해방의 영성은 라틴 아메리카의 해방 신학자들에 의해 주창된 개념으로서 눌린 사람들과 억압받는 사람들을 해방시키는 역사 속에 나타난 진정한 그리스도교의 영성이었다고 소개되고 있다. 그러면서 해방의 영성은 교회 차원을 넘어 하나의 구체적인 정치적 운동으로 나타난 바 있으며, 민중신학의 영성에 영향을 끼친 바 있다고 언급하고 있다. 이런 피상적인 소개와 함께 해방의 영성에 대한 우려도 언급되고 있다. 즉 해방의 영성이 정치 운동으로 변질될 위험이 언제나 상존하고 있다는 것이다.

해방의 영성이란 무엇인가? 해방의 영성은 정치 운동인가? 아니 해방의 영성은 정치 운동으로 변질될 우려가 있는가? 그리스도인들은 정치 운동에 가담해서는 안 되는가? 아마도 보수 그리스도인들에게는 이 해방이라는 단어가 아직도 못마땅한 모양이다. 왜 영성이라는 단어를 해방 뒤에다 붙이는지 심사가 뒤틀리는 모양이다. 그리스도교 신앙에 가장 중요한 단어가 해방인데도, 이 단어만 들어가면 꼭 '진보다 자유주의다 정치적이다' 등등 온갖 수식어들이 붙곤 한다. 또 해방신학이 민중신학과 무슨 관계가 있는지 정확히 밝히지도 않은 채 두 신학 사이의 연계를 막연히 주장하는 것도 문제이다. 그것은 민중신학에서는 민중신학의 고유성을 주장하기 때문이다. 이처럼 해방의 영성에 대한 매우 피상적인 소개는 자칫 왜곡을 불러올 수 있다. 이 때문에 필자는 이 해방의 영성에 대한 소개를 제대로 해보고자 한다.

1970년대 라틴 아메리카의 고난과 억압의 현장에서 고통당하는 민중들의 해방을 신학적인 주제로 삼은 새로운 신학운동이 일어났다. 페루의 신학자요 사제인 구스타보 구티에레스(Gustavo Gutierrez)가 이 신학을 '해방의 신학'이라고 부른 후 라틴 아메리카 곳곳에 이 신학운동이 확산되어 라틴 아메리카 해방신학이라는 새로운 신학이 현대 신학사에 자리매김하게 된 것이다. 해방신학이 태동된 이후 이것이 정치 이데올로기에 불과한 것이 아니냐는 비판을 서구 보수신학자들로부터 받아왔다. 앞에서 소개한 글도 이런 문제 제기일 것이다. 해방신학이 정말 신학다운 신학이냐, 아니면 단지 정치 운동에 불과한 것이냐 하는 것이다. 다른 말로 하면 이것은 해방신학에 진정으로 그리스도교 영성의 차원이 들어있느냐 하는 문제 제기다. 비록 사회, 역사적인 의식을 가지고 있다 하더라도 개인적이고 내면적인 차원이 결여되어 있는 정치 운동이나 이데올로기에 불과하지 않느냐 하는 것이다. 구티에레스는 이런 비판에 응답하기 위해 1984년『우리는 우리의 우물에서 마신다: 민중의 영적 여정』이라는 책을 출간한 바 있다. 이 책에서 그는『해방신학』에서 간략하게 표명했던 해방신학의 영성을 좀 더 구체화했다. 그는 더 나아가 해방신학은 처음부터 영성 문제에 대하여 깊은 관심을 표명해 왔으며,

오늘날 라틴 아메리카 민중들이 체험하는 새로운 영성의 산물이라고 주장한다.

구티에레스의 이 중요한 저서가 1984년 스페인어에서 영문판으로 번역되었는데, 유명한 영성신학자 헨리 나웬이 서문을 썼다. 그는 이 서문에서 이 책의 출간을 크게 환영했다. 그러면서 이 책이야말로 구티에레스가 처음부터 강조한 해방의 영성, 즉 하나님과의 진정한 만남에서 비롯되는 영성의 토대 위에 해방신학이 확고히 서 있음을 제대로 증명하고 있으며, 해방신학은 결코 정치 운동으로 환원될 수 없음을 강조했다. 그는 이렇게 썼다.

> 『우리는 우리의 우물에서 마신다: 민중의 영적 여정』이라는 책은 라틴 아메리카의 가난한 백성들이 인간의 존엄성을 긍정하고 자신의 참된 신분을 하나님 자녀로 내세우는 투쟁 속에서 체험한 그리스도와의 만남에 의미심장한 강조점을 두고 있다. 모든 진정한 영성에서와 마찬가지로 이 해방의 영성도 역사 안에 깃든 하나님의 현존에 대한 생생한 체험에 깊이 뿌리박고 있다.[20]

헨리 나웬은 이미 1982년 페루의 리마에 체류하면서 해방의 영성에 대한 구티에레스의 강의를 듣고 그 현실을 몸소 체험한 바 있다. 그는 가난한 자들의 참상에 눈뜨면서 비로소 참된 영성을 깨닫게 되었으며, 그동안 풍요한 나라에서 자기만족 속에 빠져 살아온 자신이 부끄럽다고 고백했다. 그리고 이 해방의 영성을 통해 새로운 각성과 회개에 이

---

20 Gustavo Gutierrez, *We Drink from Our Own Wells* (New York : Orbis Books, 2003), xiii.

르게 되었다고 말했다. 그는 이 책에서 제시된 해방의 영성을 세 가지로 요약한다. 첫째 해방의 영성은 삶의 모든 차원에 관련된다. 따라서 해방의 영성은 역사 안에서 하나님의 구원 활동이 인간 실존의 모든 단계에 침투한다고 말하는 참다운 성서적 영성이다. 둘째, 해방의 영성은 그리스도 중심적이다. 그는 구티에레스가 한결같이 예수를 강조하고 있다고 주장한다. 곧 그리스도인은 예수를 따르는 사람이며, 인간의 완전한 자유를 얻기 위한 투쟁에서 예수가 중심이요 모델이며, 이것이 바로 해방의 영성의 토대라는 것이다. 셋째, 해방의 영성은 귀납적이다. 이 말은 해방의 영성이 라틴 아메리카에 있는 그리스도인 공동체의 구체적인 일상체험에서 나왔다는 것을 뜻한다.

그렇다면 과연 해방의 영성을 주창한 구티에레스가 말하는 해방의 영성은 무엇인가? 구티에레스에 의하면 영성(spirituality)이야말로 그리스도교적 삶의 출발점이다. 가장 엄밀한 의미로 볼 때 영성은 '성령의 지배'이다. 다시 말하자면, "영성은 성령의 영감을 받아 복음을 생활에 옮기는 구체적인 방도이다. 이 영성은 만인들과 유대를 이루어 주님의 눈앞에서, 그리고 주님을 모시고 인간들의 눈앞에서 사는 길이다."[21] 구티에레스는 해방의 영성을 말하기 이전에 전통적인 영성의 문제점을 두 가지로 비판한다. 먼저, 그리스도교 영성은 오랫동안 종교 엘리트들과 같은 소수의 특수집단이나 폐쇄된 단체에만 관련된 것으로 여겨졌다. 따라서 이들의 영성은 주로 수도원이나 종교단체의 생활과 관련되었다. 둘째로, 그동안 그리스도교 영성은 개인적인 가치의 개발을 인격적

21 Gustavo Gutierrez, *A Theology of Liberation* (New York : Orbis Books, 1973), 117.

인 완성의 길로 제시해 왔다. 이런 개인주의적인 영성은 주로 하나님과의 내면적인 관계만을 강조하고 다른 인간들과의 만남에는 무심했다.[22] 구티에레스는 전통적인 영성의 이런 엘리트주의적이고, 개인주의적인 성향을 비판하면서 라틴 아메리카의 현실에서 제기되는 새로운 영성을 제시한다. 이것이 바로 해방의 영성이다. 해방의 영성은 개인의 영적 문제와 더불어 사회, 역사적인 측면을 함께 고려하는 영성이다. 무엇보다 해방의 영성은 구체적인 인간 개인과 공동체, 곧 라틴 아메리카의 가난한 자들의 역사적 실존과 깊은 관계를 맺고 있다. 다시 말해, 해방의 영성은 라틴 아메리카의 가난한 사람들이 그들의 현실에서 체험하는 고난과 억압 속에 뿌리내리고 있다.

구티에레스는 해방의 영성을 이렇게 정의했다.

> 해방의 영성의 핵심은 눌린 자들, 착취당하는 사회계급, 멸시당하는 인종들, 피지배 국가 등의 이웃을 향한 회심이 될 것이다. 하나님을 향하는 우리의 회심은 이웃에 대한 회심을 의미한다. 복음적 회심은 모든 영성의 시금석이다. 회심은 우리 자신의 철저한 변혁을 의미한다. 또한 그것은 착취당하고 소외당하는 인간들 속에 현존하는 그리스도처럼 생각하고 느끼고 살아감을 의미한다. 회심한다는 것은 가난하고 억압받는 사람들의 해방운동에 투신하는 것, 곧 분명하고 실제적이며 구체적으로 이 운동에 투신하는 것이다.[23]

22 Gustavo Gutierrez, *We Drink from Our Own Wells*. 13-14.

23 Gustavo Gutierrez, *A Theology of Liberation*. 118.

구티에레스나 헨리 나웬 같은 이들에 따르면 오늘날 우리는 영적 위기에 살고 있다. 세계 곳곳에서 수많은 사람들이 억압과 폭력과 가난으로 매일 죽어가고 있는데도 오로지 나 자신의 신앙과 구원에만 집착하고 있는 한 우리는 여전히 영적인 위기에 처해 있다는 것이다. 해방의 영성은 바로 이곳에서 시작된다. 해방의 영성은 새로운 회개로의 부름이요 요청이다. 아니 해방의 영성은 새로운 '카이로스'이다. 나 자신을 넘어 동료 인간에로, 사회로, 역사로 눈을 돌려 그곳에서 역사하시는 해방의 하나님을 만나라고 하나님이 주시는 은총의 때인 것이다. 해방의 영성은 결코 새로운 것도 낡은 것도 아니며, 성서의 하나님을 역사의 한복판에서 만나고 따르려는 그리스도교 신앙의 핵심이다. 정치 운동 따로, 해방의 영성이 따로 있는 것이 아니다. 해방의 영성은 개인에게서 출발하여 자연스럽게 사회 정치영역 속으로 확대되어 실천되는 것이다. 헨리 나웬은 이렇게 말한다. "수백만 명에 이르는 무명의 가난한 사람들의 이름으로, 구스타보는 우리에게 손을 뻗치면서 이렇게 요청한다. 생명을 주시는 그리스도의 성령께 우리 마음을 열도록 합시다. 그래서 그리스도인들 사이에 치유와 화해가 이루어지고 부활하신 주님께서 죽음의 힘을 쳐서 이기시도록 합시다."[24] <2006. 8. 26.>

---

24 Gustavo Gutierrez, *We Drink from Our Own Wells*, xxi.

제2부

예수를 깊이 생각하라!

코로나 19 바이러스 시대에 생각하는 예배의 본질

1

코로나 19 바이러스가 연일 확산되고 있다. 누구도 예측하지 못한 신종 바이러스로 인해 세계의 수많은 사람들이 고통을 겪고 있다. 또 다른 한 편에서는 바이러스 확산을 막기 위해 이 시간에도 많은 사람들이 자신을 희생하며 애를 쓰고 있다. 감염을 막기 위해 실시되고 있는 사회적 거리두기로 인해 종교계 역시 건물 중심의 의례 행위를 자제하고 온라인이나 가정에서의 의례로 대체하고 있다. 이 시점에서 기독교계 역시 많은 교회들이 예배당에서 예배를 드리는 대신 온라인으로 예배를 드리고 있다. 그러면서 또 일부에서는 여전히 예배당에서의 예배를 고집하면서 이것을 목숨과도 바꿀 수 없는 절대적인 신앙의 가치로 내세우고 있다. 어떤 이들은 전쟁 때도 중단하지 않았던 예배를 왜 중단해야 하느냐고 항변하면서 예배를 강행하고 있다. 물론 생명을 우선시하는 이 위중한 시기에 이를 바라보는 국민들의 시선은 곱지 않다. 얼마 전 대구의 신천지 집단으로 인해 바이러스 감염자가 폭증하는 비극을 겪었기 때문이다. 일반 시민들의 눈에는 이제 신천지든 정통 교회든 하나로 보이는 듯하다. 정말 바이러스에 의해 다수의 고귀한 생명이 원치 않는 죽음을 맛보고 있는 시대에 종교의 본질이 무엇인지 되묻게 된다. 생명이 먼저인가 아니면 종교가 먼저인가 하는 질문이 절로 떠오른다.

얼마 전 보수 기독교의 영향력이 강한 미국 플로리다주에서 주일 예배를 강행하던 한 목사가 구속된 일이 일어났다. 이 사람은 주 정부의 사회적 거리두기 행정명령을 무시한 채 3월 29일 주일 두 차례에 걸쳐 수백 명이 모이는 예배를 개최한 혐의로 경찰에 체포되었다. 물론 보석금을 내고 바로 석방되기는 했지만, 이렇게 미국에서도 교회의 대면 예배를 제한할 정도로 코로나바이러스 사태가 얼마나 위중한지를 잘 보여주는 사건이다. 이 목사를 기소한 검사는 기자회견에서, "주 정부의 행정명령은 헌법적으로 유효하다"라고 언급하면서 마가복음 12장 31절을 근거로 해서 "이웃을 자신처럼 사랑하라는 것보다 더 중요한 계명은 없으며, 이웃을 치명적인 바이러스에 노출시켜 건강을 해치는 것은 사랑이 아니다"라고 지적했다.

만일 우리 주위에서 이런 일이 벌어졌다면 어떤 일이 일어날까 궁금하다. 기독교의 나라인 미국은 물론 현재 많은 서구의 나라들이 종교집회를 금지하고 있다. 그 대신 각자가 있는 곳에서 스스로를 격리시킨 채 온라인을 통해서든 아니면 개인이나 가족 예배라는 형식을 통해서든 종교 의식을 가지라고 권고하고 있다. 종교인이라면 당연히 거룩한 예배당이나 종교 시설에서 종교의식을 갖는 게 당연할 텐데, 사람의 생명이 위협받는 특별한 시기인 만큼 한 발자국 물러나 달라는 특별 요청인 것이다. 물론 이런 식의 특별 예배에 머무르는 것을 아쉬워하면서 교회 주차장에 차를 주차하고 차 안에서 함께 동영상을 시청하는 형태의 예배도 시행되고 있다. 미국의 한 가톨릭교회에서는 고해성사를 '드라이브 쓰루'(Drive Through) 형태로 받고 있다고 한다. 신자는 차에 탄 채

창문만 열고 신부는 2미터쯤 떨어진 곳에 놓인 의자에 앉아 신자의 고해성사를 듣는다는 것이다. 특별한 시대에 신앙을 쌓아가는 다양한 방식이 매우 흥미롭기까지 하다. 하지만 여전히 종교 시설에서의 종교 예식, 즉 예배당에서의 예배만이 유일한 신앙 행위라고 생각하는 사람이 우리 주위에는 많은 것 같다. 예배당을 성전으로 생각하고 사모하는 그들의 신앙을 존경하면서도, 이 역시 기독교 예배에 대한 이해가 부족한 것이 아닌가 하는 생각이 든다. 예배란 무엇인가? 코로나 19 바이러스가 성행하는 시대에 예배의 본질은 무엇인가?

2

기독교 예배의 본질을 이해하기 위해 먼저 구약의 배경을 간단히 살펴볼 필요가 있다. 구약 시대 다윗이 이스라엘 왕이 되어 제일 먼저 한 일이 성전 예배의 강화였다. 그때까지 법궤를 모시고 광야 이곳저곳을 떠돌았던 이스라엘은 이제 거대한 왕국이 되면서 법궤를 예루살렘 성전에 안치하고 성전 중심의 종교를 강조하게 된다. 히브리 노예들을 해방시킨 야훼 하나님, 200여 년 동안 왕 없이 사사 체제를 유지 시켜주었던 엘로힘 하나님은 이제 예루살렘 성전에 갇히게 되었다. 세상 한복판에서 역사하시는 하나님이 예루살렘 성전의 하나님으로 바뀌게 된 것이다. 이스라엘이라는 국가의 일원은 누구든지 이 예루살렘 성전을 중심으로 신앙을 정립해야 하고, 최소한 절기 때마다 예루살렘 성전에 직접 와서 동물을 희생제로 드려야 했다. 그래야 자신들의 죄를 사함받고 하나님에 대한 믿음을 지킬 수 있게 되었다. 다윗의 아들 솔로몬은 예루살렘 성전을 너무 크고 화려하게 짓다가 사람들의 반발을 불러일으키게 되었고, 이스라엘은 북 왕국과 남 왕국으로 분열된다. 예루살렘을 수도로 하는 남유다는 예루살렘 성전 중심의 신앙을 유지할 수 있었지만, 북이스라엘은 더 이상 그렇게 하지 못하게 되었다. 그래서 사마리아에 수도를 정하고 그리심산에다 성전을 짓고 예루살렘 성전을 대체했다. 이것이 성서적으로 사마리아인의 기원이다. 이때부터 예루살렘 성전 중심의 유대교 신앙은 흔들리기 시작했다. 성전이 두 개가 생겼기 때문이다.

북이스라엘은 기원전 722년 아시리아 제국에 멸망 당하여 이방인들과 섞이기 시작했고, 남유다는 기원전 586년 바벨론에 멸망을 당해 포로로 끌려갔다. 신앙의 중심지 예루살렘 성전은 파괴되었고 더 이상 방문할 수 없는 곳이 되고 말았다. 이국땅에서 절망하던 이스라엘인들은 이제 성전을 대신할 곳이 필요했다. 그래서 이들은 마을 회관과 같은 곳에서 모이기 시작했고, 그곳에서 율법을 공부하면서 자녀들의 신앙을 교육했다. 이것이 회당의 시초이다. 여기서 등장한 율법전문가들을 랍비라고 부른다. 이스라엘이 고국에 돌아가 예루살렘 성전을 잠시 복구했지만, 헬라제국과 로마제국의 침략을 당했다. 결국 예루살렘 성전은 70년 로마에 의해 멸망을 당하고 예루살렘 성전 역시 서쪽 벽만 남긴 채 완전히 파괴당하고 말았다.

이런 역사적 배경을 굳이 언급하는 것은 예루살렘 성전 중심의 유대교 신앙은 기독교의 성전 개념을 형성하는 데 매우 큰 영향을 끼쳤기 때문이다. 예수님에 의해 시작된 기독교에서도 여전히 유대교 식으로 예배당을 구약 시대의 성전으로 간주하고 있기 때문이다. 요한복음 4장에서 예수님이 수가성 우물가에서 사마리아 여인과 대화하신 것을 잘 살펴보면 이런 성전 중심, 장소 중심의 예배는 이제 끝이 났음을 알게 된다. 사마리아 여인은 예수님과의 대화 말미에 예배에 관해 이렇게 질문을 던진다. “우리 조상은 이 산에서 예배를 드렸는데, 선생님네 사람들은 예배드려야 할 곳이 예루살렘에 있다고 합니다”(20절). 그러자 예수님은 다음과 같이 대답하셨다. “너희가 아버지께, 이 산에서 예배를 드려야 한다거나, 예루살렘에서 예배를 드려야 한다거나, 하지 않을 때가 올 것이다. . . 참되게 예배를 드리는 사람들이 영과 진리로 아버지께 예배를 드릴 때가 온다. 지금이 바로 그때다. 아버지께서는 이렇게 예배를 드리는 사람들을 찾으신다. 하나님은 영이시다. 그러므로 하나님께 예배를 드리는 사람은 영과 진리로 예배를 드려야 한다”(21-24절).

예수님 당시까지 사마리아인들과 유대인들은 각기 다른 장소에서 예배를 드렸다. 유대인들은 예루살렘에서 예배를 드렸고, 사마리아인들은 “이 산”이라 지칭한 그리심산에서 예배를 드려왔다. 그러면서 각자 자신들의 예배가 참된 예배라고 주장했다. 이런 맥락에서 사마리아 여인은 어느 곳에서 드리는 예배가 진짜 예배인지를 예수님께 물었던 것이다. 예수님은 “이 산에서도 말고 예루살렘에서도 말고 너희가 아버지께 예배할 때가 올 것이다”(21절) 라고 말씀하셨다. 이제 예배는 장소가 중요한 게 아니라는 뜻이다. 예배에서 정말 중요한 것은 이 산도 아니고 예루살렘도 아니고, 그 어떠한 화려한 성전도 아니라 그 어떤 곳에서든 "영과 진리로" 하나님께 예배하는 것이 가장 중요하다는 뜻이다. 예배의 대상인 하나님이 가장 중요하지, 더 이상 예배 장소나 예배의 도구가 중요하지 않다는 것이다. 어디서든 개인이나 집단이 정성을 다해 하나님께 예배드리는 것이 예배의 본질이라는 것이다. 24절의 "영과 진리로"(『새번역 성서』)를 『개역 성경』에서는 "신령과 진정"으로 번역했는데, 본래의 의미가 잘 드러나지 않는다. 이 표현은 헬라어 "엔 퓨누마티 카이 알레세이아(έν πνεύματί και άληθεία)"를 번역한 것인데, "영과 진리"(in spirit and in truth)가 더 정확한 번역이다. 『공동번역 성서』에서는 이 말을 "영적으로 참되게"라고 번역했는데, 의미가 더 잘 전달되는 것 같다.

3

기독교에서 예배는 어떤 특정한 장소나 특정한 시간에만 드리는 것이 아니다. 로마의 콘스탄틴 황제가 기독교를 국교로 인정하고 나서 오늘날과 같은 보다 체계적이고 형식적인 예배가 정착되기 시작했다. 초대교회는 지금과 같은 정형화된 형식의 예배를 드리지 않았다. 후에 기독교가 발전하면서 다양한 형식으로 예배가 정착된 것이다. 에베소서 5:19-20에 보면, "시와 찬미와 신령한 노래로 서로 화답하며, 여러분의 마음으로 주님께 노래하며 찬송하십시오. 모든 일에, 늘 우리 주 예수 그리스도의 이름으로 하나님 아버지께 감사를 드리십시오"라고 되어 있다. 예배의 주요 요소들만 언급되고 있을 뿐이다. 또 성경에서는 일요일 오전 11시에 특정한 장소에 모여서 예배를 드리라고 언급하는 구절이 없다. 초대 교회 그리스도인들은 안식일 다음에 부활한 그리스도를 기념하기 위해 일요일 날에 모임을 가졌는데, 이후 이것이 주일 예배로 정착되었다. 초대 그리스도인들은 처음에는 유대교 회당 한 모퉁이에서 예배를 드리다 유대교의 박해를 받아 쫓겨났고(요9:1-41), 이후 곳곳에 흩어진 성도들의 집에서 모이기 시작했다. 특히 로마의 극심한 박해 시기에는 그마저 힘들어서 비밀리에 모였고, 지하 동굴에서도 모였다. 이렇게 신자들이 모인 모임 그 자체가 '에클레시아'('세상으로부터 불러내다'), 즉 교회이다. 그래서 그 어느 곳에서든 두세 사람이라도 예수님의 이름으로 모이는 곳이면 예수님이 함께 하신다(마18:20)고 약속하시지 않으셨는가?

그렇다면 이 두세 사람도 모이지 못하면 예배는 불가능한 것인가? 바울서신은 하나님을 믿는 성도들은 모두 성령이 거하시는 하나님의 성전(고전6:19, 3:16)이라고 선포한다. 이미 성도들 자신이 하나님의 성전인데 다른 무엇이 필요하겠는가? 각자 처한 상황에서 영적으로 참되게 예배를 드리면 그것 역시 훌륭한 예배라는 것이다. 로마서 12장 1절에는, "여러분의 몸을 하나님께서 기뻐하실 거룩한 산 제물로 드리십시오. 이것이 여러분이 드릴 합당한 예배입니다"라고 기록되어 있다. 우리의 생활 속에서 하나님의 뜻을 따라 사는 실천적인 삶이야말로 진정한 예배라는 것이다. 삶으로 드리는 예배야말로 하나님이 원하시는 참된 예배라는 것이다.

코로나 19 바이러스 시대에 많은 교회들이 예배당에서 예배를 드리지 못하고 있다. 목숨과도 바꿀 수 없는 소중한 전통을 어쩔 수 없이 중단해야 하는 목회자들과 성도들의 심정이 이해가 된다. 하지만 예배당에서 드리는 주일 11시 예배를 잠시 중단한다고 해서 우리의 신앙은 중단되거나 교회의 본질이 손상되지 않는다. 온라인이라는 과학 기술을 도구로 하는 예배든, 가정 단위로 드리는 가정 예배든, 또 혼자 드리는 예배든, 시간과 장소와 방법에 제한 없이 우리는 하나님께 영적으로 참되게 예배를 드릴 수 있다. 사마리아 여인이 오해했듯이 참된 예배, 진정한 예배는 장소나 시간 또는 방식에 그 본질이 달려 있는 것이 아니다. 시간과 장소를 초월해서, 또 하나님이 이 시대에 주신 기술을 도구로 하여 진정으로 드리는 예배, 더 나아가 생활 속에서 삶 그 자체가 예배가 되는 것이야말로 이 시대 우리가 다시 생각하고 추구해야 할 예배의 본질이다. <2020. 4. 3.>

코로나 19 바이러스 시대, 온라인 성만찬은 가능한가?

1

코로나 19 바이러스가 전 세계로 확산되면서 전혀 예측지 못한 상황이 벌어지고 있다. 이른바 과학 기술을 사용한 온라인 시대가 전면에 등장하게 된 것이다. 학교 수업도 인터넷을 기반으로 한 온라인 수업으로 대체되고, 예배나 미사도 온라인으로 대체되고 있다. 그동안 눈부시게 발전된 과학 기술의 혜택을 너도나도 누리고 있는 상황에서 바이러스로 인한 비상사태를 이제 과학 기술을 이용해 극복하고 있다. 이는 그리 놀랄만한 일이 아니지만, 아직 과학 기술에 익숙하지 못한 노년 세대나 미처 준비하지 못한 사람들은 난처함을 겪기도 한다.

전파력이 강한 신종 바이러스로 인해 사회적 거리두기가 일상생활에서 보편화되었다. 직접 얼굴을 맞대거나 가까이서 사람을 대하는 생활방식은 유보되었고, 그 대신 물리적인 거리두기나 과학 기술을 매개로 한 거리두기가 곳곳에서 보편화 되고 있다. 이른바 '언컨택트'(uncontact)라고 부르는 비대면 접촉 문화가 사회 곳곳에서 자리 잡고 있다. 바이러스 감염을 막기 위해 집에서 업무를 보는 재택근무, 온라인 수업, 자가 격리, 음식과 생필품을 배달로 사는 것, 각종 화상 모임 등이 유행하고 있다. 물리적으로 접촉하지 않고 서로 소통한다는 낯선 문화가 우리 주위에 자리 잡게 된 것이다.

지난 두 달여 간 많은 교회들이 예배당에 모여 드리는 예배가 불가능하므로 온라인이나 유튜브 동영상 예배 또는 차를 주차하고 드리는 드라이브인 예배로 예배를 대체해 왔다. 온라인 예배나 동영상 예배든, 또는 드라이브인 예배든 모두 과학 기술을 이용한다는 점에서 공통점이 있다. 이미 한국 교회는 언제부턴가 크건 작건 간에 예배당 안에 프로젝터와 스크린을 설치하고 각종 전자 악기를 사용하여 예배를 드리고 있다. 또 대형 교회들은 예배 실황을 녹화하여 자체 웹사이트에 업로드하거나 각종 기독교 방송 채널에서 방영하고 있다. 이런 맥락에서 보면 온라인 예배는 너무도 자연스러운 시대적인 현상이다. 과학 기술을 적극적으로 활용하여 한 단계 더 발전된 형태의 예배라고 말하는 것이 더 정확할 것이다.

이렇게 세계 곳곳에서 온라인 예배라는 역사상 초유의 사태를 경험하면서 인류는 다음 단계의 문명을 맞을 준비를 하고 있는지도 모른다. 아직 예배당 중심의 전통 예배에 우리 모두 익숙해 있지만, 과학 기술의 발전과 예기치 않았던 바이러스 사태의 출현은 우리를 미지의 세계로 인도하고 있는 셈이다. 그러므로 온라인 예배라는 새로운 개념을 신학적으로 성찰하고 논의하는 작업은 현 단계 매우 의미 있는 일이라 생각한다. 그것은 하나님께서 예비하신 새로운 세계를 향한 준비요 탐구이기 때문이다. 일부 사람들은 온라인 예배가 현장 예배보다 생동감이 떨어지고 공동체성이 약화된다고 지적한다. 또 개인이나 가족 단위로밖에 온라인 예배에 참여할 수 없으므로 다른 교우들을 물리적으로 만날 수 없게 돼서 아쉽다고 지적한다. 반면에 어떤 사람들은 각자 있는 삶의 자리에서 드리는 온라인 예배가 더 은혜스럽다고 주장한다. 그리고 어떤 교회는 녹화된 동영상 예배에 예상치 않게 많은 사람들이 해외에서 접속해서 오히려 선교가 확장되었다고 주장한다. 각자의 상황과 관점에 따라 다양한 평가가 이루어지겠지만, 이제 온라인 예배가 예배의 한 형태로 자리를 잡은 것임에는 분명하다.

2

다른 교회들과 마찬가지로 필자 역시 지난 몇 주간 온라인 예배라는 새로운 예배 방식을 체험했다. 이미 녹화된 형태의 예배를 다시 시청하면서 온라인 예배를 몇 번이나 다시 드릴 수 있다는 것이 신기하기도 했고, 과학 기술을 매개로 하여 실시간으로 함께 기도하고 찬양하는 순간이 무척 새로웠다. 심지어 '구글 행아웃'(Google Hangouts)이라는 프로그램을 통하여 해외에 살고 있는 자녀들과 같은 시간에 예배를 드리는 사상 초유의 신비로운 경험을 하기도 했다. 필자에게 온라인 예배는 시공을 초월한 하나님의 임재를 다시 확인하는 중요한 계기였다. 온라인 예배야말로 코로나 19 바이러스로 시작된 미지의 세계에서 효력을 발휘하는 새로운 신앙 도구이자 선교수단이 될 것 같다. 앞으로 이것이 어떻게 발전 진화할 것인지는 좀 더 지켜봐야 할 것이다.

코로나 19 바이러스 사태로 출현하게 된 온라인 예배에서 성만찬은 가능한 것일까? 우리는 이미 온라인으로 예배가 가능하게 됐는데 성만찬이라고 불가능할까 라고 대뜸 반문할지 모른다. 성만찬 예식을 일 년에 한두 번만 거행하는 교파들에서 이 문제는 그리 중요한 문제가 아닐 것이다. 바이러스 사태가 끝난 다음 교회로 돌아가서 성만찬 예식을 거행하면 되기 때문이다. 하지만 성만찬을 중시하는 전통이나 교단의 경우 이 문제는 분명 논란거리가 될 수 있다. 가령 성만찬이 미사나 예배의 일부분으로 포함되어 있는 가톨릭교회나 성공회에서는 큰 문제가 될 수 있다. 그나마 우리는 정부의 효과적인 대처로 바이러스 사태가 진정되어 가고 있고, 초기부터 외부활동을 금지하는 조처를 취하지 않았기 때문에 온라인 성만찬 문제는 크게 논란거리가 되지 않는 듯하다. 우리나라 가톨릭교회나 성공회에서는 자체로 제작한 미사나 예배 동영상을 통해 전국의 신자들이 함께 시청하며 미사나 예배를 드렸다. 당연히 신자들은 기도하는 마음으로 간접적으로 참여하는 정도였다. 그렇게 했어도 성만찬에 대한 문제는 전혀 제기되지 않았다.

하지만 갑자기 바이러스 환자가 폭증함으로 외부활동을 철저히 금지한 서구 여러 나라들의 경우 상황은 다르다. 한 달 이상 일터에 못가고 집에만 갇혀 지낸다는 것은 쉬운 일이 아니다. 신앙인들 역시 주일이 되어도 교회에 갈 수 없고 집에 갇혀 지내면서 고립감과 우울증을 호소한다. 이런 격리된 상황에서 온라인 예배가 큰 효과를 발휘할 수 있겠지만, 실제 예배당에서 예배를 드릴 때보다 공동체 의식이 약화되는 것만큼은 분명하다. 특히 매주 성만찬을 예배의 일부로 거행하는 교파의 경우 온라인 예배에서도 성만찬을 거행할 수 있는지가 새로운 문제로 떠올랐다. 우리 현실에서는 이런 문제가 당장 심각하게 취급되고 있지는 않다. 하지만 바이러스 감염 상태가 더 악화되는 상황은 언제든 도래할 수 있다고 가정할 때 온라인 성만찬의 문제는 신학적으로 검토해 볼 중요한 주제이다. 우리의 경우 아직 온라인 성만찬의 문제가 제기되지 않고 있으므로 필자는 미국의 예를 참고해서 주요 관점들을 소개해 보고자 한다.

미국의 복음주의 잡지 『크리스채니티 투데이』 3월 27일 자 온라인판에는 "온라인 성만찬은 여전히 성례전적인가 - 줌을 통해 당신 앞에 놓인 빵과 포도주"(Online Communion Can Still Be Sacramental? - The bread and the cup Zoomed for you)라는 매우 흥미 있는 기사가 보도되었다. 이 글은 신앙과 기술을 주제로 글을 쓰고, 또 팟캐스트도 진행하고 있는 릿지웨이(Chris Ridgeway)라는 사람이 쓴 글이다. 『크리스채니티 투데이』는 상당히 보수적인 잡지로 알려져 있는데 이런 주제를 시의적절하게 다루고 있다는 데 매우 놀랐다. 릿지웨이는 바이러스 사태라는 새로운 상황으로 인해 하나님의 '임재'(presence)라는 개념을 새롭게 고려해야 한다고 주장한다. 예배당에 모여 드리는 예배에서는 당연히 눈으로 보고 피부로 느끼는 물리적인 접촉을 통해서 하나님이 함께하시는 신앙공동체의 의미를 몸소 체험한다. 하지만 이제 코로나 19 바이러스 사태로 인해 이런 물리적인 만남은 불가능하다. 격리된 비상 상황에서 사회 구성원 간의 소통은 이제 디지털 매체를 통해서 문자나 이모티콘으로 이루어진다. 이미 이런 문화가 사회 곳곳에서 유행한 지 오래되었지만, 가뜩이나 바이러스 사태로 인해 이런 방식의 소통은 사회 모든 곳에서 이루어지고 있다.

우리 사회도 핸드폰 기술의 급격한 발전으로 인해 사람 간의 대면 접촉이나 목소리를 통한 전화통화보다는 각종 문자나 이모티콘을 통한 통화 방식을 더 선호하는 시대가 되어 버렸다. 이모티콘 하나로 사람 마음을 표현할 수 있는 시대가 된 것이다. 이제 더 이상 현존하거나 임재한다는 것은 인격으로 직접 그곳에 존재한다는 것을 의미할 필요가 없게 되었다. 각종 디지털 매체로도 어떤 존재의 현존이나 임재를 의미할 수 있게 되었다. 이런 '뉴노멀'(new normal)이 일상화된 시대에 하나님의 임재란 무엇을 의미하는가? 또 하나님의 은혜의 수단은 무엇을 의미하는가? 이런 질문들이 '뉴노멀' 시대 새로운 신학적 질문으로 논의가 되어야 할 것이다. 릿지웨이는 하나님의 변하지 않는 진리의 말씀을 변화하는 세계에 적용하면서 교회는 늘 문화적 전환(cultural shift)을 고려해 왔다고 주장한다. 그렇다면 이제 우리는 디지털 문화라는 새로운 문화를 적극적으로 고려해야 하지 않겠는가?

3

현재 온라인 성만찬에 관한 입장은 세 가지로 나타난다. 첫째는, 전통적인 견해를 따르는 입장이다. 예배당에서 직접 예배나 미사를 드리며 성만찬을 거행해야 한다는 것이다. 이런 전통 방식의 예배와 성만찬에 하나님이 임재하신다는 것이다. 직접 목사나 신부가 빵과 포도주를 축복하고 함께 나누어 먹는 그곳에 예수님이 함께한다는 것이다. 빵과 포도주로 예수님의 살과 피가 체현된다는 것이다. 그러므로 이런 전통 방식의 성만찬은 그 어떤 디지털 매개로 중재될 수 없다는 것이다.

둘째로 온라인 성만찬은 불가능하지만 그 대안으로 '애찬'(love feast, 또는 agape meal)을 제시하는 방법이다. 미연합감리교회(UMC)는 이미 오래전부터 이 문제를 논의해 왔다. 지난 2015년 캔 카터(Ken Carter)감독의 인도하에 에모리대학교 캔들러신학대학원에서 온라인 성만찬 문제에 대해 토의한 적이 있다. 15명의 학자들이 신학적으로, 성서적으로, 교회론적으로 이 문제가 타당한지에 관해 활발히 논의를 벌였지만, 확실한 결론을 내리지 못하고 단지 다양한 견해를 종합하는 것으로 마무리를 지었다. 감리교 창시자 웨슬리는 성만찬이야말로 구원의 성례라고 강조하곤 했다. 미연합감리교회에서는 일찍이 성만찬을 강조하는 이런 전통적인 견해에 입각하면서 온라인 성만찬을 거부한다. 하지만 동시에 성만찬은 다양한 장소와 다양한 방법으로 거행해야 한다는 웨슬리의 조언에 따라 온라인 성만찬의 대안으로 애찬을 제시하게 되었다. 애찬은 초대교회에서부터 성행했던 방식으로, 학자들마다 견해가 다르지만 대체적으로 성만찬으로 발전되기 전 공동체 식사의 형태이었을 것으로 추정한다. 또한 애찬은 초기 감리교도들이나 모라비안 교도들이 목회자가 없는 장소에서 성만찬을 대신해서 드리던 의식이었다고 한다. 물론 애찬이 성만찬의 모든 것을 대체할 수는 없을 것이다. 예수님의 살과 피를 직접 기념하는 성만찬과 달리 애찬은 성도들의 교제 정도로만 그칠 염려가 들기 때문이다. 성만찬의 신비가 애찬으로 다 표현될 수 없다는 점도 분명하다.

마지막으로, 온라인 성만찬이 가능하다는 입장이다. 변화하는 시대는 디지털 환경이라는 새로운 문화를 형성하고 있다. 더욱이 코로나19 바이러스 사태는 그동안 머뭇거리고 있는 사람들에게 새로운 문화와 과학 기술을 적극적으로 사용하라고 촉구하고 있다. 우리나라에서도 다양한 형태의 온라인 실시간 중계 예배 및 동영상 예배는 물론 현장 예배가 재개되면서 전자 바코드를 삽입한 신분증 제도를 사용하고 있다. 누구든 바이러스 감염 시 그 사람의 동선을 파악하기 위해서이다. 또 많은 교회에서 이미 온라인 뱅킹으로 헌금을 이체하는 방식을 채택하고 있다. 이런 시대에 온라인이라는 도구는 하나님이 새 시대를 위해 주신 선물이다. 당연히 현장 예배에 오지 못하는 사람들을 위해 적극이 도구를 사용해야 한다는 것이다. 인터넷 프로그램을 이용해 실시간 중개로 드리는 예배에서 목사나 신부의 집례에 따라 각자가 준비한 빵과 포도주를 함께 나누거나, 아니면 미리 교회에서 준비한 빵과 포도주를 축복한 다음 신도들의 가정으로 주일 전에 미리 배달하여 주일 온라인 성만찬 때 사용하는 방식도 있다.

'언컨택트' 문화가 만연한 '뉴노멀'이 일상화된 새로운 세계에서 온라인 예배와 성만찬은 새로운 신학적 주제이다. 물론 현재로서는 각 교파나 전통에 따라 다양한 방식으로 성만찬을 거행하면 될 것이다. 현재 미연합감리교회에서는 온라인 성만찬을 거부하고 '애찬'을 대안으로 내세운 과거의 결론을 재검토하는 분위기이다. 그만큼 코로나19 바이러스 사태는 전혀 예측지 못했던 인류의 새로운 위기이기 때문이다. 현재 미연합감리교회 웹사이트 메인 홈페이지 '우리가 믿는 것'(what we believe)에는 “연합감리교회는 온라인 성만찬을 어떻게 보는가?”라는 주제로 매우 다양한 견해들이 업데이트되고 있다. 그 어느 때보다도 사안이 중요하다는 방증이다. 비록 한 걸음 늦었지만 우리 신학계에서도 이 주제에 대해 활발한 논의가 있기를 기대해 본다. “새 포도주는 새 부대에”(마9:17). <2020. 5. 1.>

코로나19 바이러스 시대의 신학적 성찰

2020년 초 코로나19 바이러스 사태가 신천지 집단 감염으로 인해 심각한 양상을 보일 때였다. 어떤 신학 교수라는 분이 한국 교회에 물의를 많이 일으켰던 신천지 집단을 교회가 바로잡지 못하니까 하나님이 바이러스를 일으켜서 마침내 신천지 집단을 치셨다는 말을 자랑스럽게 말하는 것을 들었다. 자신의 견해는 이미 여러 목회자들의 견해이기도 하다고 그는 덧붙였다. 그 순간 신천지를 치기 위해서 전 세계에 바이러스를 확산시키는 하나님은 과연 어떤 분일까 하는 생각이 들었다. 또 코로나19 바이러스 사태가 중국 우한에서 확산되기 시작하자, 일부 목회자들은 '교회를 핍박하는 중국을 향한 하나님의 심판'이라고 설교 시간을 통해 목소리를 높였다. 위의 두 견해만 가지고서도 많은 문제가 발견된다. 아무리 신천지 집단이 사이비 이단으로 개신교는 물론 사회에 큰 피해를 주고 물의를 일으켰다 하더라도 이렇게 전 세계적인 바이러스가 그들을 심판하는 수단이라면 하나님은 너무도 편협하고 이기적인 분이 아닐까 하는 생각이 든다. 신천지에 속해 있는 사람도 다시 회개하고 돌아와야 할 소중한 인간이라고 생각한다면, 이런 비참한 바이러스 사태를 그들과 직접 연결하는 것은 무리가 있지 않을까? 또 중국에 대한 심판 역시 기독교인들을 사랑하려는 심정에서 비롯된 것이라고 개인적으로 이해되지만 여기서도 기독교인에 대한 핍박을 심판하기 위해 하나님이 전 세계적으로 바이러스를 확산시켰다는 견해는 매우 황당하기까지 하다. 지금 이 순간도 바이러스로 죽어가고 있는 사람들을 생각하면 이는 너무도 잔인한 생각이다.

하나님은 세계를 선하게 창조하셨고(창1:31), 특정 인간들이 아니라 세상 전체를 사랑하시며(요3:16), 선인과 악인, 의로운 자와 불의한 자 모두에게 햇빛을 주시고 비를 내려주시는 분(마5:45)이 아니신가? 이런 사랑과 자비의 하나님을 구약 시대나 있을 법한 심판의 하나님으로 이해한다면 구약 시대에 살고 있지 않은 우리가 굳이 그런 하나님을 믿어야 할 필요가 있을까? 물론 종말의 때, 하나님나라가 완성될 때 정의의 실현과 악의 심판을 모든 기독교인들은 믿고 있다. 그렇지만 그것이 언제, 어떻게 이루어질지는 아무도 모른다. 또 종말의 의미 역시 신학적인 정리가 필요하다.

21세기 과학의 시대에 역사상 유례를 찾아볼 수 없을 정도로 큰 규모로 전 세계에 확산된 바이러스로 많은 사람들이 죽어가고 있다. 심지어 2020년 12월 4일 현재 미국에서는 3초에 1명씩 바이러스로 죽어가고 있다. 이 비극의 시대에 고통당하고 죽어가는 사람들과 함께 슬퍼하고 위로하는 일이 먼저일 텐데, 이런 일은 뒤로하고 마치 자신이 하나님인 양 사태를 판단하고 해석하는 일을 일부 종교지도자들이 하고 있다. 조금이라도 신앙적 양심을 가진 인간이라면 이런 비극적인 사태를 하나님의 심판으로 쉽게 단정 짓지 말고 먼저 자신을 겸손히 돌아보고 성찰하며 고통당하는 이웃과 함께해야 할 것이다. 너무도 상식적인 말이지만 우리 현실은 정말 다른 것 같다. 무엇이 사람들의 마음을 '심판'이라는 눈으로 어둡게 만드는가? 대재난의 때에 단골손님처럼 등장하는 '심판의 신'은 우리가 믿고 예배하는 하나님이 맞는가? 그런 하나님을 전면에 내세우며 마치 하나님처럼 행세하는 자들의 진짜 의도는 무엇일까? 자신은 의인이고 타인들은 죄인이라는 이른바 '의인' 콤플렉스에 빠져있는 것은 아닐까?

전 세계적으로 코로나19 바이러스가 퍼지고 있는 '팬데믹' 상황에서 일부 종교지도자들은 여전히 이번 사태를 자신의 '신앙적·신학적' 기준으로 쉽게 판단하고 있다. 그들의 주장에는 특정한 신학과 교리가 깔려있음이 분명하다. 그것이 과연 성서적·신학적으로 옳은지 논의가 필요하다. 이제 이 글의 목적인 코로나19 바이러스 시대의 신학적 성찰을 위해 해외의 몇몇 대표적인 주장들을 간략하게나마 소개해 보자.

첫째, 미국의 대표적인 개신교 집단인 백인 극우 복음주의를 대표하는 팻 로버트슨 목사는 자신이 운영하는 한 방송에서 이번 코로나19 바이러스 사태의 원인을 동성혼과 낙태 같은 죄를 저질렀기 때문이라고 주장했다. 이 발언은 팻 로버트슨 목사가 운영하는 'The 700 Club'이라는 방송 전도 프로그램에서 시청자와 나눈 질의응답 시간에 나왔다. 한 시청자가 "낙태와 동성혼에 관한 법이 제정되고, 수많은 사람이 이스라엘에 적대적인 상황에서, 하나님이 이 땅을 치유하고 죄를 용서할 수 있을까요?"라고 물었다. 시청자의 질문에는 현 미국 복음주의자들의 전형적인 사고가 그대로 드러나 있다.

여기에 대해 팻 로버트슨 목사는 "당신이 맞다. 아주 중요한 지적을 했다"라고 칭찬을 하면서, 코로나바이러스는 인간의 죄, 특히 동성혼과 낙태 등으로 인한 것이라고 말했다. 그는 또한 "죄를 회개하지 않으면, 하나님이 코로나바이러스를 치유하지 않을 것"이라고 덧붙이기도 했다. 팻 로버트슨 목사는 미국의 대표적인 방송 부흥사로서, 백인 보수 극우 복음주의권에 영향력을 끼치고 있는 인물이다. 그는 평소 이슬람과 동성애 및 페미니즘 등을 증오하며 잦은 막말로 구설에 오르기도 했다. 낙태와 동성애를 죄로 인식하는 극보수 기독교인들조차 코로나와 같은 재난을 하나님의 심판과 연결하여 말하기를 주저하는 상황이다. 팻 로버트슨의 이런 발언은 매우 적대적이고 극단적인 주장이요 비극적인 현 상황을 개선하는데 전혀 도움이 되지 않는다는 비판을 받는다.

둘째, 지난 4월 미국 흑인 목사 12명이 코로나19 바이러스와 관련하여 공동으로 성명서를 발표했다. 이 성명서는 "코로나바이러스로 고통받는 약자에게 더욱 관심을 쏟으라"는 요구를 담고 있다. 이들은 성명서를 통해 코로나19 바이러스 사태로 인해 흑인 및 소수 인종이 특히 더 극심한 고통 받고 있다며 지적하면서, 트럼프 행정부가 인종 및 경제 불평등 해소에 적극적으로 나설 것을 요구했다. 이 성명서를 주도한 윌리엄 바버 목사는 "구조적인 인종 차별과 정책적 폭력으로 인해 흑인의 건강이 위협받고 사회 안전망으로부터도 소외되고 있다… 그 어느 때도 아닌 바로 지금 이러한 요구가 관철되어야 한다"고 주장했다.

이 성명서에 서명한 프레더릭 더글러스 헤네스 3세 목사도 "미국 흑인은 태어날 때부터 의료 서비스의 인종 차별 정책과 우편 번호에 따른 차별(ZIP code injustice)"이라는 조건 속에 갇혀 있다고 비판하면서 다음과 같이 말했다. "우리는 피부색이 건강에 위협이 되며, 사망률은 타고난 유전자가 아닌 우편 번호에 따라 달라지는 나라에 살고 있다…우리는 이 국가적 전염병이 우리가 어떤 몸을 가지고 있느냐에 따라 다르게 전파되게 하는, 우리 육체에 행해지는 (부조리한) 정치로부터 적절한 치료와 자원이 올바르게 전해지기를 요구한다." 이들은 코로나19 바이러스로 인해 더 열악한 상황에 놓여 있는 약자들에게 관심을 촉구했다. 심판과 같은 진단보다는 당장 죽어가는 사람들에게 적절한 치료와 지원이 가장 중요하다는 것이다. 그 어떤 말보다도 사랑의 실천이 중요하다는 것이다.

셋째, 전 세계 가톨릭교회를 대표하고 있는 프란치스코 교황은 4월 22일 지구의 날을 기념하면서 전한 메시지에서 코로나와 환경문제를 연결지었다. 교황은 코로나 사태로 인해 회중 없이 미사를 집전하면서 "우리는 오직 전 지구적 연대를 통해서, 그리고 사회의 가장 연약한 이들을 돌볼 때만, 이 위기를 극복할 수 있다"라고 언급했다. 교황은 환경문제와 자연재해에 관해서 이야기하면서 스페인 속담을 인용하기도 했다. "하나님은 언제나 용서하시고, 사람들은 가끔 용서한다. 하지만 자연은 절대로 용서하지 않는다. . . 우리가 지구를 망가뜨린다면, 그 대가는 무척 끔찍할 것이다." 또한 그는 "지구는 자원을 무한정 착취할 수 있는 곳이 아니다 . . . 우리는 지구와 이웃에, 그리고 결국 창조주께 죄를 짓고 있다"라고 비판하기도 했다. 그러면서 교황은 인간의 환경 파괴가 바이러스를 초래했으므로 이제 전 세계적인 연대를 통해 이를 극복하자고 권고했다. 그는 특히 가장 약하고 아픈 자들에게 관심을 가져달라고 촉구했다. 이번 바이러스 사태는 인간의 이기적인 욕망의 극대화로 인해 자연생태계를 파괴한 결과라고 이미 많은 전문가들이 지적하고 있다. 그만큼 사태가 심각하다는 것이다. 오직 전 세계적인 차원의 연대와 정책을 통한 적극적인 노력이 필요하다는 것이다.

같은 바이러스 사태에 대해서 이렇게 전혀 다른 시각들이 존재하고, 또 그로 인한 결과는 전혀 다르게 나타난다. 바이러스 사태를 하나님의 심판이라는 프레임으로 쉽게 단정해버리는 자들에게는 당장 연민보다는 공포라는 감정이 앞설 것이다. 죄책감으로 기도하며 낙태 찬성론자들이나 동성애자들을 회개시켜달라고 기도할 것이다. 또 자신은 바이러스와 무관하다고 생각하면서 다른 사람들보다 훨씬 더 자유롭게 행동할 가능성도 크다. 이들이 믿는 하나님은 사랑보다는 심판의 하나님이다. 하지만 코로나19 바이러스의 신학적 원인을 따지기보다는 당장 고통당하고 죽어가고 있는 약자들에게 초점을 맞추는 자들은 당연히 약자들을 돕는 사회적 실천에 더 관심을 갖는다. 더욱이 바이러스 확산의 원인을 인간의 자연파괴에다 두는 시각을 갖는다면 인간 자신과 환경의 문제에 대해 더 성찰하게 되고, 전 세계적 연대를 통해 이 위기를 극복하기 위해 애쓰게 될 것이다. 어떤 사고를 하느냐에 따라 나타나는 결과는 이렇게 다르다.

올해도 대림절이 시작되었다. 대림절은 예수의 오심을 간절히 기다리는 거룩한 절기이다. 기독교는 대림절로 한 해를 시작한다. 개정공동일과력(Revised Common Lectionary)에 따르면 올해 대림절 첫째 주 토요일 복음서 본문은 마태복음 9:35-10:1, 5-8의 말씀이다. 예수께서 도시와 마을을 두루 다니시면서 활발하게 복음을 선포하고 병든 자들을 치유해 주신 이야기가 주를 이룬다. 36절을 보면 "예수께서 무리를 보시고 그들을 불쌍히 여기셨다. 그들은 마치 목자 없는 양과 같이, 고생에 지쳐서 기운이 빠져 있었기 때문이다"(표준새번역)라고 나와 있다. 여기서 "불쌍히 여기셨다"라는 표현을 영어 성경에는 "그들에 대한 연민(동정심)으로 마음이 움직였다"(moved with compassion on them)로 번역되어 있다.

예수께서 지금 이 땅에 오신다면 코로나 바이러스로 병들고 고생에 지쳐 있는 이 세계 모든 사람들을 불쌍히 여기시고 친히 치유의 은총을 베푸실 것이다. 예수님이 전한 하나님나라 복음은 이렇게 인간에 대한 불쌍한 마음, 즉 연민과 동정심으로 가득 차 있다. 그래서 그분 주위에는 항상 소외되고 약하고 병든 자들이 넘쳐났지 않았는가? 오늘도 수많은 사람들이 바이러스로 병들고 죽어가고 있다. 또 많은 사람들이 힘이 빠지고 우울해하고 낙심해 있다. 그 어느 때보다도 인간에 대한 연민과 사랑이 절실한 때이다. 바이러스 사태에 관한 판단은 우리 신앙인의 몫이 아니다. 과학자나 의학자가 보다 정밀하게 사태의 원인을 분석해야 할 것이다. 또 신앙인 역시 섣부르게 하나님의 심판 따위로 전가해 버려도 안 될 것이다. 적어도 예수를 통해 계시된 하나님은 사랑과 연민과 자비의 하나님이시기 때문이다. 정의를 위한 심판은 지금이 아니라 하나님나라가 완성되는 종말의 때에나 이루어질 것이다.

요즘 새롭게 마음에 들어온 '자애'(慈愛)라는 단어가 있다. 사랑이라는 뜻의 한자어가 두 번 반복된 단어이다. 그만큼 사랑을 특히 강조한 단어이다. 흥미롭게도 요즘 이 단어를 영어로는 'loving kindness'(사랑

+ 친절)로 번역한다. '남을 사랑하고 가엾게 여긴다는 '자비'(慈悲)나 남의 어려움을 딱하고 가엾게 여긴다는 뜻의 '동정'(同情) 보다 '자애'는 더 근원적인 단어이다. 자애는 비록 한자 단어지만 사랑을 더 근원적으로 강조한다는 점에서 기독교의 본질을 잘 드러낼 수 있다는 생각이 든다. 우리가 믿는 하나님은 사랑의 근원이요 사랑 그 자체이시기 때문이다(요일4:8). 사랑이신 하나님을 믿는 종교인 기독교의 본질은 사랑, 곧 자애이다. 따라서 그를 믿는 우리가 진실하게 남을 사랑하고 친절하게 대할 때 비로소 자비와 동정이 가능하게 된다. 이는 인간을 진심으로 생각하고 배려하는 자세를 의미한다. 예수께서 고통당하는 주위 사람들에게 느꼈던 불쌍한 감정, 연민의 감정, 자애의 감정이 바로 이런 것이었을 것이다. 예수는 이런 마음과 자세로 평생을 사신 분이다.

모두가 육체적으로, 정신적으로 힘든 이 시대에 자애의 마음과 실천이 요구되는 때이다. 예수처럼 철저히 비우고 낮아질 때다. 선부른 신의 심판으로 남을 판단하기보다는 먼저 겸손하게 나 자신과 동료 인간들, 더 나아가 생태계를 돌아보며 성찰할 때이다. 더 나아가 인간과 자연 모두를 자애의 마음으로 대하고 보살핀다면 코로나19 바이러스의 위기도 좀 더 넉넉히 극복할 수 있지 않을까 생각된다. 예수, 오실 그분을 기다리면서 . . .

주여,
당신
아기로 오신 뜻은
맑은 살의 아기 되라
하심이오며

별 떨기 고운 빛으로
그 길 인도하심은
별 우러러
새벽처럼 살라
하심이오며

주여, 당신 이 겨울밤에 오심은
나로
이 겨울 긴 밤을
깨어 있으라,
문 두드리다
가는
바람의
발자국 소리
그 외로움의 끝을 알라
하심인지요.

- 박효섭의 '성탄 묵상'
<2021. 10. 16>

예수를 깊이 생각하라!

- 포스트 코로나 시대의 신학과 영성

1

코로나19 바이러스 시대가 시작된 지 벌써 1년을 넘어서고 있다. 이제 우리나라에서도 역사적인 백신 접종이 시작됨으로써 코로나19 바이러스의 종식을 기대하고 있다. 포스트 코로나 시대를 바라보고 준비해야 하는 시점이 다가온 것이다. 그동안 마스크 속에서 숨죽이며 살았던 우리의 일상이 조금씩 회복될 수 있을 것 같다. 더 이상 코로나19 바이러스로 인해 고통과 죽음이 없는 건강하고 행복한 세상이 되기를 꿈꿔 본다.

포스트 코로나 시대를 기다리면서 많은 사람들이 패러다임 전환(paradigm shift)을 말하고 있다. 신학과 영성에서도 이제 패러다임의 전환이 필요하다는 것이다. 필자도 전적으로 동의한다. 특히 온라인 비대면 만남의 증가로 인해 신앙공동체의 형태도 과학 기술을 매개로 다양한 형태로 발전되어야 한다는 주장에 적극 동의한다. 하지만 필자는 이런 형식적이고 기술적인 측면보다 본질적인 측면에서의 패러다임의 전환이 필요하다고 생각한다. 본래 패러다임이라는 단어는 과학철학자 토마스 쿤(Thomas Kuhn)이 『과학혁명의 구조』라는 책에서 사용한 용어이다. 패러다임(paradigm)이란 영어 단어는 그리스어 '파라데이그마'

(paradeigma)라는 단어에서 나온 단어로써, 사물과 현상을 이해하거나 설명하는 생각의 특이나 사물을 보는 방식을 의미한다. 토마스 쿤의 말에 의하면, "패러다임은 사물을 보는 방식, 문제의 인식과 해법에 관한 특정 시대의 과학자 집단의 공통된 이해"를 말한다. 토머스 쿤은 과학의 발전에 관해 설명하면서 이 용어를 사용했다. 토머스 쿤은 코페르니쿠스의 패러다임, 뉴턴의 패러다임, 아인슈타인의 패러다임 등을 대표적인 예로 든다. 그에 따르면, 과학의 역사는 개별적인 발견과 발명이 축적되어 발전되거나 차근차근 오류를 수정해나가면서 발전된 게 아니다. 오히려 기존의 판을 완전히 뒤엎는 혁명의 역사였다는 것이다. 과학의 역사를 보면 보통 여러 이론들이 공존하는 단계에서 한 이론이 우월적인 지위를 차지하는 정상과학의 단계로 전개된다. 그런데 정상과학으로 설명할 수 없는 이상 징후와 현상들이 등장하게 되면 다시 새로운 이론이 반드시 등장하게 된다. 즉 새로운 패러다임에 따라 새로운 정상과학이 다시 정립된다는 것이다. 물론 정상과학은 이상 징후들을 억제하려는 경향이 있다. 이것은 기존의 패러다임을 유지하기 위한 과학 진영의 보수성이 작용하기 때문이다.

이른바 '정상과학'은 기존의 지배적 패러다임 내에서 수행되는 과학 활동을 의미한다. 정상과학은 기존 패러다임이 인정하는 규칙을 바탕으로 문제를 만들어내고 풀어간다. 또한 기존의 과학이 문제를 해결하기에 충분한 시기에는 그것을 정상과학이라는 진리체계로 여긴다. 이때 정상과학을 이루는 공통의 규칙과 사고의 틀이 패러다임이 된다. 그런데 엄밀히 볼 때 정상과학은 과학집단의 권위와 과학자 개인의 주관적 신념이 많은 역할을 한다. 문제는 정상과학의 패러다임으로 더 이상 과학의 문제를 수정, 보완할 수 없을 때 일어난다. 가령 천동설로는 지구의 공전 현상과 자전 현상을 더 이상 설명할 수 없었다. 패러다임의 전환이 요구되었다. 즉 지구 중심의 패러다임에서 태양 중심의 패러다임 전환이 필요했다는 것이다. 이것이 바로 코페르니쿠스의 전환이다. 이것으로 인류역사상 가장 커다란 패러다임의 전환이 이루어졌고 본격적인 근대 과학의 시대가 열렸다. 이렇게 볼 때 정상과학은 영원불변하지 않다. 시대마다 지배적인 패러다임에 의해 정상과학이 규정되는 것이다,

2

토머스 쿤은 패러다임 전환은 마치 종교의 회심과 같다고 했다. 그만큼 급격하고 혁명적이라는 의미이다. 과학의 발전은 그저 직선적이고 점진적으로 이루어지지 않고 기존의 패러다임을 뒤집는 혁명의 역사라는 말이다. 이제 패러다임 전환은 종교, 특히 그리스도교에 적용되어야 할 것이다. 이번 코로나바이러스 사태로 한국 그리스도교의 현 모습이 적나라하게 드러났기 때문이다. 그동안 숨겨왔던 온갖 치부가 만천하에 그대로 드러났기 때문이다. 그렇기 때문에 그리스도교에 패러다임의 전환이 요구되는 때이다. 더 이상 정상이 정상으로 인정될 수 없는 새로운 혁명적인 현실이 도래하고 있다. 그렇다면 어떤 패러다임의 전환이

요구되는가? 포스트 코로나 시대에 요구되는 신학과 영성의 방향은 무엇인가?

첫째, 자기성찰(self-reflection)의 신학과 영성으로 전환되어야 한다. 그동안 한국 개신교는 자기성찰 없이 기복신앙을 추구하고 외형적인 성장에만 매달려 왔다. 이제 잠시 멈추고 자기성찰이 필요한 때이다. 성찰 없는 신앙은 맹목적 신앙인을 만들어낼 뿐이다. 아무리 신앙이 뜨거워도 자기성찰 없는 신앙은 미신일 뿐이다. 이번 코로나 사태로 이미 많은 예들이 사실로 드러났다. 과학의 시대 온갖 과학의 혜택을 받고 살면서도 스스로 과학의 진단을 거부하고 나 홀로 신앙의 기적으로만 살겠다고 주장하며 방역 원칙을 거부한 교회들과 신앙 관련 단체 및 비인가 교육시설에서 바이러스가 쏟아져 나오지 않았던가? 심지어 바이러스 백신이 적그리스도인 666을 통한 세계 지배라는 뜬금없는 주장으로 바이러스 백신 음모론을 펴는 사람들도 등장했다. 민주주의가 발달한 나라에서 공공의 안전을 위해 잠시 종교의 자유, 예배의 자유가 제한되는 것을 종교 박해로 주장하는 자들도 등장했다. 이 모든 예가 자기성찰이 부족한 소치에서 비롯된 것이다. 내가 누구인지, 신앙의 의미는 무엇인지, 하나님을 왜 믿는지, 사회와 공동체의 의미는 무엇인지, 이 땅에 사는 동료 인간과 피조물의 의미는 무엇인지 성찰하지 못했기 때문이다. 그러므로 이제 철저히 성찰할 때이다. 회개도 성찰이 먼저이다. 진정한 회개는 성찰을 통한 사고의 전환에서 비롯된다. 그럴 때 진정한 삶의 전환이 이루어진다. 이제 한국 교회의 구호는 "나는 성찰한다. 고로 나는 신앙한다"가 되어야 할 것이다.

둘째, 비움과 낮아짐의 신학과 영성으로 방향이 전환되어야 한다. 그동안 그리스도교는 채움과 올라감의 신앙을 강조해 왔다. 하나님을 믿는 이유도 복을 받기 위해, 더 채우기 위해, 더 많은 권력과 명예를 위해, 더 많은 부와 재물을 쌓기 위해서였다. 어떤 이들에게는 부귀영화와 무병장수가 신앙의 유일한 목적이 되고 말았다. 이런 식의 기복신앙과 번영신학은 예수가 가르쳐 준 무소유의 삶과는 너무도 거리가 멀다. 예수의 희생과 십자가 고난의 삶이 빠진 잘못된 신앙인 것이다. 굳이 비교하자면 현실 속에서의 복과 번영만을 추구하는 실용적인 현실 종교인 무교(무속)와 비슷하다. 그리스도교가 이런 식이라면 굳이 믿을 이유가 있을까? 예수님이 무당이라면 굳이 그를 주님으로 고백할 필요가 있을까? 굳이 시간을 내서 하나님을 예배하며 돈까지 낭비할 필요가 있을까? 무릇 모든 종교에는 기복적인 요소가 들어있다고 종교학자들은 지적한다. 필자도 이 점에 동의한다. 하지만 그것은 종교의 가장 초보적인 차원을 의미한다. 만약 그것이 그리스도교의 본질이라면 굳이 그리스도인으로 남을 이유는 없을 것이다. 굳이 복잡한 신학을 논할 필요도 없을 것이다. 그저 필요할 때마다 한 번씩 무당을 찾아 점을 보거나 굿을 하면 될 일이다.

하지만 예수를 통해 계시된 하나님을 믿는 그리스도교는 그런 종교가 아니다. 예수가 몸소 보여주신 삶의 모습은 일신의 복과 무병장수를 의미하지 않는다. 철저히 무소유의 삶을 실천하며 희생과 섬김과 사랑을 통해 모든 이들이 인간답게 사는 하나님나라야말로 그가 보여준 새로운 삶의 비전이었다. 그는 철저히 비움과 낮아짐을 실천하신 분이셨다. 빌립보서 2장에 나오는 그 유명한 '그리스도 찬가'는 이렇게 노래한다. "그는 하나님의 모습을 지니셨으나, 하나님과 동등함을 당연하게 생각하지 않으시고, 오히려 자기를 비워서 종의 모습을 취하시고, 사람과 같이 되셨습니다. 그는 사람의 모양으로 나타나셔서, 자기를 낮추시고, 죽기까지 순종하셨으니, 곧 십자가에 죽기까지 하셨습니다"(2:6-11). 초대 빌립보 공동체가 깨닫고 고백했던 예수의 모습이 그대로 반영되어 있다.

이제 비움과 겸손과 희생을 몸소 실천하신 예수를 본받을 때다. 더 이상 예수를 믿는다고 하면서 사실상 예수와 무관한 그리스도교가 되지 말아야 한다. 아니 예수 이름을 팔아 더 이상 장사하는 일은 없어야 한다. 교회는 종교 비즈니스가 아니다. 교회는 예수를 따르는 사람들이 모인 신앙공동체요 세상 한가운데서 하나님나라를 실현하는 전위대이다. 교회가 이런 본질을 상실하고 친교 집단으로 전락해 버린다면 더 이상 진정한 신앙공동체로 존재하지 않을 것이다. 또 이 시대 스스로 신앙의 지도자들이라고 하는 사람들, 특히 큰 교회를 부와 권력처럼 생각하는 사람들의 특징은 거만함과 자기의(自己義)이다. 이들은 마치 자신이 하나님이라도 된 것처럼 스스로 의인처럼 행세하면서 자신의 말을 진리로 선포한다. 그러면서 자기 말에 어긋나면 즉시 이단, 삼단으로 정죄해 버린다. 예수 시대 바리새인들과 무슨 차이가 있는가? 예수님은 이들을 향해 뭐라 말씀하실까? 예수님은 가장 겸손하게 삶을 사셨다. 평생 거처할 집 한 칸 없이 무소유로 떠도는 예언자로 삶을 사셨다. 그에게는 종교 권력이나 세상의 권력을 쥘 기회도 있었지만 모두 거부하셨다. 십자가 고난과 죽음은 그가 몸소 보여주신 비움과 낮아짐의 절정이다. 한국 교회는 과연 이런 예수의 삶과 얼마나 관련이 있는가?

셋째, 사회적 약자를 지향하는 신학과 영성으로 방향이 전환되어야 한다. 예수 주위에는 늘 가난한 무리, 사회적 약자들이 따라 다녔다. 그만큼 이들에게 예수는 구세주요 그의 말씀은 복음이었다. 예수는 "가난한 자들에게 복이 있다"(눅6:20)라고 선언하시면서 이들의 자존감을 세워주셨다. 또 하나님나라 운동을 통해 이들에게 새 시대의 희망을 안겨주셨다. 오늘 한국 교회는 이런 예수의 모습과 얼마나 관련이 있을까? 새 시대의 희망은커녕 청산되어야 할 적폐의 대상이 되고 있지는 않은가? 무릇 모든 종교의 본질은 사랑과 자비인데, 그리스도교는 이런 본질을 잘 구현해 나가고 있는가? 예수는 대다수 민중들을 억누르는 율법으로부터의 해방을 과감히 선포하시면서 하나님의 자비와 사랑의 종교를 회복시키고 실천하셨다. "너희의 아버지께서 자비로우신 것 같이 너희도 자비로운 사람이 되어라"(눅6:36)고 예수는 선포하셨다. 더 이상 심판과 진노의 하나님이 아니라는 것이다. 그런데 한국 교회는 여전히 종교의 형식과 규율에 얽매여서 정작 본질은 외면하고 있지는 않은가? 이것은 또다시 율법주의로의 회귀에 불과할 뿐이다. 어째서 이런 형식과 규율이 본질이 되고 말았는가? 예수를 따르는 초기 신앙공동체에는 지금과 같은 조직과 형식은 전혀 없었다. 로마의 콘스탄틴 황제가 그리스도교를 받아들여 그리스도교가 제국의 종교로 발전하면서 형식과 규율이 발전하기 시작한 것이다. 그것은 본질이 아니라 부수적인 것들이다. 언제든지 변경되고 수정될 수 있는 것들이다. 생동성(dynamics)을 잃은 형식(form), 본질을 상실한 형식은 언제든 깨져버릴 껍질에 불과할 뿐이다.

지금 한국 교회는 예수의 종교가 아니라 종교 기득권자들로 이루어진 폐쇄 집단이라는 비판이 봇물일 듯이 일어나고 있다. 그런데도 이런 비판에 귀를 닫고 여전히 자기 멋대로 비상식적으로 사회를 판단하고, 사람들을 차별하고, 정죄한다는 비난을 받고 있다. 이제 그리스도교는 '그들만의 종교'가 되어 버렸다. 아무리 사회 밖에서 개독교라고 비난해도 무시하고 사탄의 비난쯤으로 정죄해 버리면 그만이다. 과학 시대에 최첨단 스마트폰을 쓰면서도 철저히 과학을 인본주의적인 것으로 비난해 버린다. 이 모두가 예수가 비판한 자기의와 교만으로 가득 찬 모습이다. 이제 한국 교회는 철저히 세상의 가장 낮은 곳을 바라보아야 한다. 교회라는 울타리, 신앙인이라는 좁은 울타리를 넘어서 세상 한가운데서 살아가야 한다. '나'라는 울타리를 넘어서 우리 주위에 있는 이웃들, 특히 사회적 약자들에게 관심을 갖고 그들을 돕고, 더 나아가 모두가 인간답게 살 수 있는 사회, 곧 하나님나라를 향해 역동적으로 움직여야 한다.

그 어느 때보다도 그리스도교의 본질을 마음에 새길 때이다. 그리스도교는 무조건적인 사랑과 자비의 종교이다. 특히 그리스도교는 사회적 약자를 보듬는 종교이다. 그리스도교야말로 모든 인간을 하나님의 형상대로 창조된 고귀한 인격체로 존중하는 종교다. 그리스도교는 사람을 있는 그대로 존중하고 사랑하며 받아들이는 종교이다. "수고하고 무거운 짐 진 자들아 다 내게로 오라 내가 너희를 쉬게 하겠다"(마11:28)

라고 예수는 선포하셨다. 이런 고귀한 초대에 그 누구도 배제되지 않는다. 모든 사람들이 하나님나라 잔치에 초대되었다. 유대인이라는 선민의식, 율법주의자라는 엘리트 의식을 예수는 철저히 거부하고 무너뜨리셨다. 오히려 겸손히 자신을 낮추는 자가 높임을 받을 것이고 꼴찌가 첫째가 될 것이라고 혁명적인 복음을 선포하셨다. '뒤엎는 복음'(upside-down Gospel)을 선포하신 것이다. 정상을 비정상으로 뒤엎으신 것이다. 바로 몸으로, 삶으로 보여주신 예수의 무한한 사랑과 자비가 그리스도교의 본질이다. 다른 말로 하면, 예수를 통해 계시된 하나님은 곧 사랑이시다. 그 어떤 것도 사랑이신 하나님을 가로막을 수 없다. 한국 교회가 바로 이런 본질을 회복할 때 새로운 패러다임의 전환이 이루어질 것이다.

3

어떤 이들은 그리스도교의 회복을 위해 초대 교회로 돌아가자고 주장한다. 일부분 맞는 말이기도 하지만, 어떤 초대 교회로 돌아가느냐 하는 것이 문제다. 성서를 읽어보면 다양한 초대 교회의 모습이 등장하고 있기 때문이다. 어떤 사람은 사실상 그리스도교를 확장하고 발전시킨 바울로 돌아가야 한다고 주장한다. 하지만 그는 그리스도교의 창시자가 아니다. 그리스도교의 근거가 아니다. 또 그는 역사의 예수와 함께 하나님나라 운동을 함께 벌였던 자가 아니었다. 그리스도교의 핍박자에서 회심을 통해 위대한 사도가 되었지만, 그 역시 예수를 믿고 따르는 또 한 명의 제자일 뿐이다. 또 어떤 사람은 루터로, 칼빈으로, 웨슬리로 돌아가야 한다고 주장한다. 종교개혁자인 그들이 그리스도교 회복의 근거가 될 수 있다고 주장한다. 이들의 주장이 부분적으로 일리가 있지만, 모두 옳지는 않다. 그리스도교는 역사의 예수, 맨 사람 예수를 토대로 시작되었기 때문이다. 그러므로 그리스도교의 근거인 예수로 돌아가야 한다. 그렇지 않으면 현재의 그리스도교는 바울교, 루터교, 칼빈교, 웨슬리교로 전락할 위험이 크다. 특히 오늘날 자칭 종교개혁자들의 후예라고 하는 사람들이 가장 극우적이고 반개혁적인 것이 우리의 현실이다. 많은 개혁교회들이 더 개혁교회가 아니라 반개혁 극우 교회들로 전락하고 말았다. 우리는 바울이나, 루터나, 칼빈이나, 웨슬리를 신앙의 대상으로 삼지 않는다. 그들을 신앙의 선조로 존경할 뿐이다. 또 그들을 신앙의 모범으로, 개혁의 좋은 예로 참고할 뿐이다. 대신 우리는 예수를 그리스도로 고백하고 믿는다. 그러므로 예수야말로 우리 신앙의 근거이자 회복의 기점이다. 예수가 우리 시대 패러다임이다. 예수로 돌아가는 것이야말로 이 시대 우리에게 요구되는 패러다임의 전환이다.

올해도 예수의 고난과 죽음을 기억하며 그의 삶과 가르침을 삶 속에서 실천하는 사순절이 시작되었다. 사순절은 하나님 앞에서 내가 누구인지 철저히 성찰하는 시기이다. 그래서 머리에 재를 바르고 가슴을 치며 '내 탓이오', '내 탓이오'를 외치며 진심으로 참회하는 시기이다. 나라는 존재가 곧 '흙에서 왔다가 흙으로 돌아가는'(창3:19) 유한한 피조물임을 다시 깨닫는 시기이다. 사순절은 철저히 예수의 낮아짐과 겸손을 실천하는 시기이다. 그래서 십자가에서 돌아가신 예수처럼 나의 거짓 자아가 완전히 죽고 참 자아를 회복하는 시기이다. 사순절은 사회적 약자에 대한 사랑을 실천하는 시기이다. 예수님이 세상 모든 만물들에게 자신을 내주신 것처럼, 우리도 내 것을 내 것이라 여기지 않고 하나님이 잠시 맡겨 주신 것으로 생각하면서 아낌없이 사회적 약자를 위해 나누는 시기이다. 그럼으로써 사순절은 영적으로 좀 더 온전히 성장하는 시기이다. 온갖 탐욕과 위선과 이기주의를 넘어서 정의와 평화의 길, 십자가의 길을 가신 예수를 온전히 바라보는 시기이다. 이 거룩한 시기는 무엇보다도 예수를 우리 마음과 삶의 중심에 모시는 시기이다. 그럴 때 나 자신도 교회도 사회도 변화의 희망을 갖게 될 것이다. 예수를 깊이 생각하라!(히3:1) <2021. 3. 4.>

오늘 우리에게 예수는 누구인가?

- 역사의 예수를 위한 변론[25]

1

손규태 박사는 자타가 인정하는 한국의 진보신학자이다. 특히 사회윤리학자로 그가 한국 신학계에 기여한 공은 누구도 무시하지 못할 것이다. 손규태 박사는 일찍이 마르틴 루터의 복음과 율법에 관한 신학사상으로 1970년대부터 『현존』을 통해 알려졌던 분이다. 그는 독일 유학을 다녀온 후 본격적으로 한국 신학계에서 활동하면서 1930년대 한국 민족주의와 그리스도교의 문제를 깊이 있게 소개했다. 또한 각종 신학 잡지를 통해 한국 사회와 신학의 문제를 진보적인 관점에서 평가하면서 사회윤리학의 초석을 다지신 분으로 기억하고 있다. 그러면서 여러 중요한 신학 서적을 독일어에서 한국어로 소개한 공도 지적하지 않을 수 없다. 손 박사가 번역 소개하신 본회퍼의 윤리, 로흐만의 윤리, 라

---

25 이글은 송기득, 손규태, 필자 세 사람 사이에 진행되었던 신학적 대화의 일부분이다. 먼저, 송기득 교수는 『신학비평』에 "역사의 예수는 그리스도교의 대안이 될 수 있는가?"라는 제목으로 여러 번 글을 연재했는데, 이에 대해 손규태 박사는 "역사의 예수는 그리스도교의 대안이 될 수 있는가"에 대한 신학적 대화의 시도"(『신학비평』 30호, 2008 가을)라는 글로 답했다. 이에 대해 필자가 다시 손규태 박사의 글에 응답하여 『신학비평』 31호(2008 겨울)에 게재했던 글을 소개한다. 두 분 모두 돌아가셨지만 신학적 대화의 모범을 보여 주신데 대해 두 분께 감사를 드린다.

가츠와 블룸하르트의 종교사회주의, 베스트만의 구약신학, 남미 해방신학 등의 귀한 자료들은 1980~1990년대 진보 그리스도교인들에게 많은 도움을 주었다. 이에 대해 지금도 감사한 마음을 가지고 있다.

너도나도 보수화로 치닫고 있는 시대적 현실 속에서 진보진영에 속한 신학자의 글을 읽는다는 것 자체만으로 반갑고도 의미 있는 일이다. 그것은 마치 적진에 포위당한 상태에서 우군을 만난 심정과도 같다. 그만큼 진보신학의 논의가 점차 귀해지고 있는 현실에서 생각을 같이하는 사람들끼리 조금이라도 서로 힘을 합쳐야 할 시대가 아닌가 하는 생각이 들기 때문이다. 이런 상황에서 같은 진보진영에 속한 분의 글을 읽고 논한다는 것은 매우 생산적인 일로 여겨진다. 하지만 아직 젊은 세대에 속하는 필자로서는 이런 선배학자를 논한다는 것이 부담스러운 것도 솔직한 심정이다. 그렇지만 『신학비평』이 표방하는 목표 중 하나인 제대로 된 한국신학의 정립을 위해 손규태 박사의 글에 대한 필자의 소감을 생각나는 대로 정리해 보고자 한다. 이 글을 통해 신학적 대화의 장이 활발하게 열리기를 소망해 본다.

2

얼마 전 한국의 대표적인 개신교단인 감리교회 수장을 뽑는 문제가 언론에 보도된 것을 읽은 적이 있다. 이미 합법적으로 한 명이 뽑혔는데, 다른 한 명은 절차와 방법을 무시하며 폭력을 동원하여 회의장을 봉쇄하고 사회자를 감금하는 일이 벌어졌다. 여러 생각이 들었다. 감독회장이 무슨 직책이기에 저렇게 서로 싸울까? 폭력배까지 동원해서 싸워야 할 만한 가치가 있는 일일까? 교회가 조직 폭력배와 수준이 같구나 하는 탄식이 저절로 들 정도였다. 이는 작금의 한국 교회의 현실을 잘 보여주는 대표적인 예이다. 물량주의, 업적주의, 극우 반공, 숭미주의, 기복 사상, 근본주의, 배타주의 등등 많은 단어를 통해 현 한국 교회의 모습을 묘사할 수 있을 것이다. 과연 저들은 예수와 무슨 관계가 있는 것일까? 예수는 오래전에 김지하가 탄식한 대로 콘크리트 벽 속에 감금당한 채 해방될 날을 기다리고 있는 것은 아닐까? 아니면 도스토옙스키가 묘사한 대로, 이미 이 땅에 재림했지만, 종교지도자들에 의해 감옥에 갇혀 다시 하늘나라로 추방된 것은 아닐까?

필자 역시 한국 그리스도 교계의 현실을 보면서 한탄과 절망감에 빠지곤 한다. 그러면서 신앙의 뿌리를 흔드는 질문을 던지곤 한다. 무엇이 오늘날 많은 한국 교회들을 이렇게 만들었는가? 정말 그리스도교는 어디에서 비롯되었는가? 예수인가? 바울인가? 전통교리들인가? 도대체 오늘 예수는 우리에게 누구인가? 예수는 우리에게 무슨 의미를 주는가? 이런 탄식은 비단 나 혼자만의 심정은 아닐 것이다. 손규태 박사 역시 이런 한국 교회를 "수구적이고 특정 이데올로기에 포로"가 되었으며, "성직주의와 교리주의"를 통해 자기 완결적, 폐쇄적 종교집단"으로 전락해버렸다고 진단한다. 이런 한국 교회야말로 예수는 물론 그가 벌였던 하나님나라 운동과 무관하다고 결론짓는다. 필자는 먼저 이런 손 박사의 진단에 전적으로 동의한다. 손 박사는 이런 진단에 그치지 않고 한국 교회 개혁을 위해 극단적 해결책과 현실적 해결책을 제시한다. 필자는 여기서 한국 교회를 끝까지 버릴 수 없는 손 박사의 애정과 배려가 들어있음을 느낄 수 있었다. 필자 역시 이런 점에 공감하며 그가 제시한 방안들, 주로 교회적인 측면과 선교적인 측면에서 제시한 방안들을 지지한다.

먼저 손 박사는 기존 교회를 역사의 예수의 모습을 조금이라도 지니고 있다는 전제에서 현실적 해결책을 제시한다. 과연 얼마나 그러한지 필자는 여전히 의문이다. 정말 이런 교회를 붙잡아야 하는지 확신이 서지 않는다. 그만큼 역사의 예수와는 너무 거리가 멀기 때문이다. 손 박사가 지적한 교리주의, 업적주의, 성직주의 등은 대표적인 예이다. 예수와는 아무 관계가 없는 것들이다. 아무리 "주여, 주여, 하고 주의 이름을 부르짖어도 천국에 들어가지 못한다"(마태 7:21)고 한 예수의 말은 한국 교회를 위한 것이 아닐까?

그리고 설령 그런 전제를 받아들인다 하더라도, 손 박사가 한국 교회를 개혁하기 위해 제시한 해결책에는 짚고 넘어가야 할 몇 가지 신학적인 개념들이 들어있는 것 같다. 필자는 그것들이 손 박사가 지닌 확고한 신학적 신념들이라고 생각한다. 이글에서는 주로 이런 신학 개념들, 특히 역사의 예수에 관한 문제를 중점적으로 논의하고자 한다. 첫째는 '역사의 예수와 그리스도로서의 예수'라는 오래된 논쟁이다. 손 박사는 이 둘 모두 필요하며, 그 어떤 것도 따로 떨어져서 연구될 수 없고 그래서는 안 된다고 주장한다. 즉 "순수 역사적 예수를 추구하거나 아니면 순수 신앙의 그리스도를 탐구하는 것은 불가능하며 동시에 무의미하다고 볼 수 있다"라는 것이다. 둘째는, 여전히 역사의 예수는 알 수 없다는 신념이다. 이것은 신앙의 그리스도에게도 동일하게 적용된다. 왜냐하면 "역사적 예수도 신앙의 그리스도도 오늘날 엄밀하게 과학적이고 사실적으로 탐구해 낼 수 없는 내용을 담고 있기 때문이다."

손 박사의 이런 신학적 신념은 전통적인 서구신학적 전제에서 비롯된다. 문제는 이제 이런 전제들을 끝까지 고집하느냐 아니면 과감히 버리느냐 하는 데 있다. 이것은 또한 우리가 역사의 예수 연구를 어디까지 참고하느냐에 달려 있다고 볼 수 있다. 1980년대 이래로 근 30여 년간 북미 성서학계에서 진행되어온 연구에 따르면, 이제 역사의 예수 연구는 그 전의 전통적인 탐구시대와 새로운 탐구시대를 넘어서서 제3의 시기에 접어들었다. 물론 독일을 중심으로 한 유럽 신학계는 대체로 이를 인정하고 있지 않는 실정이다. "예수 세미나"를 중심으로 이루어지고 있는 북미 성서학계의 역사의 예수 연구자들에 따르면, 비록 자료가 제한되어 있지만 이제는 역사의 예수를 그 어느 때보다도 더 많이 알 수 있는 시기가 되었다는 것이다. 이들은 한편으로 제3세계에서 비롯된 예수에 대한 새로운 해석에 자극을 받았다. 또한 성서고고학, 사회학, 경제학, 인류학과 같은 다른 학문과의 학제 간 공동연구로 이런 일들이 가능해졌다고 주장한다. 특히 1945년 이후 발굴되고 있는 나그함마디 문서(도마복음), 큐 복음, 유다복음 등 여러 고고학적 발견들은 더 이상 예수에 대해 모르쇠로 일관할 수 없게 만들었다. 즉 '역사의 예수는 알 수 없다'라는 회의론은 더 이상 타당치 않다는 것이다.

필자가 보기에 이런 현상은 1965년도 미국 사회에서 새로운 이민법이 제정되어 이민의 물결이 밀어닥치면서 시작된 종교다원주의 현상과 도 관계가 있다. 즉 그동안 신학교나 그리스도교 교회에 국한되어 있던 신학 연구가 일반 대학의 종교학연구로 확산되었고, 그 결과 예수 세미나에 속한 학자들과 기타 많은 학자들이 기존의 교권이나 교리에서 벗어나 자유롭게 역사의 예수를 연구하게 되었다는 것이다. 그 결과 역사의 예수에 사실적으로 한층 더 다가서게 되었다는 것이다. 몇 년 전에 이들은 도마복음서를 포함하여 『5복음서』(The Five Gospels: What Did Jesus Really Say?)를 출판했다. 이들은 예수의 원래 말씀의 진정성이 어느 정도인가를 색깔로 분류한다. 이들은 치밀한 학문연구와 미국적인 실용주의를 결합해 학자들 사이의 투표라는 방식을 통해 이런 결과물을 얻어냈으며, 그때마다 일반 사회 언론에 모든 것을 공개하고 있다. 물론 2000여 년 전 역사의 예수에 관한 100퍼센트 정확한 역사적 사실에는 접근하는 것은 지금도 불가능하다. 하지만 역사의 예수는 전혀 알 수 없으며, 우리는 단지 그가 선포한 케리그마와 초대 교회의 삶의 정황에만 관심을 기울여야 한다는 볼트만 계의 주장보다는 훨씬 진전되어 있다는 것이다.

한국의 예를 들면, 70년대 민중의 현실로부터 성서를 새롭게 읽기 시작함으로 역사의 예수에 대한 관심이 증폭되었다고 볼 수 있다. 일찍이 서남동 목사는 자신의 서구신학적 학습이 더 이상 한국의 민중 현실에 적용될 수 없음을 깨닫고, 반(反)신학을 부르짖었는데, 이것 역시 역사의 예수에 대한 연구를 촉진시켰다고 볼 수 있다. 그는 철저히 '신앙의 그리스도'보다는 '역사의 예수'를 부르짖었다. 이런 외침은 안병무에 이르러 본격적으로 빛을 발하기 시작했다. 안병무의 예수론을 보면 철저히 역사의 예수, 갈릴래아의 예수에 근거하고 있음을 알 수 있다. 송기득 교수의 예수 연구는 이런 전통에 서 있다. 오히려 그는 민중구원론의 주제를 인간화라는 좀 더 폭넓은 주제로 발전시켰다. 그리고 대속론과 같은 전통교리를 과감히 해체하고 민중신학적 입장에서 신학적인 주제들을 새롭게 해석하는 쪽으로 논의를 진전시켰다고 볼 수 있다.

아쉽게도 손 박사의 글을 보면 민중신학의 예수론과 최근에 쏟아져 나오고 있는 역사의 예수 연구에 관한 현대적인 성과물들이 반영되어 있지 않은 것 같다. 손 박사는 성서의 양식비평을 통해 성서 저자의 삶의 정황과 여기에 투시된 현 해석자의 삶의 정황만을 알 수 있다고 주장한다. 물론 당시의 성서 저자의 삶의 정황과 현대 해석자의 삶의 정황이 실존론적으로 만나면서 얻게 되는 의미도 중요하다고 볼 수 있다. 하지만 이런 성서비평들 이외도 인간의 사회, 정치, 경제적 실존을 중시하는 사회학적 성서해석, 유물론적 성서해석, 민중신학적 성서해석 등 다른 많은 성서해석들에 대해 왜 언급을 하지 않는지 궁금하다. 현재 다양한 연구를 통해 하루가 다르게 예수 시대의 구체적인 상황에 대해 점점 더 많은 것을 파악하고 있다. 예를 들어 큐(Q) 복음의 사회적 정황도 세 가지 층으로 나누어 분석되고 있다. 몇 해 전 영국 BBC 방송에서 예루살렘 인근 도로에서 발굴된 1세기 팔레스타인 노동자의 유해를 토대로 컴퓨터 그래픽으로 예수의 얼굴을 복원해 낸 적이 있다. 작달막한 체구에 가무잡잡한 얼굴, 뭉툭한 코, 꼬불꼬불한 까만 머리가 매우 인상적이었다. 100퍼센트 예수의 실제 모습은 아니지만, 역사적으로 가장 예수의 모습과 가깝다는 평이었다. 또 제5 복음서인 도마복음을 비롯한 큐 복음을 예로 들 수 있다. 이것들은 예수의 말씀을 가장 많이 포함하고 있다고 알려져 있다. 물론 당시 녹음기로 예수의 말씀을 녹음해서 보존한 것이 아니므로 100퍼센트 역사적 사실로 신뢰할 수는 없을 것이다. 하지만 역사의 예수의 삶을 이해하는 데는 결정적인 자료로 생각된다.

필자는 모든 역사는 해석된 역사라는데 동의한다. 우리가 알고 있는 그리스도교와 예수 역시 해석된 예수라는 데 동의한다. 그렇지만 해석되고 선포되기 그 이전의 원래의 예수에게는 전혀 돌아갈 수 없을까? 그런 가능성은 전혀 없는 것일까? 필자는 그렇지 않다고 본다. 손 박사가 말한 니버의 근사치 이론을 재적용하여, 원래의 예수에게 근접할 수는 있을 거라고 생각한다. 특히 현대의 발달된 학문들의 도움으로 우리는 이에 대한 가능성이 더 커지고 있다고 본다. 물론 이런 작업에는 여러 가지 힘든 과정이 수반된다. 특히 전통교리에서 벗어나지 않는 한 원래의 예수, 그리스도교 교회 이전에 그가 벌인 하나님나라 운동을 밝히고 그것으로 돌아갈 수 없을 것이다.

다음으로, 손 박사는 그리스도로서의 예수, 특히 대속자 예수에 대한 확고한 신념이 있는 듯하다. 또 이 개념이 없으면 모든 것이 무너지는 것으로 생각하는 듯하다. 먼저 그리스도로서의 예수, 즉 '그리스도' 개념은 구원론과 관련하여 필요한 개념이다. 필자는 오늘날 이 개념을 '하나님 체험'이나 신비 체험, 아니면 좀 더 보편적인 언어로 얼마든지 바꿀 수 있지 않을까 생각한다. 잘 알려져 있다시피, 성서에는 다양한 상황에서 나온 여러 형태의 기독론이 전개되고 있다. '대속자'나 '의인론'

사상은 대표적인 예이다. 이런 개념들은 당시 유대교의 속죄 사상과 로마의 법률적 사고를 바탕으로 이루어진 개념들이다. 한 마디로, 이런 개념들은 예수에 대한 일종의 신앙적 해석인데, 역사의 예수와 거리가 먼 개념이다. 특히 한국과 같은 문화 맥락에서는 매우 낯선 개념이다. 필자는 이런 해석들을 절대적인 것처럼 고집하지 말고, 오히려 역사의 예수에 근거하여 한국의 전통과 문화적 상황에 맞는 새로운 해석과 개념이 나와야 한다고 생각한다. 초기 그리스도교 형성과정에서 메시아 개념을 헬라어인 그리스도로 번역하여 예수에게 적용했듯이, 우리에게도 역사의 예수에 근거한 새로운 개념들이 나올 수 있을 것이다. 가령 손 박사가 예를 든 구원론, 즉 '신이 인간이 되므로 인간이 신으로 될 수 있다'는 것은 동방 교회의 신학인데, 이는 일찍이 동학에서 천명한 것과 비슷하다. 더 정확히 말한다면, 우리는 신이 인간이 되었다기보다는 이미 신은 인간 존재 깊이 존재한다고 말할 수 있을 것이다.

그리스도로서의 예수라는 개념은 예수는 신적인 존재로서 인간을 구원한다는 사고에 근거하고 있는데, 이는 전형적인 서구신학의 '타력 구원론'을 의미한다. 또 아직까지 보수와 진보를 망라한 그리스도교인들이 예수를 믿는 이유일 것이다. 그렇다면 예수는 전통적인 그리스도가 아니면 안 되는가? 필자가 보기에 현대 역사의 예수 연구자들도 더 이상 이런 개념들에 집착하지 않는다. 그들은 부활절 이후의 예수, 즉 신조로 고백 된 그리스도 예수가 아니라 부활절 이전의 '역사의 예수'에 관심을 기울인다. 민중신학 역시 이미 이런 전통적인 개념을 넘어섰다. 서남동이 예수의 부활을 민중의 자각과 봉기로 보고, 안병무가 화산맥에서 지속적으로 분출하는 민중운동으로 확대하는 데서 이미 '그리스도와 죄악된 인간'이란 이분법적 타력구원론은 극복되었다. 그런데도 민중신학의 예수론을 논하면서 아직도 타력구원의 필요성을 강조하는 것은 민중신학의 예수론에 대한 불충분한 이해라고 보여진다.

이런 점에서 손 박사는 전통교리를 인정하면서 재해석해야 한다는 입장인 듯하다. 물론 그리스도교 교리는 그리스도교의 발전을 위해 필요한 작업이었다. 그렇지만 그리스도교 교리사에서 보듯이 수많은 교리들이 이런저런 상황 속에서 나타났다가 정통의 이름으로 자리 잡고 또 이단이란 이름으로 사라졌다. 오늘날에는 무엇이 정통이고 무엇이 이단인지에 대한 논의가 필요하다는 것이다. 문제는 어떤 교리든 시대적, 문화적 상황과 맞지 않으면 과감하게 버릴 줄 아는 용기도 필요하다고 생각한다. 그리고 이런 전통교리의 입장에서는 민중신학에 확고히 서 있는 송기득 교수의 역사의 예수론에 제대로 접근할 수 없다. 예수가 인간이면서 동시에 신이었다는 신앙고백에서 그리스 철학의 도움을 통해 형성된 그리스도론과 삼위일체론 같은 교리는 더 이상 절대적인 것으로 간주되지 말아야 한다. 이것은 교리적인 확신이지 진리가 아니다. 더 다양한 해석이 있을 수 있다고 생각한다. 더욱이 콘스탄틴 황제의 정치적인 동기로 제정된 삼위일체론 같은 교리는 과감히 재검토되어야 한다고 본다.

민중신학과 현대 역사의 예수 연구에서는 전혀 다른 접근을 한다. 역사의 예수는 평범한 인간이요 민중 중의 민중이었지만, 그가 벌인 하나님나라 운동, 그가 민중들과 함께한 삶에서 우리는 하나님을 발견할 수 있다는 것이다. 이것은 예수의 신성을 형이상학적으로 전개하는 것과는 다르다. 바로 예수 안에 나타난 하나님을 믿는 것이지, 신이자 인간이었던 예수를 교리적으로 전제하고 믿는 것은 아니다. 또 이런 형이상학적 교리가 형성된 상황은 현재 우리가 처한 상황과는 다르다. 더 이상 예수는 유일무이한(unique) 존재가 아니며 오히려 독특하고(distinctive) 특별한 존재이다. 그러므로 그런 예수는 다시 역사적으로 부활하여 화산맥에서처럼 계속 나타날 수 있다. 그것이 그리스도라는 이름이든 해방자의 이름이든 민중의 이름이든 관계없다. 이런 점에서 그리스도교 신앙에 대한 새로운 이해가 필요하다. 정확히 말하자면, 우리는 예수를 전통적인 그리스도로 믿는 것이 아니라, 예수를 통해 하나님을 믿는 것이다.

이런 맥락에서 볼 때 손 박사가 말한 성육신의 개념을 송기득 교수의 인간화와 연결하려는 시도에도 문제점이 발견된다. 여기서 필자는 과거에 강원돈 박사가 물의 신학을 요한복음 서문의 성육신 개념에서 해결하려 했던 시도를 떠올려 본다. 나름대로 의미 있는 시도였지만, 신학적으로 너무 무리가 따른다는 비판을 받은 바 있다. 본래 성육신이란 개념은 헬라 문화권에 젖어 있던 지적인 요한 공동체에서 예수를 소개하려고 했던 시도였다. 여기에는 이미 예수는 그리스도, 즉 그리스 철학의 로고스적인 존재, 신적 존재라는 믿음이 전제되어 있다. 그리고 원어로도 '로고스가 사르크스가 되었다'인데, 이런 그리스 철학적 단어도 역사적 예수의 본모습과는 너무 거리가 멀다. 오히려 영지주의적 이원론에 대한 거부가 그 본래 의도였다고 생각한다. 손 박사는 아마도 하나님이 세상 속으로 성육신한 것처럼 그리스도교도 세상 속으로 성육신해야 하며, 이것이 인간화와 연결된다고 생각하는 것 같다. 그 의도는 이해가 되지만, 그리 잘 들어맞는 시도는 아니라고 본다. 무엇보다도, 민중신학에서는 이런 접근방식을 인정하지 않기 때문이다. 예수는 신이 아니었고, 또 신이 되지도 않았다. 민중 중의 민중, 어떤 면에서 민중 그 자체였다. 하지만 그가 벌인 민중운동 속에서 우리는 신의 현존을 깨닫고 신에게로 가는 참다운 진리의 길을 볼 수 있다.

송기득 교수가 말하는 인간화는 예수의 하나님나라 운동의 목표이자 주제인데, 이것을 역사의 예수와는 거리가 먼 요한복음의 성육신 개념과 연결하는 것은 무리이다. 여기서 굳이 배울 점이 있다면, 그것은 성서에 등장하는 다양한 초기 그리스도교 공동체처럼 역사의 예수에 근거한 한국적 예수 공동체를 만들 수 있지 않을까 하는 생각을 갖게 한다는 점이다. 물론 이런 신학적 문제는 이른바 성서 정경의 문제와도 관련된다. 우리는 여전히 66권 성서를 정경으로 인정할 수 있는가? 정경의 기준은 무엇인가? 유대교인가? 역사의 예수인가? 아니면 바울인가? 어떤 것을 성서로 인정해야 하는가? 루터 역시 자기 신학의 기준에서 야고보서와 요한계시록을 성서에서 빼려고 시도하지 않았는가? 민중신학자들은 물론 현대 역사의 예수 연구자들은 이미 정경이라는 개념을 무너뜨렸다. 가장 중요한 기준은 역사의 예수라는 것이다. 그러므로 도마복음이라든지 이후에 발견되는 문서들이 예수의 본래 말씀을 담고 있다면 얼마든지 성서로 인정할 수 있다는 것이다. 그러므로 정경은 더 이상 폐쇄된 개념이 아니고 열린 개념이다.

손 박사는 교회가 하나님나라의 전위대가 될 수 있다고 말하면서, 하나님나라를 교회 밖으로도 확장 시킨다. 필자 역시 그렇게만 된다면 참 좋겠다는 생각이 든다. 그러면서 그는 독일 자유주의 신학의 예를 든다. 물론 자유신학의 장점을 무시할 수 없을 것이다. 계몽주의의 영향으로 일어난 자유주의 신학은 예수를 계몽주의자나 도덕주의자로 간주한다. 이것을 현실에 적용하면 윤리 운동이나 자선 운동으로밖에 나타날 수 없다는 한계를 지적하지 않을 수 없다. 이들이 벌인 하나님나라란 현실 테두리 안에서의 윤리적 진보라는 매우 천진난만한 것이었으며, 이른바 문화그리스도교, 즉 그리스도교 왕국을 건설하려 한다는 비판을 받은 바 있다. 이들의 안일한 역사 인식은 세계 1차대전을 지지하는 것으로 드러났다. 이런 이유로 바르트는 자기의 신학 스승인 자유주의 신학자들과 결별했던 것이다. 또 종교사회주의는 자유주의의 산물이 아니라 자유주의에 대한 철저한 비판으로 나타난 운동이다.

이런 하나님나라를 실현하는데 손 박사는 바르트의 '신앙의 유비'를 든다. 이 단어는 원래 바르트의 『교회교의학』의 신인식론에서 등장한다. 즉 바르트는 가톨릭의 자연신학, 즉 인간과 자연을 통해 자연스럽게 신을 인식할 수 있다는 '존재의 유비'에 철저히 반대한다. 그 대신 그는 신은 신 자신을 통해 계시되며, 인간은 예수 그리스도를 통한 신앙으로 신을 인식하게 된다고 주장했다. 이렇게 바르트는 철저히 신 중심, 계시 중심, 성서 중심의 신학을 폈다. 그는 세상과 종교를 안일하게 일치시키는 자유주의 신학을 철저히 배격한 결과 더 배타적인 신의 존재와 현 인간 상황의 위기를 강조했다. 그의 신학은 인간의 상황에서 시작하는 신학이 아니라, 철저히 위로부터의 신학이었다. 그는 위로부터 인간에게 임하는 하나님의 현존에 주로 관심을 기울였다. 이런 신학은 바르트 당시에는 많은 장점이 있었지만, 오늘날 우리 상황에 적용하는 데는 많은 문제가 있다고 생각한다. 또한 바르트가 어떻게 신앙의 유비라는 개념을 하나님나라와 연관시키는지 좀 더 철저한 분석이 필요할 것이다. 잘 알려져 있다시피, 그는 성서비평마저도 거부했다. 그가 참고한 성서도 역사의 예수와 얼마나 관계가 있는지 의심스럽다. 또 성서와 전통교리를 중심으로 한 배타적인 그의 신학은 한국의 다종교적 상황과도 맞지 않는다. 필자가 보기에, 송기득 교수의 역사의 예수론을 논하면서 바르트를 거론하는 것은 마치 어떤 원로학자가 한국 여성신학의 근거를 바르트 신학에서 찾는 것과 같은 오류를 범하는 일로 생각된다. 오히려 민중신학과 현대 진보신학자들이 제안하듯이 역사의 예수를 잘 드러내는 복음서와 도마복음서 및 기타 성서 문헌들, 교회사, 한국의 종교적 문화적 전통, 민중 운동사, 현대의 기타 제반 학문 등과 깊이 있는 교차 연구를 통해 신학의 주제를 탐구해야 할 때라고 생각한다.

그렇다면 개신교회가 금과옥조로 여기는 루터는 어떠한가? 당시 가톨릭에 저항하여 새로운 종교운동을 벌였지만, 그 자신은 보수 신학의 테두리 안에 있었다. 그가 좋아했던 로마서나 갈라디아서는 역사의 예수와는 거리가 멀다. 오히려 바울의 목회적 현장과 더 관계가 있을 것이다. 틸리히가 지적하듯이, 예언자들과 예수에게서 비롯된 프로테스탄트 저항의 원리가 그에게서 표출된 점이 가장 중요한데, 그것이 교회 역사에서 제대로 지속되었다고는 생각되지 않는다. 루터의 종교개혁에서 개신교가 유래했기 때문에 그를 참조하는 것은 이해가 되지만, 루터의 신학이 현 한국 교회 개혁의 근거나 대안은 될 수 없다고 필자는 생각한다. 그것은 오늘날 루터를 따른다는 후예들의 수구적인 모습에서 잘 드러난다. 이른바 개혁교회라고 자칭하는 자들이 가장 보수적이지 않은가? 필자는 루터가 아니라 역사의 예수에게로 돌아가야 한다고 생각한다. 다시 말해, 한국의 개신교회들이 좋아하는 루터나 웨슬리나 칼빈이 아니라 예수에게로 돌아가야 한다. 또 한 가지 지적할 점은 가톨릭의 경우 제2 바티칸 공의회(1962-1965) 이후 개신교보다 더 진보적인 신학들이 쏟아져 나왔고, 업적주의와 인의론에 관한 해묵은 논쟁에 관해서도 개신교회와 이미 화해했다. 물론 현 한국 교회의 업적 위주의 신앙 행태를 비판하기 위해 루터를 인용할 수 있지만, 그 비판의 근거는 역사의 예수가 되어야 할 것이다.

또한 손 박사는 마지막 결론부에서 본회퍼의 신학을 예로 들었다. 필자는 본회퍼의 독특한 상황이 '종교의 비종교적 해석'이라는 것으로 표출되었다고 생각한다. 이것은 본회퍼가 처형되기 직전에 형성된 신학 사상이다. 사실 히틀러 암살 기도로 옥중에 갇혀 편지 형식으로 남긴 글들 속에는 그가 느끼는 절박한 심정이 잘 나타나 있다. 필자는 그의 신학과 삶을 존경한다. 1980년대 개인적으로 본회퍼의 저서들로부터 많은 영향과 감동을 받은 것도 사실이다. 그리고 손 박사가 그의 종교의 비종교적 해석을 적용하여 성서의 개념들이나 형이상학적인 교리들을 다시 세속적인 언어로 재구성해야 한다는 주장에 적극적으로 공감한다. 하지만 본회퍼의 신학에서도 여러 가지 해석의 문제가 제기된다. "예수의 가르침은 본래 무종교적 혹은 세상적으로 선포되었는데 종교적으로 탈세상적으로 해석되었기 때문에" 문제이고, 따라서 이것들을 다시 탈형이상학적인 것으로 또 세상적인 것으로 만든다는 것은 무엇을 의미하는가? 기존 교회를 벗어나는 것을 의미하는가? 아니면 기존 교회의 테두리 안에서의 교리의 재해석을 의미하는가? 필자가 보기에 본회퍼는 역사의 교회를 벗어나려고 하지 않았다. 오히려 그는 전통 안에서 서서 전통을 개혁하려고 노력했다. 그의 고백교회운동이 이를 잘 보여준다. 또한 그는 철저히 바르트 계열의 신정통주의 신학에 젖어 있었다. 그의 초기 저서들이 이를 잘 드러낸다. 필자는 기본적으로 그리스도교가 교회라는 울타리를 떠나 비종교적으로 넓게 해석되어야 한다는데 동의한다. 그렇지만 역사의 예수에게로 돌아가면 굳이 비종교적 해석 따위를 언급할 필요조차 없을 것이다. 예수는 하나님나라를 선포했지 교회를 선포하거나 설립하지 않았다. 예수에게는 세상 속에서 참인간의 길을 실천하는 것을 선포하고 실천했지 종교니 교회니 하는 따위에는 안중에도 없었다. 따라서 본회퍼의 후기 신학을 한국 교회에 대한 문제 제기로 사용할 수 있지만, 역사의 예수를 대신할 수는 없다고 생각한다. 즉 바르트나 본회퍼는 신학적 대화의 대상은 될 수 있지만 역사의 예수를 대신할 수는 없다는 것이다.

3

전반적으로 볼 때 손 박사는 전통교리의 적극적인 해석자라고 보여진다. 물론 기존 교회를 염두에 둔다면 이런 작업도 필요할 것이다. 이것은 손 박사가 말한 현실적인 해결책에 해당된다. 이런 입장은 민중신학을 계승한다면서 그것을 교회개혁 운동으로 환원시키려는 현재의 한국 민중신학회의 분위기와도 관련이 있는 것 같다. 또 역사의 예수를 따른다면서 철저히 교회중심의 운동을 벌이고 있는 여러 진보그룹들도 여기에 해당된다고 볼 수 있다. 물론 기존 교회라도 제대로 개혁하여, 하나님나라의 전위대로 만들어보자는 의도는 충분히 이해가 된다. 건전한 종교집단마저 드문 현실에서 이런 개혁운동은 의미가 있는 일이기 때문이다. 따라서 손 박사가 제시한 교회의 모습은 의미가 있지만, 그리 새로울 것은 없다고 보여진다. 하지만 필자가 보기에 제대로 된 개혁운동을 일으키려면 먼저 바울교에서 그리스도교로, 그리고 그리스도교에서 예수교로 탈바꿈하는 운동이 일어나야 할 것이다.

또한, 기존의 교회들이 역사의 예수를 담고 있지 않다면, 즉 기존의 교회들이 역사의 예수를 수용하기에 불가능할 만큼 부패해 있다면, 이런 교회들에서 과감히 벗어나서 역사의 예수에 근거한 새로운 예수 공동체는 불가능한 것일까? 일찍이 민중신학은 교회운동이 아니라 역사의 한 가운데서 진행되는 민중해방운동을 예수 운동으로 파악했다. 이것은 역사의 예수운동이 사회진보 사상으로 발전하는 것을 의미한다. 기존 교회와는 무관하게 오히려 역사 현실 가운데 예수의 하나님나라 운동을 실현하는 것을 의미한다. 그것을 굳이 기존의 교리나 신학 개념으로 설명할 필요도 없다. 그것은 가짜 유신론을 부정하는 의미에서의 무신론적인 형태로 나타날 수도 있을 것이다. 송기득 교수의 인간화 개념은 이런 의미에서 예수운동이 실현되는 것을 의미한다. 그것을 교회

운동으로 환원시킬 필요는 없을 것이다. 예수는 교회에 갇힐 수 없는 존재가 아닌가? 우리는 역사의 예수에 대해 초점을 맞추면서 이런 예수운동을 실현해 나갈 수 있을 것이다. 그 예수는 우리에게 다양한 비전을 제시한다. 신에 대한 비전을 가지고 세상을 전복시키는 현자(마커스 보그), 새로운 인간 공동체를 제시한 혁명가(존 도미닉 크로싼), 로마의 제국주의 지배체계에 저항한 사회혁명가(리처드 홀슬리), 민중이 주인이 되고 온전히 인간화가 실현된 세계를 위해 싸운 민중 혁명가(송기득) 등등. 역사의 예수가 드러내는 모습은 조금씩 다르지만, 이들 사이에는 공통점이 있다. 그것은 신앙으로 고백 된 그리스도가 아니라 그 이전의 역사의 예수의 모습이자 바로 여기에 근거한 새로운 신앙이라는 점이다. 그런 신앙은 예수를 그리스도로 고백하는 것이 아니라, 우리의 구체적인 현실에서 역사의 예수의 삶을 조금이라도 따르는 것을 의미한다. 필자는 역사를 통해 이어져 내려온 여러 가지 민중운동, 해방운동, 사회운동, 시민운동, 인권운동, 기타 인간 해방을 지향하는 여러 운동들에서 그 씨앗들이 이미 뿌려졌다고 생각한다. 지난 여름 한국사회를 달구었던 촛불 항쟁은 어떠한가? 이 점에서 역사의 예수에 근거한 새로운 예수운동 내지 예수 공동체는 '불가능한 가능성'처럼 보이지만 그것은 또한 '가능한 불가능성'이라고 생각된다. 이것은 우리가 여전히 하나님의 존재를 믿는 이유이기도 하다. <2008. 7. 3.>

20세기 현대신학의 흐름

지난 20세기는 격동의 시대였다. 참혹한 세계 전쟁들과 자연재해로 지구 곳곳이 아픔을 겪은 한 세기였다. 하지만 이런 시대에 신학적으로는 엄청난 진보를 이루었다. 자유주의 신학에 대한 반동으로 등장한 신정통주의 신학은 20세기의 서막을 알리는 듯했다. 자유주의 신학은 18세기 계몽주의의 영향으로 인간의 이성을 강조한 신학이었다. 그동안 신앙에 눌려 제힘을 발휘하지 못하던 인간의 이성이 신학에서 제 역할을 찾아 마침내 성서비평학과 같은 위대한 신학적 발전을 이루기도 했다. 하지만 신적 계시와 절대성에 대한 상대적 약화와 세계 현실에 대한 지나친 낙관주의적 사고는 한계를 드러내고 말았다.

스위스 자펜빌 광산촌의 목회자였던 칼 바르트(Karl Barth)는 1차 세계대전이 발발하자 자유주의 신학자들이 전쟁을 옹호하는 것을 보고 자신의 신학 스승들이기도 한 그들의 신학에 큰 문제가 있음을 간파했다. 그는 유명한 『로마서 주석』(1919)에서 하나님은 절대적 타자이기 때문에 우리 인간의 이성으로는 알 수가 없고 그분이 자신을 계시할 때 인간은 단지 신앙으로써만 그분을 알게 된다고 주장했다. 하나님을 인간 이성으로 파악하고자 했던 자유주의 신학의 오류를 바로잡고 이제 하나님의 절대성을 중심으로 기독교 전통을 새롭게 강조해야 한다고 외쳤다. 바르트의 『로마서 주석』은 신학자들이 놀던 놀이터에 떨어진

폭탄과 같았다고 비유할 정도로 자유주의 신학에 큰 충격을 가했다.

바르트의 신정통주의 신학은 절대자 하나님에 대한 강조와 기독교의 유일성을 강조하는 효과를 가져왔다. 하지만 이것만으로 인간이 현실에서 겪는 문제는 다 해명될 수 없었다. 2번에 걸친 세계대전으로 인간들은 극도로 피폐해져 있었다. 더욱이 하나님의 선민이라고 믿었던 유대인들이 600만 명이나 학살된 홀로코스트 사건은 홀로코스트 이후의 신학을 고민하는 계기가 되었다. 유대-기독교의 문명으로 이루어진 서구 세계에서 어떻게 이런 끔찍한 대참사가 일어날 수 있단 말인가? 하나님은 어디에 계시는가? 이런 물음에 대한 답은 실존주의 쪽에서 이루어졌다. 실존주의는 현 세계에서 개인의 실존의 의미를 탐구하는 철학의 한 사조이다. 신학 쪽에서 이를 적극적으로 받아들여 실존주의 신학이라는 새로운 학파를 형성하였다. 신약학자 불트만(R.Bultmann)과 조직신학자 폴 틸리히(P. Tillich)가 대표적인 경우이다.

하나님의 절대성을 강조하면서 '위로부터의 신학'을 강조했던 신정통주의 신학과는 달리 실존주의 신학에서는 인간 개인의 실존적 문제를 먼저 분석해 나간다. 그리고 그 답으로 하나님의 계시 또는 새로운 존재로서의 그리스도라는 대답을 제시한다. 이런 신학은 인간의 실존적 상황에서 출발하는 신학이므로 '아래로부터의 신학'이라고도 부른다. 2차 세계대전 이후 폐허가 된 현실에서 되묻게 된 인간의 물음이 실존주의 신학이라는 새로운 사조를 탄생시킨 것이다. 물론 실존주의는 개인의 실존에만 초점을 기울임으로 인간의 사회 역사적 실존에는 구체적인 관심을 기울이지 못했다. 그 결과 1945년도 이후 다시 굳어진 동서냉전의 냉혹한 현실에 관심을 기울이고 이를 신학적으로 해석하는 쪽으로 발전되지는 못했다.

이런 현실에서 1960년대 중반 서구신학계를 강타했던 주제는 '신 죽음의 신학'이었다. 두 번에 걸친 세계대전에 이어 냉전 체제로 세계는 이미 미움과 적대로 가득 차게 되었다. 성공회 주교 로빈슨(Robinson)은 1963년『신에게 솔직히』라는 저서에서 "저 위에, 저 밖에 있는 존재, 자신이 창조한 세계 위에서 군림하고 다스리고 있는 백발의 노인"과 같은 신화적이고 형이상학적 초월 신 개념은 이제 더 이상 쓸모가 없으며 삶과 역사 한가운데서 성서의 신을 찾아야 한다고 역설했다. 로빈슨의 지적은 한편으로는 신 죽음의 신학으로 나타났고, 또 다른 한편으로는 미국적 토착화 신학인 과정신학의 시도로 이어졌다.

먼저, 1966년 4월 8일 시사주간지『타임』(Time) 표지에 "신은 죽었는가"라는 제목으로 신학자 토마스 알타이저(Thomas Altizer)의 '신 죽음의 신학'에 관한 논문이 소개되었다. 1960년대 서구신학계를 대표하는 이 사건은 전 세계 그리스도인들에게 충격을 준 사건이었다. 하지만 이런 상황에서 독일의 신학자 위르겐 몰트만(Jürgen Moltmann)이 신 죽음에 대해 전혀 반대의 소리를 내었다. 1964년에 몰트만은『희망의 신학』이라는 책을 출판하면서, 신은 죽지 않았으며 오히려 절망과 혼돈의 시대에 새로운 희망이라고 주장했다. 1967년『뉴욕타임스』(New York Times)는 "신의 죽음의 신학은 희망의 신학 때문에 기반을 잃어버렸다"라고 논평했을 정도로 몰트만의 신학은 새로운 시대 희망을 준 신학이었다. 둘째로, 화이트헤드의 과정철학이 제시하는 유기체적 세계관에 근거한 과정신학이 존 캅(John Cobb) 등에 의해 시작되면서 전통적인 유일신론을 대체하는 범재신론을 제시하게 되었다. 범재신론은 신의 초월성만을 강조하는 유일신론이나 모든 만물에 깃든 신성을 인정하는 범신론과 다르다. 범재신론은 신의 초월성과 내재성을 동시에 긍정하는 신관이라고 과정신학자들은 주장하며, 신은 강요가 아닌 설득의 방식으로 만물에 관여하며 만물은 자유의지를 가지고 있다는 독특한 신정론을 제시했다.

20세기 후반에 들어서자 세계 신학계에 큰 변동이 일어났다. 비서구권인 라틴아메리카에서 처음으로 해방신학이라는 독자적인 신학운동이 태동한 것이다. 그동안 서구 각국은 그리스도교의 본산지로 기능해왔고, 비서구권에 그리스도교를 전파함은 물론 자신들이 전통적으로 믿고 따르고 있었던 신앙과 신학을 피선교국에 그대로 전달하고 가르쳤다. 당연히 피선교국은 복음을 전달해준 서양 선교사들에게 감사하며 그들과 의존적인 관계를 유지하고 있었다. 해방신학은 그리스도교 2,000년 역사에서 최초로 비서구권 피선교국에서 스스로의 목소리로 형성된 신학운동이다. 해방신학의 태동은 신학적으로 오랫동안 서구 그리스도교의 바벨론 포로 상태에서 비서구권 그리스도교가 처음으로 탈출하게 된 매우 의미 있는 사건이다. 무엇보다도, 해방신학은 20세기에 라틴아메리카 각국에 만연했던 억압과 착취, 가난의 문제를 직시하고 해결하려는 새로운 사회 변혁의 움직임에 부응한 신학운동이었다. 해방신학은 서구의 신학 전통에 서 있으면서도 라틴아메리카 민중의 현실에서 신학을 새롭게 이해하고자 했다는데 큰 의의가 있다. 즉 해방신학은 대다수 인간들이 실제로 고난당하고 억압당하는 삶의 현장에서 성서를 다시 보고, 신학적 개념을 재해석하고자 했다. 그 결과 신학이란 "말씀에 비추어 그리스도인의 프락시스(praxis, 실천)를 비판적으로 고찰하는 것"이라는 개념을 제시하며 새로운 신학 방법론을 제시했다. 해방신학을 대표하는 학자는 페루의 구스타보 구티에레스이며, 그 외에 가톨릭과 개신교를 망라한 많은 학자들이 이 신학운동에 참여했다. 해방신학은 미국의 흑인신학, 여성신학, 한국의 민중신학, 아시아 신학, 아프리카 신학, 생태신학 등 다양한 신학들의 태동에 영향을 끼쳤다.

지금까지 서구신학계에서 라틴아메리카 해방신학까지 주요 신학의 흐름을 살펴왔다. 그렇다면 개신교 선교 140여 년이 가까워져 오고 있는 한국 신학의 흐름은 어떠한가? 한국 신학계는 1884년 미국 선교사들의 입국 이래로 선교사들이 전해준 보수 근본주의 신학에 대체로 충실한 편이었다. 선교사들은 일찍이 뉴잉글랜드 대각성 운동의 영향을 받고 선교사로 헌신한 자들로서 뜨거운 신앙과 보수 신학에 충실한 자들이었다. 한국 교회는 이런 선교사들의 가르침을 금과옥조로 받들어 왔는데, 1960년대에 들어와 감리교 신학자들을 중심으로 토착화 신학이라는 한국신학의 시도가 일어났다. 이들의 시도는 윤성범의 '성(誠)의 신학', 유동식의 '풍류신학', 김하태의 '경(敬)의 신학'으로 발전되었다. 세 신학자들은 서구신학을 한국말로 풀이하는데 그치는 서구신학의 단순한 소개자이기를 거부하고 한국인의 자의식을 통해 한국인의 관점으로 한국의 전통과 문화를 새롭게 파악하고자 노력했다.

한국신학 정립을 위한 또 하나의 시도가 1970년대 중반 민중신학으로 나타났다. 토착화신학과는 달리 민중신학은 1970년대 독재정권으로 인한 암울한 정치적·사회적 상황에서 억눌린 민중의 해방을 자기 과제로 삼고 출발했다. 무엇보다도 민중신학의 가장 큰 공헌은 그동안 역사의 실체이면서 역사의 이면에 가려져 있던 민중의 개념을 신학의 주제로 내세웠다는 데 있다. 그럼으로써 민중신학은 민중의 눈으로 세계와 역사를 다시 보게 되고, 더 나아가 『성서』를 보는 해석학적 관점을 획득함으로써 신학하는 방법의 전환을 이룩하였다는 데 있다. 민중신학은 한국의 민중전통과 그리스도교의 민중전통이 한국이라는 독특한 현장에서 벌어지는 하나님의 선교(missio Dei) 활동에서 합류하고 있음을 인식할 수 있었다.

지금까지 현대신학의 흐름을 간략하게 살펴보았다. 현대신학은 서구신학이라는 울타리를 벗어나 다양한 나라에서 다양한 주제로 발전되어 왔다. 그러므로 현대신학을 한마디로 요약하기란 불가능하다. 미국 아빙돈(Abingdon) 출판사에서 1996년에 발간한 『새로운 신학자 핸드북』(A New Handbook of Christian Theologians)에서는 54명의 현대 신학자들을 세계 각 지역별, 교회전통별, 신학 학파별로 분류했을 정도이다. 목회자들은 목회라는 개별 현장에 집중하다 보니 자칫 세계적인 신학의 흐름에 등한시할 수 있다. 하지만 모든 지구인들이 서로 연결되어 살고 있는 세계화 시대에 조금만 관심을 갖는다면 현재 세계의 주요 이슈들과 이와 관련된 신학적 흐름을 조금은 파악할 수 있을 것이다. 현재 세계가 직면한 중요한 문제들로는 세계 각국의 사회 양극화와 빈곤의 문제, 지역별 분쟁과 전쟁의 지속, 생태계의 파괴와 기후위기, AI와

빅데이터 등 과학 기술의 발전으로 인한 문제, 포스트 코로나 시대 사회의 방향과 성격 등이다. 기독교 신학은 당연히 이런 문제들을 어떻게 신학적으로 해석하고 대응할지에 관해 관심을 기울이고 노력해 나가야 할 것이다. 또 남북의 평화와 통일문제, 다문화 사회의 사회통합문제, 다종교 상황에서 기독교의 정체성 문제 등도 한국의 현장에서 신학적으로 고민해야 할 문제들이다.

현대신학을 이해하기 위해 국내에 여러 책들이 소개되어 있다. 먼저 현대 이전의 신학 사상을 배경적으로 이해하기를 원하는 사람은 폴 틸리히가 강의한 것을 모은 『19-20세기 프로테스탄트 사상사』를 추천한다. 또 국내 다양한 신학자들이 집필한 『현대 신학자들을 이해하기 위해 꼭 알아야 할 신학자 28인』이라는 책도 있다. 박만 교수가 집필한 『최근 신학 연구』라는 책도 있는데, 이 책은 1970년대 이후 해방신학에서 생태계 신학까지를 개관하는 책이다. 외국학자들의 책으로는 미국의 보수신학자 스탠리 그렌츠와 로저 올슨이 내재성과 초월성이라는 주제를 중심으로 집필한 『20세기 신학』이라는 책이 있다. 대체적으로 요약이 잘 된 책이지만, 모든 신학을 한결같이 비판하고 있고 추측에 근거하여 일부 신학자들의 사생활까지 싸잡아 비판하는 점은 학술적인 연구의 성격에서 벗어나고 있어서 아쉽다. 영국 신학자 데이비드 포드가 편집한 『현대신학과 신학자들』이라는 책도 있다. 이 책은 세계 곳곳의 다양한 신학자들을 소개한 글들을 모은 매우 방대한 책이다.

<2021. 3. 23.>

추수감사절기에 생각하는 복음의 토착화 문제

한국 교회는 해마다 11월 셋째 주일을 추수감사 주일로 지킨다. 한 해 동안 자신의 삶을 뒤 돌아보며 은혜에 감사하는 특별한 절기인 것이다. 사실 11월 셋째 주일은 우리나라의 농경 주기에는 잘 들어맞지 않는다. 한 해 농사를 마무리하는 추수는 10월 말이면 대부분 끝나기 때문이다. 그리고 11월 셋째 주는 늦가을과 초겨울이 교차하는 지점이기도 해서 추수감사절을 성대하게 치르는 데는 다소 늦은 시점이기도 하다. 우리나라에서는 오히려 10월이 계절적으로 추수의 시점에 더 적합하지 않나 하는 생각이 든다. 물론 농경사회와 거리가 먼 도시 교회에서는 10월이든 11월이든 별 차이가 없을 것이라는 생각도 든다.

올해도 어김없이 추수감사 주일이 다가온다. 한 해 동안 지은 농사로 얻은 첫 수확을 하나님께 드리며 감사하는 절기는 신앙적으로 매우 큰 의미가 있다. 특히 올해는 코로나19 바이러스라는 전 세계적인 재난과 유례없는 폭우와 태풍을 딛고 얻은 결실이라 하나님께 드리는 감사의 의미는 그 어느 때보다도 특별하다. 오늘날 많은 사람들이 농사와는 관계없는 삶을 산다 하더라도 지난 1년간의 삶을 뒤 돌아보며 하나님께 감사드리는 특별한 절기는 매우 중요하다. 한국 교회의 추수감사 주일은 영국 청교도들이 신앙의 자유를 찾아 미국 땅에 도착한 후 한 해를 보내고 얻은 수확에 감사하여 드린 감사예배에서 기인한다고 잘 알려져 있다. 이는 매해 추수감사 주일 때 설교에 항상 등장하는 단골 메뉴이기도 하다. 누구에서 기인했건 추수감사 주일이 한국 교회에 중요한 절기로 자리 잡은 것은 잘된 일이라고 생각한다. 한국 교회를 위한 하나님의 특별한 배려로까지 생각된다.

하지만 추수감사 주일의 형식적인 측면은 한국 문화에 맞게 수정되어야 한다고 필자는 생각한다. 그럴 때 이 땅에서 지키는 추수감사 주일의 본래 의미가 더 잘 살아날 수 있을 것이다. 추수감사절이 유래된 미국에서는 청교도들이 낯선 미국 땅에 도착해서 한 해를 잘 지내고 첫 예배를 드렸다는 11월 셋째 주(또는 넷째 주) 목요일을 국가 공휴일로 지키고 있다. 추수감사 목요일이 들어있는 주에는 수요일 오후부터 일요일까지 연휴로 지킨다. 추수감사 날 당일(목요일)에는 모든 상점이 문을 닫는다. 그리고 사람들은 가족이 사는 곳을 찾아가서 이른바 추수감사 목요일 저녁 만찬을 가족과 같이 나눈다. 사실 오늘날 미국에서 추수감사 절기는 우리의 설날이나 추석과 같은 명절에 가깝다. 사람들이 교회보다는 가족 중심으로 모이는 큰 명절이다. 이 때문에 미국에서 추수감사 절기는 교회 절기보다는 모든 국민이 기독교 신앙과 관계없이 가족을 만나 서로 사랑을 나누고 감사하는 큰 명절이다.

해마다 추수감사 주일이 되면 우리에게 떠오르는 주제가 있는데 그것은 바로 '복음의 토착화' 문제이다. 왜 우리는 미국 기독교에 의해 유래된 추수감사 주일을 아직도 미국 기독교처럼 11월 셋째 주에 지키는가? 추수감사절은 미국 청교도들에 의해 시작된 일종의 미국식 전통인데 왜 우리는 그것을 창조적으로 수용 발전시키지 못하는가? 가령 우리의 고유 명절인 추석과 연계하여 지키지 못하는가? 왜 우리는 한민족 고유의 전통과 문화를 복음적으로 수용하여 하나님께 예배하고 감사드리지 못하는가? 청교도의 고향인 영국에는 정작 이런 전통이 없다. 다른 나라도 마찬가지다. 추수감사 절기를 11월 셋째 주에 지키는 나라는 아마 미국과 한국밖에 없을 것이다. 물론 한국에서는 개신교회에만 해당되지만 말이다.

이 땅에서 가톨릭교회까지 포함하면 그리스도교가 시작된 지 240여 년이 지났다. 그동안 이 땅에 기독교 복음이라는 씨앗은 얼마만큼 뿌리를 깊이 내리고 얼마나 많은 열매를 맺었는지 물음을 던져 본다. 정말 한국적 기독교라는 실체는 있기는 한 걸까? 아니면 아직도 우리는 서구 그리스도교의 영향 안에 존재하는 일부분에 불과한 것인가? 추수감사절 하나만 보더라도 진정한 의미의 복음의 토착화는 아직도 실현되지 못한 듯하다. 또 현재 교파를 불문하고 신학교육에서 사용하고 교과서 대부분이 서구 신학자의 저작들을 번역한 것들임을 볼 때 한국의 신학 역시 서구신학의 영향을 벗어나고 있지 못한 듯하다.

추수감사절에 생각하는 복음의 토착화란 무엇을 의미하는가? 토착화(土着化)란 단어의 사전적인 정의는 "어떤 제도나 풍습, 사상 따위가 그 지방의 성질에 맞게 동화되어 뿌리를 내리게 됨"이다(네이버 국어사전). 신학적으로 토착화는 예수 그리스도의 복음이 특정 문화 속으로 육화되는 것을 의미한다. 무엇보다도 토착화란 예수 그리스도의 육화의 사건(요1:14)에 근거를 둔다. 즉 하나님 자신이 2,000여 년 전 팔레스타인 땅에 인간의 몸을 입고 태어나셔서 하나님나라의 복음을 선포하고 사신 것처럼, 예수 그리스도의 복음 역시 세계 곳곳의 구체적인 역사, 문화, 전통 안에 육화되어야 한다는 것이다. 복음이 처음에 팔레스타인 문화에 육화되었고, 이후 서구 문화에 육화되어 서구 기독교라는 독특한 형태의 기독교를 발전시켰고, 이제 한국 땅에 복음이 전파되어 한국이라는 문화와 전통에 철저히 육화되고 마침내 '한국 기독교'라는 풍성한 열매를 맺고 꽃을 피워야 한다는 것이다. 이는 너무도 당연한 이치이지만, 현실에서는 잘 이루어지지 않고 있다. 이 땅에 전래된 복음의 본질과 그것을 담고 있는 서구 기독교의 문화와 전통을 제대로 분별하지 못하기 때문이다. 즉 복음의 본질은 불변하며 보편적이지만, 그것을 담고 있는 서구 기독교의 형식과 틀은 상대적인 방편에 불과하다는 점을 여전히 깨닫고 있지 못하기 때문이다.

한국 감리교회는 신학 원리 중 5번째 원리로 '토착문화'라는 원리를 포함하고 있다. 1930년 한국감리교회가 자치를 선언하면서 복음의 토착화를 중요한 원칙으로 선포했기 때문이다. 당연히 한국 감리교인라면 복음의 토착화 문제를 진지하게 고려해야 한다. 이런 맥락에서 1960년대부터 감리교 신학자들은 복음의 토착화 문제를 고민했다. 제9대 목원대 학장(1984-1985)을 지낸 김하태 박사 역시 서구 기독교를 한국에 토착화하기 위해 노력했던 감리교 신학자였다. 미국에서의 교수 생활을 정리하고 한국에 귀국해 목원대 신학과에서 교수로 가르쳤던 김하태 박사는 한국 전통 중 특히 유교 전통을 연구하여 한국 기독교와의 대화를 시도했다. 오랫동안 서구신학과 철학에 젖어 있던 김하태 박사는 뒤늦게 한국 전통 사상의 중요성을 깨달았다고 고백하곤 했다. 그는 미국에서 서구 신학과 철학을 공부하여 박사학위를 받았을 뿐만 아니라, 감리교 목사로 목회하였고, 또 미국 대학에서도 철학 교수로 오랫동안 재직했다. 그런 그가 한국인으로서 복음의 토착화를 주장했다는 것은 놀라운 일이었다. 복음의 토착화와 한국 신학의 정립에 뒤늦게나마 노력을 기울였던 김하태 박사는 한국 기독교가 먼저 서구 기독교 선교사들의 영향에 의해 우리 문화를 멸시해온 것을 먼저 비판하는 것으로 복음의 토착화가 시작되어야 한다고 주장했다.

> 우리는 19세기에 개신교가 한국에 들어왔을 때 개신교 선교정책이 서양의 제국주의를 등에 업고 와서 인종적으로, 정치적으로, 문화적으로, 종교적으로 서양인과 서양의 것은 우월하다는 생각으로 행해졌는데, 이것은 유감스러운 일이라고 생각한다. 그런 태도를 가지고 포교한 결과 한국의 기독교 신자들은 우리의 고유한 문화전통과 종교와 철학은 열등한 것이라고 묵살시켜 버렸는데 이것은 크나큰 잘못이다. 실로 한국인으로서 기독교를 수용할 때 한국의 전통과 사상을 전적으로 무시하고 기독교를 받아들인다는 것은 무리한 일일 뿐 아니라, 올바로 받아들일 수도 없는 일이다. 그 이유는 바탕이 텅텅 빈 마음에 새로운 종교를 받아들인다는 것은 아주 어렵기 때문이다.[26]

그러므로 김하태 박사는 이제 한국신학자라면 당연히 한국 문화의 정수를 예민하게 파악하고 또 이해함으로써 한국적 토양에 맞는 신학의 수립을 모색해야 한다고 강조한다. 여기서 한국신학 정립의 필요성이 대두되는데, 그는 먼저 기독교를 한국적 토양에 토착화하는 데서 한

---

26 김하태, 『마음 머물 곳을 찾아서』 (서울 : 종로서적, 1991), 177.

국신학에 관한 논의를 출발시킨다. 바로 토착화 작업이야말로 한국신학을 형성하는 첫 번째 과제이다. 그는 이렇게 말한다.

> 기독교가 한국 땅에 들어와 한국 종교와의 대화와 수정의 과정을 지날 때 기독교는 사상적, 논리적 또는 건설적 작업을 하게 되는 것이므로 토착화 신학의 문제가 대두된다. 토착화 신학의 목적은 기독교의 진수를 어떻게 한국적인 것으로 만드느냐 하는 데 있다. 한국적 언어와 한국적 정서와 한국적 사상을 매개로 하여 기독교의 진리를 한국인에게 알맞고, 한국인이 잘 이해할 수 있는 형태로 만들어 놓을 때, 이 작업은 완성될 것이다.[27]

올해도 어김없이 추수감사절을 지키면서 복음의 토착화라는 과제를 생각해 본다. 한국 기독교는 선교사들이 전해준 복음의 형식까지 절대불변의 진리로 받아들이지 말고 한국 고유의 문화에 뿌리내리는 작업에 관심을 기울여야 한다. 미국은 미국 기독교이고 한국은 한국 기독교이다. 복음의 본질은 불변하지만, 그것이 육화되어 나타나는 형태는 다양하다. 세계 곳곳에 다양한 인종, 문화, 언어, 전통을 허락하신 하나님은 이제 곳곳에 복음이 다양한 모습으로 뿌리를 내리고 열매 맺는 모습을 기뻐하실 것이다. 한국 기독교가 보수적인 선교사들의 가르침을 그대로 지키면서 여전히 보수적인 태도를 가지고 전통문화를 거부한다 하더라도, 우리는 우리의 언어로 복음의 진리를 고백하고, 또 성서의 야훼, 엘로힘, 테오스를 하나님으로 부르면서 그분을 예배하고 있다. 이미 토착화의 길을 가고 있는 것이다. 추석이나 설날에 거의 모든 가정에서

27 김하태, 『동서철학의 만남』 (서울 : 종로서적, 1986), 212.

지키고 있는 조상 제사 전통도 이미 추도예배라는 토착화된 형태로 받아들이고 있지 않은가? 이 외에도 많은 예를 들 수 있다. 어쩌면 토착화를 통해서만 우리는 한국인의 실존으로 온전히 하나님을 믿고 예배할 수 있다고 말할 수 있을 것이다. 이제 이 땅에 복음이 온전히 토착화되어, 한국 기독교라는 뿌리 깊은 나무에서 열린 풍성한 열매들을 전 세계에 당당하게 보여 줄 수 있어야 할 것이다. 예수 그리스도가 이 세상에 육화했듯이, 그분의 복음 진리 역시 이 땅에 온전히 육화되어 토착화가 실현될 날을 고대해 본다. <2019. 11. 30.>

다시 생각하는 미국 추수감사절

- '감사'의 날인가 '애도'의 날인가?

1

미국에는 매년 8개월가량 실시하는 서머타임, 즉 일광절약시간제(Daylight Saving Time)라는 것이 있다. 3월 둘째 주에 시작된 서머타임이 11월 첫째 주가 되면 해제된다. 그동안 한 시간 빠르게 진행하던 생체리듬이 다시 원래로 되돌아가는 때가 되는 것이다. 서머타임이 해제되면서 한층 더 겨울로 접어든 느낌이 든다. 교회마다 서머타임이 해제된다는 광고를 시작으로 새로운 계절에 들어섰음을 알린다. 특히 11월이 되면 사람들의 마음은 들뜨기 시작한다. 다름 아니라 11월 넷째 주에 들어있는 추수감사절 휴가 때문이다. 벌써 15년이나 되는 긴 기간을 이곳에 살았지만, 매년 추수감사절이 돌아올 때면 한국의 추석이나 설 명절이 간절히 생각나곤 했다. 그만큼 추수감사절은 미국에서 가장 중요한 민속 명절처럼 지켜지고 있다는 것이다. 다들 아무리 생활이 바빠도 너도나도 귀향을 서두르고, 부모 형제들과의 만남을 준비한다. 일년 중 미국 전역에서 가장 많이 여행하는 때가 바로 이때이다. 너도나도 각종 파티를 준비하고, 감사 카드를 보내고 선물을 준비한다. 또 모든 학교들은 4일간 특별 방학을 갖는다. 11월 넷째 주 목요일 아침 주요방송에서는 연례행사처럼 미국의 큰 도시들에서 벌어지는 추수감사절 퍼

레이드를 생중계하곤 한다. 그리고 그날 저녁은 가족이 모여 추수감사절 만찬을 즐긴다.

또 미국의 추수감사절은 쇼핑시즌으로도 유명하다. 특히 금요일은 '검은 금요일'(Black Friday)이라 하여 모든 상점들이 대대적으로 세일을 한다. 이미 11월 넷째 주에 들어서면, 거리마다 "즐거운 추수감사절"(Happy Thanksgiving)이라는 플래카드로 넘쳐나고, 사람들은 추수감사절을 즐겁게 지내라고 서로 인사를 한다. 방송에서는 일 년 중 가장 즐겁고 행복한 때인 것처럼 시끄럽게 선전을 늘어놓는다. 이렇게 추수감사절은 한국의 추석이나 설처럼 미국의 가장 큰 국가 공휴일이자 명절로 자리 잡았다. 그런데 얼마나 많은 사람들이 추수감사절의 역사적 배경과 진정한 의미를 알고 이렇게 즐거워하는지 의문이다. 추수감사절은 정말 감사의 날인가? 추수감사절은 정말 모두가 즐기는 축제와 같은 날인가?

문득 한국에서 해마다 지켰던 추수감사 주일을 떠올려 본다. 필그림(pilgrim, 즉 '순례자')들로 부르는 청교도들이 영국 국교회의 박해를 피해 신앙의 자유를 찾아 네덜란드로 갔다가 정착하지 못하고 다시 뱃머리를 돌려 미국으로 왔고, 온갖 어려움 끝에 얻은 첫 수확에 감사하여 하나님께 드린 예배가 추수감사절의 첫 기원이라고 귀에 못이 박이도록 들어왔다. 또 청교도들을 따르는 신앙의 후예로서 당연히 11월 넷째 주가 시작되는 주일에 추수감사절을 지켜야 한다고 배웠다. 그리고 교회마다 추수감사 주일 헌금 봉투를 나눠주고 특별 감사헌금을 드리라고 광고를 하곤 한다. 또 계절상으로 늦가을에서 초겨울로 바뀌는 계절이고, 농업과는 무관한 도시 교회의 환경인데도 불구하고, 농경사회의 추수와 관련된 오래된 미국 찬송가를 부르곤 했다. 오늘도 많은 한국 개신교회들이 이렇게 추수감사절을 지키고 있다. 그렇다면 과연 우리는 추수감사절의 본 의미에 대해 바르게 알고 따라 하고 있는 것일까? 한국 개신교가 신앙의 선조로 꼽고 있는 미국 청교도들에 대해 우리는 얼마나 알고 있는 것일까?

2

필자는 기회가 있을 때마다 영국 필그림들이 '메이플라워'(Mayflower)라는 배를 타고 1620년 처음으로 도착했다는 매사추세츠주 남부의 플리머스(Plymouth)에 가보곤 한다. 마침 필자가 사는 보스턴에서 남쪽으로 1시간가량 차를 몰고 가면 닿을 수 있는 가까운 거리에 있다. 그들이 타고 왔다는 메이플라워호가 그대로 복원되어 바다에 정박해 있고, 또 필그림들이 처음 이 땅을 밟은 것을 기념하여 만들어놓은 "플리머스 바위"(Plymouth Rock)란 곳도 있다. 그리고 이들이 이곳에 처음 도착하자마자 세운 첫 마을이 플리머스 해안가에 지금도 보존되어 있다. 마을 한가운데 있는 교회당 겸 마을 회관이 이들이 건설한 초기 신앙공동체의 모습을 잘 보여준다. 이들은 영국 성공회의 획일적인 계급체계와 복잡한 예전에 반대했던 자들이다. 그 대신 이들은 말씀 중심의 단순한 예배를 바탕으로 하나님의 은혜를 직접 체험할 수 있고, 이런 자들이 외부의 간섭을 받지 않고 자유롭게 신앙공동체를 이룰 수 있다고 믿었다. 이들은 하나님의 직접적인 은혜를 통해 스스로를 '정화된 자들' 이라고 믿었다. 이런 이유로 사람들은 이들을 '퓨리턴'(puritan, '정화한다'라는 뜻의 영어 단어 'purify'에서 나왔음, '청교도'로 번역)이라고 불렀다. 이들은 미국에 도착하자마자 마을 한가운데 교회 겸 마을 회당을 세우면서 이른바 신대륙에 정착하기 시작했다.

이들은 신학적으로 보수적인 칼뱅주의의 영향을 받았다. 이들은 극단적인 이중예정론과 같은 교리로 무장한 채, 칼뱅이 스위스 제네바에서 시도했던 신정통치 사회를 이곳에서 실현하고자 했다. 지금도 매사추세츠주 각 마을이나 도시들을 보면, 그 중심에 교회가 있고 타운홀이나 시티홀, 도서관들이 자리 잡고 있다. 청교도들이 세운 회중교회가 마을마다 제1 회중 교회, 제2 회중 교회와 같은 형식으로 들어서 있다. 이들은 자신들이 영국에서 박해받았던 시절과는 달리 이제는 자신과 다른 교파들을 박해하는 일을 저질렀다. 그 대표적인 예가 퀘이커 교도들에 대한 끔찍한 박해이다. 1660년 퀘이커 여성지도자 메리 다이어(Mary Barrett Dyer)는 인간의 내면의 빛을 강조하는 퀘이커 신앙을 전파했다는 이유로 체포되어 시민들이 보는 앞에서 공개적으로 교수형에 처해졌다. 그녀는 이 당시에 처형된 4명의 퀘이커 지도자 중 한 명이었다. 영국 국교회(성공회)의 억압으로부터 신앙의 자유를 찾아 새로운 땅에 왔다는 청교도들이 자기들과 신앙관이 다르다는 이유로 타인을 억압하는 자들이 된 것이다. 보스턴의 중심이자 상징인 보스턴 코몬(Boston Common)에 이들을 기리는 기념비가 있을 정도로 이는 매우 역사적인 사건이었다. 심지어 매사추세츠주 북부 세일럼(Salem)이란 곳에서는 중세기 유럽에서 오랫동안 자행되었던 마녀재판을 열어 실제로 여성들을 화형 시키는 죄악도 저질렀다. 그 유적이 세일럼에 '마녀박물관'(Witch Museum)이란 이름으로 아직도 남아 있다. 유명한 작가 나다니엘 호돈(Nathaniel Hawthorn)이 쓴 여러 작품들은 초기 청교도 사회의 어두운 분위기를 잘 묘사하고 있다. 그의 대표작『주홍글씨』를 보면, 마을 중심에 교회당이 있고 그 옆에 언제든지 죄인들을 교수형에 처할 수 있는 교수대가 있다. 자신들의 종교만이 유일한 진리라는 믿음 아래 세상을 다스리려는 청교도들의 사회에서는 그 어떤 다양성도 들어설 자리가 없었다.

널리 알려진 미국 추수감사절의 기원은 이러하다. 영국의 청교도들이 플리머스에 도착한 1620년에서 1621년 초의 겨울은 날씨가 매우 추웠고, 많은 사람들이 죽었다. 청교도들은 주위에 거주하고 있던 원주민 부족 왐파노아그족의 도움으로 농사짓는 법을 배워 살아남을 수 있었다. 이듬해인 1621년 가을, 처음으로 옥수수를 재배하여 수확할 수 있었고 이들은 왐파노아그족을 초대하여 추수한 곡식, 과일과 야생 칠면조를 잡아 함께 음식을 함께 먹으면서 3일간 축제를 벌였는데, 이것이 곧 아메리카 대륙의 추수감사절의 기원이라고 한다. 그 후 이날을 기념하여 뉴잉글랜드 지역을 중심으로 하여 미국 전역으로 이 전통이 점차 확산되다가 마침내 남북 전쟁 중이었던 1863년 링컨 대통령에 의해 국경일로 지정되었다. 추수감사절은 미국의 독립이 하나님의 은혜로 된 것임을 기리는 날이라는 주장을 받아들여 미국의 가장 중요한 연례공휴일로 선포해 버린 것이다. 하지만 이런 전설적인 이야기를 액면 그대로만 받아들이기에는 문제가 있다. 한 마디로, 이 이야기는 정복자 백인들의 시각에서 만들어진 이야기이다. 분명한 것은 원주민들의 도움이 없었다면 초기 필그림들은 아메리카 대륙에 정착하지 못했을 거라는 점이다.[28]

이후 백인들이 몰려오기 시작했고, 원주민들이 살고 있는 땅을 빼앗기 시작했다. 그리고 이 대륙의 원주인인 원주민들을 몰아내고 백인들의 나라를 세운 미국 정부 입장에서 자신들의 침략과 정복을 합리화하기 위해 원주민들을 초대해 같이 축제를 벌였다는 식으로 이야기를 과장하고 확대했다는 것이다. 특히 플리머스에 필그림들이 도착하기 전인 1607년 버지니아에 백인들이 이미 도착하여 제임스타운(Jamestown)을 건설했는데, 어째서 이들을 미국의 시초로 잡지 않는지 학자들은 의문을 제기한다. 그리고 그 이유는 현대 미국이 내세우는 이상인 인종 간 화합의 모델을 설정하기에는 제임스타운보다는 플리머스가 더 낫다고 여기고 플리머스의 필그림들의 이야기를 부각시키기에 이르렀다는 것이다. 제임스타운에서는 처음부터 원주민들과의 전쟁으로 시작되었기 때문이다. 1607년 버지니아에 도착한 백인들은(이들은 아이러니하게도 대부분이 영국 국교도들이었다) 당시 원주민들이었던 파우해튼 족과 바로 전쟁을 벌였다. 그 결과 8천 명이던 파우해튼족은 몇 년 만에 1000명 미만으로 줄어들었다. 반면에 플리머스에서는 그나마 원주민들의 도움으로 청교도들이 정착했고 수년간 서로 평화롭게 지냈다. 이는 역사적인 사실이다.

---

28 다음 웹사이트 참조. http://en.wikipedia.org/wiki/Thanksgiving_%28United_States%29

아메리카 대륙에 들어온 청교도들은 원주민들의 도움을 받아 낯선 땅에 정착했는데도, 이후에는 원주민들을 학살하는 데 적극적으로 가담했다. 『미국 민중 저항사』(People's History of United States)를 저술한 역사학자 하워드 진(Howard Zinn)에 의하면 아메리카 대륙에 정착한 백인들의 역사는 곧 원주민 멸절사이다. "영국의 북아메리카 대륙의 침략의 배후에는 원주민 대량학살, 기만, 잔혹함, 사유재산에 기초한 강력한 욕구 등이 작용했다"라고 그는 지적한다. 이런 침략의 역사 중심에 청교도들이 있다는 것이다. 청교도들은 아무도 살지 않는 비어 있는 땅이 아니라 원주민들이 이미 2만 5천 년 전부터 거주하고 있는 땅에 들어왔음에도 불구하고 성경 시편 2편 8절 "내게 구하라. 내가 이방 나라를 네 유업으로 주리니 네 소유가 땅끝까지 이르리로다"(개정개역)라는 구절에 근거하여 자신들의 침입을 정당화했다. 더 나아가 무력으로 땅을 빼앗는 것을 정당화하기 위해 로마서 13장 2절을 인용하곤 했다. "그러므로 권세를 거스르는 자는 하나님의 명을 거스름이니 거스르는 자들은 심판을 자취하리라"(개역개정).

플리머스에 정착한 청교도들에게 왐파노그족 원주민들은 땅을 제공하고 옥수수 심는 법과, 물고기 잡는 법을 가르쳐 주었다. 이렇게 원주민들의 아낌없는 도움으로 청교도들을 비롯한 백인 이주자들은 플리머스를 중심으로 식민지를 건설하기 시작했다. 하지만 이후 영국에서 들어오는 백인들은 점점 더 숫자가 늘어나 뉴잉글랜드 곳곳을 차지하기 시작했고, 더 많은 땅을 차지하고자 했다. 청교도들은 스스로를 "해안의 성자들"이라고 부르면서, 원주민들이 그리스도교를 받아들이기를 거부하자

이들을 더욱 더 적대시하기 시작했다. 한마디로 청교도들은 아메리카 대륙 정복의 선봉이 된 것이다. 수만년 동안 평화롭게 살고 있었던 원주민들은 이들이 보기에 미개하고 야만적인 이교도들에게 불과했다.

그래서 결국 이들을 굴복시키기 위해 청교도들은 원주민들과의 전쟁을 일으키는데, 1636년 피코트 원주민들과 일으킨 전쟁을 예로 들 수 있다. 직접적인 전쟁의 구실은 원주민이 백인 상인을 살해한 데서 비롯되는데, 백인들은 마을에 불을 지르고 달아나는 주민 대부분을 학살하는 것으로 보복을 했다. 『플리머스 플랜테이션의 역사』(History of the Plymouth Plantation)를 쓴 윌리엄 브래드포드(William Bradford)는 피코트족 부락 습격에 대해 이렇게 묘사했다.

> 불 속에서 빠져나온 사람들은 칼로 살해되었다. 어떤 사람들은 토막 나서 죽고 또 어떤 이들은 도망가다가 맞아 죽었다. 그들은 순식간에 습격을 당했기 때문에 거의 도망가지 못했다. 이때 약 400명이 죽은 것으로 추산된다. 그들은 불 속에서 타고, 그들이 흘린 피로 인해 불이 꺼지는 광경은 차마 눈뜨고 보지 못할 정도로 참혹했으며 악취는 고약했다. 그러나 그들은 이러한 승리를 신선한 희생적인 행위로 받아들였다. 그들은 거기서 그들을 위해 선하게 역사하셔서 거만하고 무례한 적을 수중에 사로잡아 신속하게 물리치고 승리할 수 있도록 해 주신 데 대하여 하나님께 감사기도를 드렸다.[29]

청교도들은 원주민 대학살을 오히려 악마를 물리친 하나님의 선한 역사로 칭송하며 감사를 드렸다. 공격의 대열에 참가했던 청교도 신학

---

29 하워드 진 저/조혜선 옮김, 『미국 민중 저항사 II』(서울 : 일월서각, 1986), 23쪽에서 재인용.

자 코튼 마더(Cotton Mather)는 다음과 같이 기록을 남겼다. "원주민들은 불에 구워졌으며, 흐르는 피의 강물이 마침내 그 불길을 껐다. 고약한 냄새가 하늘을 찔렀다. 하지만 그 승리는 '달콤한 희생'이었다. 사람들은 모두 하나님을 찬양하는 기도를 올렸다. . . 그 날 600명이 넘는 피코트 족이 지옥에 떨어졌다." 청교도들에게 원주민들은 멸망의 대상일 뿐이었다. 이 전쟁에서 포로로 잡힌 원주민들 중 남자들은 서인도제도에 노예로 팔려갔고, 여자들은 병사들이 노예로 나누어 가졌다. 아메리카 원주민의 피의 역사에서 가장 비극적인 사건으로 꼽히는 이 '달콤한 희생' 위에 보스턴을 비롯한 동부의 도시들에서 이른바 백인들의 찬란하고 영광스러운 문명이 건설되기 시작했다.

콜럼버스가 아메리카 대륙에 도착했던 무렵(1492)에 북아메리카에 살던 원주민들의 숫자는 약 1000만 명이었는데, 1650년 무렵에는 100만 명 이하로 줄어들었다. 전쟁으로 인한 대량학살뿐 아니라, 백인들이 의도적으로 퍼트린 질병으로 인해 면역력이 약한 원주민들의 대다수가 죽어갔다. 이처럼 원주민들을 몰살시키면서 유럽인들이 아메리카 대륙을 정복할 수 있었던 것은 월등한 성능을 갖춘 백인들의 무기, 원주민들이 면역력을 채 키우지 못한 전염병, 백인들의 온갖 속임수와 거짓 때문이었다. 1656년 뉴잉글랜드를 여행한 한 네덜란드인은 이렇게 기록했다. "원주민들은 . . . 기독교가 들어오기 전, 그러니까 마마가 그들 사이에 퍼지기 전에는 인구가 지금보다 10배나 많았으며, 이 질병으로 인해 인구의 10분의 9가 사망했다 . . ." 이런 만행은 그 후 200여 년간 아메리카 대륙에서 지속되었다.[30]

30 위의 책, 22-24.

콜럼버스의 아메리카 대륙 침략(1492) 이후 벌어진 원주민 멸망사를 절절하게 기록한 작가 디 브라운(Dee Brown)은『나를 운디드니에 묻어주오』(Bury My Heart at Wounded Knee) 라는 책에서 이렇게 기술했다.

> 콜럼버스가 산살바도르에 도착한 지 3세기 이상이 지났고 영국 사람들이 버지니아와 뉴잉글랜드에 첫발을 디딘 지 2세기 이상이 지나갔다. 콜럼버스를 환영했던 타이노족은 멸족된 지 이미 오래였다. 최후의 타이노족이 죽기 오래전에 이미 단순 소박한 농경 수공 문화는 파괴되었고 그들의 땅은 노예들이 일하는 목화농장으로 바뀌어졌다. 백인들은 땅을 넓힌다고 그 열대 삼림을 갈아엎었다.[31]

3

해마다 추수감사절이 다가오면 한국 교회의 청교도 보수신앙을 자처하는 자들이 미국의 플리머스를 신앙의 성지로 여기고 찾아와 숭배한다. 신앙의 자유를 찾아 하나님이 주신 신대륙, 축복받은 이 땅에 정착해서 이렇게 부유한 국가를 이루었고, 또 그 여파로 동방의 작은 나라 한국에까지 복음의 손이 닿아 청교도의 신앙을 갖게 된 것이라고 이들은 자랑스럽게 외치곤 한다. 따라서 추수감사절은 미국뿐 아니라 한국 교회에서도 자손 대대로 지켜져야 하는 가장 중요한 절기라는 것이

31 디 브라운 저/최준석 옮김,『나를 운디드니에 묻어주오-미국 원주민 멸망사』(서울 : 나무 심는 사람, 2002), 24.

다. 이들은 철저히 미국 백인 청교도들의 입장에 서 있다. 이들의 신앙은 그리스도교 신앙과 얼마나 관련이 있는 것일까? 침략과 학살을 정당화하는 것도 하나님의 뜻일까?

이런 한국 보수 그리스도인들이 플리머스까지 찾아가 열광적으로 추수감사절을 지키는 것이나, 미국의 대다수 국민들이 그저 파티를 벌이며 흥청망청 놀고 즐기는 식의 풍조와는 다르게 이날을 기념하는 자들이 있다. 아메리카 대륙에 수만 년간 뿌리내리고 살다가 이제는 백인들에게 쫓겨나 보호구역에 갇혀 사는 소수자들로 전락해 버린 원주민들의 후예들이다. 아직 소수인 그들은 이날을 '전국 애도의 날'(Day of National Mourning)로 지킨다. 이들은 자신들의 목소리를 내기 위해서 플리머스에서 시위를 한다. 원주민의 입장에서 보면 이날은 하나님께 감사해야 할 날이 아니라, 백인 침략자들에게 쫓겨나고 살해당한 수많은 원주민 조상들의 원혼을 달래고 애도해야 하는 날이라는 것이다.

이 운동은 1970년부터 '뉴잉글랜드 미국 원주민 연합'(United American Indians of New England)에서 주도하고 있다. 이들은 미국과 유럽에서 들어와 이 땅에 정착한 자들이 추수감사절 이야기를 꾸며냈으며, 원주민들에게 자행한 대량학살과 불의를 은폐하고 오히려 미화시키고 있다고 주장한다. 따라서 이들은 추수감사절이 근원지인 플리머스에서 시위를 벌이며 "전국 애도의 날"을 지키고 있다. 이 외에도 일부 원주민들은 이날을 "감사에 반대하는 날"(Unthanksgiving Day)로 선포하고 원주민 조상들의 죽음을 슬퍼하면서 단식하면서 기도한다.

한국 교회는 왜 청교도들에게서 비롯된 추수감사절과 같은 전통을 금과옥조처럼 지키고 있을까? 그리고 틈만 나면 이들 청교도들의 신앙으로 돌아가야 한다고 부르짖는가? 심지어 청교도 영성연구원이라는 것까지 만들어서 왜곡된 그리스도교를 선전하고 있기까지 할까? 필자는 이해가 되지 않는다. 과연 무엇을 기리고, 무엇을 본받는단 말인가? 청교도 신앙도 모자라 청교도 영성까지 부르짖고 있는 현실이다. 17세기 역사적 상황이나 청교도들의 신학적 배경은 한국과는 너무도 다르다. 그들은 이른바 자신들의 신앙인 보수 칼뱅주의가 허용되지 않는다 하여 다른 그리스도인들을 탄압했던 자들이 아닌가? 더 나아가 원주민들의 땅에 허락도 없이 들어와 한 손에는 성경을 다른 한 손에는 총과 칼로 원주민들을 몰아내고 무참히 살육한 자들을 어떻게 한국 교회의 신앙의 선조로 기린단 말인가?

물론 이 모두가 이후에 일어난 대부흥운동인 뉴잉글랜드 대각성운동의 영향으로 은혜를 받고 선교사가 되어 한국에까지 나가 선교를 한 선교사들의 영향 때문이라는 생각도 든다. 즉 미국 선교사들에 의해 한국의 그리스도교(개신교)가 시작되었으니 그들의 전통을 따르는 것이 당연하지 않은가 하는 생각이다. 하지만 이들이 정착하고 발전시킨 미국이라는 나라의 부끄러운 역사만큼은 제대로 알아야 하지 않겠는가 하는 생각이 든다. 무엇보다도 하나님의 이름으로 미화된 정복의 깃발 아래 처참히 짓밟히고 살던 땅에서 쫓겨나고 무참하게 살육당한 원주민들의 역사를 조금이라도 알고 있는 것일까? 가난한 자, 약자, 소외당한 자, 억눌린 자를 배려하시는 하나님을 믿는 그리스도인이라면 바로 아메리카 원주민들이 그런 자들이라는 점을 깨달아야 할 것이다. 그리고 이들을 기리는 것이 추수감사절의 주제가 되어야 할 것이다.

다행히 청교도들의 후예인 미국 연합그리스도교회는 자기 조상들의 부끄러운 역사를 공식적으로 가르치고 있다. 또 400여 년이 지난 지금 미국의 가장 진보적인 개신교단이 되어 신학적으로 다양한 그룹들을 포용하고 사회의 약자들에게 관심을 기울이고 있다. 스페인의 정복자 콜럼버스가 아메리카 대륙에 상륙한 날을 기념하는 국가 명절인 '콜럼버스 데이'(Columbus Day, 매년 10월 둘째 주 월요일)도 '원주민의 날'(Indigenous Peoples' Day)로 바꿔서 지키고 있을 정도로 변화된 역사의식을 가지고 있다.[32] 미국을 추종하고 있는 한국 교회는 어떠한가? 청교도라는 말을 가장 좋아하는 한국 교회는 지금 청교도의 후예 미국연합그리스도교에서 일어나고 있는 변화를 조금이라도 배울 의향은 있는가?

지금도 대부분의 한국 개신교 그리스도인들은 11월 넷째 주일만 되면 추수감사절 헌금을 드리고, 미국의 청교도들이 주인공으로 등장하는 비슷한 설교를 반복적으로 듣는 식으로 추수감사절을 지키고 있다. 정작 추수감사절의 주인공인 원주민들의 이야기는 찾아볼 수 없다. 한국 고유의 명절 추석은 교회와는 무관하게 지키는 반면, 11월 미국식 추수감사 주일 만큼은 한국 그리스도교의 소중한 전통으로 알고 지키고 있다. 이는 미국의 잘못된 역사에 대한 맹신 때문이다. 만일 미국 청교도 발전사 이면에, 아니 미국 건국의 역사 이면으로 잊혀진 채로 사라져간 수많은 원주민들의 입장을 한 번만 고려한다면 침략자요 지배자였던 백인 청교도들과 미국 주류사회의 시각인 추수감사절은 다른 방

32 다음 웹사이트 참조. https://en.wikipedia.org/wiki/National_day_of_mourning

식으로 이해되고 기념되어야 할 것이다. 그날은 아메리카 대륙에 수만 년 동안 평화롭게 살았던 원주민들의 존재를 기억하고 박해받은 원주민 조상들의 원혼을 달래며 애도하는 날이 되어야 할 것이다. 그럴 때 진정한 감사가 우러나올 수 있을 것이다.

그동안 한국 교회에 전래 된 미국식 추수감사절을 한국 전통문화에 맞춰 새롭게 지켜야 한다는 지적을 자주 하곤 했다. 더 나아가 미국 추수감사절보다 훨씬 더 오랫동안 내려오고 있는 한민족 고유의 추수감사절인 추석을 재조명하여 교회에서 대대적으로 축하하며 지키면 좋겠다는 지적도 있었다. 그 결과 일부 교회에서는 추석이 다가올 즈음에 추수감사절을 지키는 식으로 시기를 앞당기고, 또 한국식으로 만들어진 찬송가와 전통 악기를 예배에 도입하기도 했다. 이 모두가 좋은 시도요 발전이라고 본다. 하지만, 이런 것들 이전에 우리는 과연 미국에서 전래된 추수감사절의 참된 정신이 무엇인지에 대해 근본적인 물음을 던져야 할 것이다. 아예 추수감사절을 없애면 모를까, 미국에서 전래된 전통을 한국적 토양에서 제대로 발전시킨다고 한다면 추수감사절 이야기에 감추어진 원주민들의 고난의 역사를 기억해야 하고, 그들의 이야기를 들려주어야 할 것이다. 다시 말해, 추수감사절 이면에 숨겨진 역사의 불편한 진실에 직면하는 용기가 필요할 것이다.

아메리카 대륙에 수만 년 동안 고유의 문화를 형성하며 평화롭게 살던 원주민들에게는 "와필라"(Wopila)라는 추수감사제 전통이 있었다고 한다. "와필라"라는 단어는 원주민 언어 중 하나인 라코타어로 "감사를 드린다"라는 뜻이다. 이 단어는 원주민들이 존재하는 만물과 그 안에 깃든 복에 감사하며 종종 행하던 부족의 의식에 사용되었다. 원주민들은 대평야에서 곡물과 사냥으로 얻은 노획물들과 대자연에 대해 감사의 축제를 벌이곤 했다. 따라서 오늘날 아메리카 대륙의 원래 주인이었으면서도 침략자 백인들에게 무참히 살해되어 멸절당한 그들을 조금이라도 생각하고 애도한다면, 당연히 그들의 전통인 "와필라"를 중심으로 추수감사 축제가 복원되어야 할 것이다. 물론 여기에는 백인들의 진정한 참회와 사과가 선행되어야 한다. 과거 없는 현재가 없듯이, 비극의 과거를 올바르게 되새길 때만 진정한 감사로 넘치는 현재가 있을 것이다. 이 점에서 텍사스 주립대학 교수 로버트 젠슨(Robert Jensen)의 다음과 같은 지적은 매우 시의적절하다고 생각한다. "미국에서 도덕적인 진보가 이루어졌다는 것을 보여줄 한 가지 징조는, 흥청망청 즐겨대는 가족 파티들로 치러지는 추수감사절이 전국적인 속죄의 날로, 스스로를 성찰하며 집단적으로 단식을 하는 날로 바뀌는 것이다."

2004년 11월 26일에 제35회 전국 애도의 날이 플리머스에서 거행되었는데, 이 행사를 이끈 지도자 무나눔 제임스(Moonanum James)는 다음과 같이 연설을 했다고 한다.

> 어떤 이들은 우리에게 시위를 중단해 달라고 부탁한다. 언젠가 우리는 시위를 중단할 것이다. 플리머스의 상인들이 더 이상 도살당한 우리 조상들의 피로 수만 달러의 돈을 벌지 않게 될 때, 우리는 시위를 중단할 것이다. 우리는 시팅불(Sitting Bull-유명한 원주민 지도자)이 "백인들이 좋아하는 보급품 추장들(favorite ration chiefs)"이라고 불렀던 원주민사무국의 간섭 없이 우리 땅에서 우리 스스로 주권국가를 형성하게 될 때 시위를 중단할 것이다. 기업

> 들이 우리의 어머니 지구를 오염시키는 일을 중단할 때, 인종차별주의가 뿌리째 뽑힐 때 . . . 노숙인들이 집을 갖게 되고 굶은 채로 잠자리에 드는 어린 아이가 한 명도 없게 될 때, 우리는 시위를 중단할 것이다. 경찰이 더 이상 유색인종들이 사는 마을에서 잔혹하게 굴지 않게 될 때 , . . . 모든 정치범들이 석방될 때, 그런 날이 올 때까지 우리의 투쟁은 계속될 것이다.

추수감사절은 감사의 날인가, 애도의 날인가? 위의 연설문에서 보듯이 원주민들의 탄식은 끝나지 않았다. 잃어버린 역사를 회복하기 위한 그들의 투쟁은 계속되고 있다. 그렇다면 이날은 여전히 애도의 날이 되어야 할 것이다. 하지만 여기서 그치지 않고 다시는 이런 불행한 역사가 반복되지 않고 인종 간의 정의와 평화가 수립될 날을 꿈꾸면서 이날을 지킨다면 그것은 또한 감사의 축제가 될 수 있을 것이다. 더 나아가 한국 그리스도교가 뿌리를 내리고 있는 한민족의 한의 역사가 함께 어우러진다면, 그것이야말로 한국 그리스도교가 세계에 자랑스럽게 내세울 수 있는 신명 나는 한국식 추수감사제가 될 것이다. 무엇보다도 진정한 추수감사제는 백인 시각으로 전래된 미국 그리스도교를 더 이상 답습하지 않는 것을 의미한다. 단언컨대, 원주민들이 빠진 추수감사제는 허구요 죄악이다. 진정한 추수감사제는 억울하게 희생된 수많은 아메리카 원주민들이 미국 추수감사절의 주인이요 모태라는 것을 인식하는 데서 출발한다. 그렇게 될 때 약자와, 가난한 자, 소외된 자, 억눌린 자들을 편드시고 그들을 해방하시는 하나님께 감사하며 인류 전체가 함께 어우러지는 진정한 추수감사제가 곳곳에서 실현될 것이다.

<2012. 8. 10.>

미국은 그리스도교 국가인가?

- 미국의 정치와 그리스도교

언젠가 전 한 기독교 방송에서 한인 개신교 선교사들이 아프리카에서 활동하는 모습을 방영한 적이 있다. 미국을 중심으로 한 서양의 선교사들이 철수한 나라들에 들어가서 많은 교회를 세우고 사람들을 개종시키고 목회자를 양성해내고 있었다. 가히 기네스북에 오를 정도로 그리스도교 선교에 있어서 달인들이었다. 이렇게 활동하는 한인 선교사들이 2012년 기준으로 아프리카 각국에 950여 명 가량 된다고 한다. 그런데 필자가 놀란 것은 이들이 모델로 삼고 있는 선교 방식이 여전히 미국 개신교 선교사들이 한국에서 사용하던 방식이라는 것이다. 한마디로 미국의 보수 그리스도교, 즉 개신교가 이들의 모델이었다. 이렇게 미국 보수 그리스도교가 한인 선교사들을 통해 세계에 재생산되는 현실이 너무 놀라웠다.

과연 한국 그리스도인들이 그렇게도 찬양하는 미국은 어떠한가? 먼저 그리스도교, 특히 개신교가 미국 사회에 끼치는 영향에 대해서 살펴보자. 필자는 10년이 넘게 미국에서 살아오면서, 미국은 더 이상 그리스도교가 유일한 종교로 지배하는 나라도 아니요, 진정한 의미에서 그리스도교의 가치가 구현되는 국가도 아님을 자주 실감하곤 했다. 크리스마스 시즌이 가까워져 오면 상점들이 "메리 크리스마스"라는 말을 이제 더 이상 쓰지 않고, 대신 "계절의 인사"(Season's Greeting)나 "좋은 휴가철 되세요."(Happy Holiday Season)라는 말을 쓰기로 했다는 기사를 신문에서 읽은 적이 있다. 그것은 점점 증대하는 비그리스도인들을 고려하여 인사말조차 중립적인 말을 사용해야 한다는 것이다. 그래서 이제는 정말 '거룩한 날'(Holy Day)이 놀고 즐기는 '휴일'(Holiday)로 바뀌었다고 일부 그리스도인들은 개탄하고 있다.

하지만 이런 탈그리스도교적인 경향에도 불구하고 많은 한국 사람들의 뇌리에 아직도 미국은 전통적으로 그리스도교 국가로 남아 있다. 필자는 미국 그리스도교가 끼치는 사회적인 영향력에 비추어볼 때 미국은 여전히 그리스도교 국가, 특히 개신교 국가라고 생각한다. 청교도가 신앙의 자유를 찾아 건국한 나라, 이런 청교도의 신앙이 지배하는 나라, 대통령이 공공연하게 그리스도교 신앙을 표명하는 나라 등등. 또 미국 대통령 취임식에 등장하는 기도 순서들을 생각해 보라. 한국에서 목회하다 미국 신학교에 공부하러 온 학생을 얼마 전에 만난 적이 있다. 한국에 복음을 전해준 미국 교회와 신학을 배우러 왔다고 자랑스럽게 말하는 것을 들었다. 미국이 온통 숭배의 대상이었다. 물론 아직도 '앵글로색슨 백인 프로테스탄트'(WASP)들이 미국 사회를 주도하고 있다는 말도 사실이다. 한쪽에서는 주류 그리스도교 교단에 속한 교회들이 감소하지만, 다른 쪽에서는 이런저런 모습으로 그리스도교가 다시 부흥하고 있는 모습도 사실이다. 미국 남서부 지역을 일컫는 바이블 벨트(Bible Belt) 지역에서는 여전히 보수 그리스도교가 강세를 떨치고 있다. 특히 최근에 근본주의적이거나 성령 운동 중심의 극보수적인 그리스도교가 사회적, 정치적으로 영향력을 행사하고 있는 예도 들 수 있다. 이른바 복음주의자들이라고 지칭하는 이들은 우익 보수정치집단들과 결탁하여 조지 부시를 두 번이나 대통령으로 만들었다.

미국에서 가장 논란이 되는 문제 중 하나가 있는데, 그것은 이른바 '생명옹호파'(pro-life)와 '선택옹호파'(pro-choice) 간의 싸움이다. 보수 그리스도인들로 구성된 생명옹호파는 여성들의 낙태를 반대하면서 사회정치문제에 있어서 보수적인 시각을 대변한다. 반면에 선택옹호파는 인간의 자유를 중시하는 그룹으로 비교적 진보적인 시각을 대변한다. '생명옹호파'는 모든 시기의 태아를 생명으로 간주해야 하므로 낙태를 반대하는 사람이며, '선택옹호파'는 (시기를 구분하여) 개인에게 낙태를 할지 말지에 대해 결정할 수 있는 권리를 주자는 사람들이다. 두 그룹 모두 그리스도교적인 가치가 근간을 이루고 있다. 즉 인간의 생명을 존중하는 전통과 인간의 자유를 존중하는 전통 모두 성서에서 그 근거를 찾고 있다는 것이다. 두 그룹은 여전히 서로 대결하며 평행선을 긋고 있다.

그런데 보수 그룹인 생명옹호파에 더 문제가 있다. 2009년 5월 17일 오바마 대통령은 인디애나주 노트르담 대학교 졸업식에서 축하 연설을 했다. 가톨릭 대학에 개신교 대통령이 초청받아 연설한 역사적인 사건이었다. 오바마 대통령은 당시 낙태 논쟁의 소용돌이에 빠져들 것을 뻔히 알면서 노트르담 대학교를 찾아가 학생들 앞에 섰다. "우리는 가슴을 열고, 마음을 열고, 공정한 용어를 사용해 서로 다른 견해에서 공통점을 찾아야 합니다"라고 연설했다. 그런데 이때 생명옹호파들이 결집하여 오바마의 낙태 지지 정책에 반대하며 큰 난동을 부렸다. 이들은 미국 전역에 조직을 결성해 낙태문제뿐 아니라 여러 가지 민감한 문제에 직접 의견을 표명한다. 이들은 동성애자들의 결혼에도 반대한다. 전통적으로 남녀 간의 결합만을 신이 허락한 결혼개념으로 봐야 한다는 것이다. 이런 신념을 가지고 이들은 사랑에 기초한 전통적인 가정의 가치를 강조하지만, 역설적이게도 인명을 살상하는 전쟁에는 찬성한다. 생명을 지지한다는 이들이 수많은 생명을 살상하는 이라크 전쟁 역시 악을 물리치는 의로운 전쟁이라는 이유로 찬성한다. 또 태아의 생명을 어떤 경우든 살려야 한다면서도, 어린아이들을 위한 정부 지원 의료보험법 제정에는 반대하는 모순을 드러낸다. 보수 그리스도교 신앙에 근거한 이들의 행동은 사회 각계에 영향을 끼치고 있다. 이들은 자신들을 복음주의자들 또는 '크리스천 라이트'(Christian Right, 그리스도교 우익)라고 부른다. 이들은 '선택옹호파'들이 제기하는 좀 더 민주적이고 포괄적인 사회를 만들려는 노력에 사사건건 반대한다. 이들의 싸움을 보면 정치싸움이라기보다는 종교싸움이라는 생각이 들곤 한다. 여전히 종교적 가치, 특히 그리스도교의 가치가 부정적이든 긍정적이든 미국 사회에 강력하게 작용하고 있다.

이런 여러 가지 예를 살펴보면서 필자는 미국에 보수 그리스도교의 영향이 막강하다는 생각이 들곤 했다. 미국 정치평론가 얼 쇼리스(Earl Shorris)에 따르면, 이들은 미국 사회 전반에 걸쳐 어떤 포괄적인 정치 세력을 형성하고 있다고 한다. 물론 이들의 배경은 보수 그리스도교, 즉 '크리스천 라이트'이다. 이들은 성서 문자주의자들이고, 극단적인 종말론자들이다. 한국 그리스도인들이 추종하는 미국 대형 교회(mega church) 목회자들의 단골 메뉴도 이런 극단적인 종말론이다. 새들백 교회 릭 워렌 목사나 레이트우드 교회 조엘 오스틴 목사 등이 대표적인 경우이다. 이들은 한편으로는 번영의 신학, 즉 예수 믿고 긍정적으로 생각하면 삶이 바뀌고 성공하고 번영하게 된다는 신학으로 한국에서도 큰 인기를 끌고 있다. 그래서 많은 사람들을 단시일 내에 끌어들여 교회를 체육관처럼 짓고, 각종 문화시설을 만들어서 마치 대형 슈퍼마켓과 같이 종교 비즈니스를 하는 자들로도 유명하다. 이들은 미국 자본주의와 그리스도교를 결탁시킨 대표적인 자들로서, 한국의 대형 교회 목회자들과 교회성장론자들의 숭배대상이다.

그런데 이들은 다른 한편으로 세상이 곧 멸망한다는 메시지를 강조하면서 사람들을 자극시켜 결집하고 있다. 또한 세상 멸망에 앞서 악과의 최후 전쟁을 불사해야 한다고까지 생각한다. 그래서 이들은 언제나 전쟁을 지지하고 정당화한다. 미국 종말론의 전도사 팀 라헤이의 "남은 자"(Left Behind) 시리즈가 미국뿐 아니라 한국에서도 베스트셀러로 팔렸던 것도 좋은 예이다. 또한 이들은 사회적으로 인종차별주의를 자행한다. 철저히 보수 그리스도교에 근거한 백인 중심의 사회를 이들은 추구한다. 인종차별주의는 미국 사회를 관통하고 있는 가장 뿌리 깊은 문제이다. 얼마 전 매사추세츠주 케임브리지시에서 하버드 대학교 흑인 교수가 밤에 열쇠를 잃어버려서 강제로 자기 집 문을 열고 들어가려다 이웃집의 신고로 출동한 경찰에 체포된 사건이 일어났다. 이 교수는 미국의 저명 교수 20인 중 한 명으로 공영방송에도 자주 등장하는 인물이다. 또 미국 흑인 학의 권위자이기도 하다. 이런 유명인사가 백인 경찰의 신분증 요구에 불응하자, 즉시 체포되어 경찰서에 구금되었다가 풀려났다. 이 사건이 일어나자 흑인 사회에서는, 만일 이 사람이 백인이었다면 이런 일이 일어나지 않았을 것이라고 즉시 지적했다. 이것이 바로 미국 사회이다. 여전히 백인들이 우월의식을 가지고 사회를 주도해나가고 있는 나라, 피부 색깔로 사람을 차별하는 나라, 오바마 정권이 출발해서야 남북 전쟁 당시까지 광범위하게 행해졌던 노예 수입과 학대에 대한 의회 차원의 사과를 한 나라가 미국이다. 바로 이런 인종차별 정책의 배후에 보수 그리스도교가 있다는 것이다. 또 극단적인 예로 백인 그리스도교 공화국을 꿈꾸며 폭력을 행사하는 악명 높은 KKK단을 들 수 있다.

얼마 전 인터넷 신문에서 "미국 보수 그리스도인들을 개인적으로 접해보니 너무 선한 사람들이었다"라는 기사를 읽은 적이 있다. 정치적으로 극보수이지만 개인적으로는 선하다는 것이다. 이것은 미국 사회의 한 단면만을 본 것이다. 얼 쇼리스에 따르면, 개인적으로 아무리 선해도 이들이 각종 주요 선거에서 서로 결집하여 극보수 정치집단으로 세력화된다는 데 문제가 있다는 것이다. 사회구조를 더 악하게 만드는 일에 가담하고 있는 사람인데 개인적으로는 좋은 사람이라는 것이 무슨 의미가 있겠는가? 아무리 개인적으로 신앙이 신실하다고 주장하지만, 사회적으로 이런 악한 결과를 조장하는 데 참여하고 있다면 그런 신앙은 무슨 의미가 있겠는가? 미국은 이런 보수 그리스도교의 영향력이 강력하게 작용하는 보수적인 국가이다. 지난 2009년에 흑인계열의 오바마 정권이 출발했지만, 오바마라는 인물은 피부 색깔만 약간 검을 뿐 다른 상류층 백인들처럼 전형적인 엘리트 교육을 받은 자라는 데 한계가 분명히 드러난다. 그래서 오바마라는 인물이 대통령이 된 데는 역사적인 의미가 있지만, 사회적으로 그리 많은 진보가 이루어지지는 않을 것으로 생각한다. 고작해야 보수 미국 사회가 중도보수 쪽으로 약간 균형추가 옮겨갈 것으로 전망한다.

필자가 보기에 이런 미국 보수 그리스도교는 직접적으로 한국 그리스도교에 영향을 끼치고 있다. 앞에서 지적한 선교사들의 행태는 대표적인 예이다. 사회적인 이슈가 표출될 때마다 보수적인 견해를 표방하면서, 미국을 찬양하는 한국 그리스도인들에게 미국 그리스도교는 복음을 전해준 국가요 그리스도교에 기초해 세워진 그리스도교 국가이며 하나님의 축복을 받은 세계 최강국이다. 따라서 120여 년 전에 미국 선교사들이 전해준 신학을 소중한 유산으로 삼아야 하며, 계속 미국의 보수 그리스도교가 지향하는 방향을 흠모하며 따라야 한다는 것이다. 미국의 보수 그리스도교는 한 마디로 한국 그리스도교에게 아버지와 같은 존재인 것이다.

해마다 추수감사절이 되면, 미 동부 지역의 한인 목회자들이 플리머스(Plymouth)에 순례하러 오곤 한다. 1620년 영국 청교도들이 처음 상륙한 곳이다. 이들은 청교도들을 자신들의 신앙의 선조로 생각한다. 비단 이들뿐 아니라 한국의 많은 그리스도인들이 이른바 신앙의 자유를 찾아 미 대륙으로 건너왔다는 청교도들을 숭배하고 찬양하고 있다. 하지만 이들이 정작 아메리카 대륙에서 원주민들을 학살하고 타종파인들을 핍박한 역사적 진실은 망각하고 있다. 그들의 내면주의적 개인 신앙에는 이런 불편한 진실이 전혀 도움이 되지 않기 때문이다. 하지만 이것 역시 왜곡된 신앙일 뿐이다.

아메리카 대륙 플리머스에 도착한 청교도들은 극단적인 칼뱅주의자들로서 칼뱅이 제네바에서 시도했던 신정정치를 매사추세츠주에 실현하고자 했다. 이들은 멸망 받을 자와 구원받을 자가 이미 하나님에 의해 결정되었다는 극단적인 이중예정론에 근거하여 인디언들을 학살하고, 타종파와 무종교인들을 배척했다. 매사추세츠 북부 세일럼(Salem)에서는 당시 유럽에서 유행하던 마녀재판이 실제로 자행되었고, 1692년 14명의 여자들을 마법을 걸었다는 죄목으로 처형시켰다. 매사추세츠주에 설립된 초기 청교도 사회를 배경으로 그린 나다니엘 호돈의『주홍글씨』를 보면, 청교도들이 세운 마을에 감옥과 공개 처형소(일명 "교수대 언덕")가 들어서 있는 것을 볼 수 있다. 바로 하나님의 나라를 이루겠다는 청교도 사회의 모순이 잘 드러난다. 한국 그리스도교는 이런 청교도들을 신앙의 선조로 생각하고 이들에게서 신앙을 배우고 따르겠다고 다짐하곤 한다. 또 이들이 원주민들의 도움을 받아 지킨 감사절의 주역들인 원주민들을 빼놓은 채 11월 셋째 주만 되면 여전히 미국식 추수감사절을 전 세계에서 유일하게 지키고 있다.

물론 이런 극보수 그리스도교의 성장에도 불구하고 타종교의 영향, 이른바 종교다원주의의 영향은 거스를 수 없는 현실로 이미 미국 사회 곳곳에 스며들고 있다. 필자가 사는 곳 바로 옆 도시에 가보면 전형적인 미국 가옥 몇 채를 개조해서 만든 티베트 사원이 있다. 2년 전 티베트 불교 지도자 달라이 라마가 보스턴 지역을 방문했을 때, 먼저 이 절에 들러 축성식을 드리는 것을 눈앞에서 본 적이 있다. 또 시내 한가운데 있는 큰 체육관에서 수많은 사람들이 모인 가운데 설법하는 것을 들은 적이 있다. 행사장 근처의 지하철은 사람들로 가득 차 있었다. 또 각종 신흥 종교 단체들이 행사장 앞에서 서로 경쟁적으로 포교 활동을 하고 있었다. 많은 미국인들이 이렇게 불교에 관심을 가지고 있구나 하고 적잖이 놀랐다. 이는 단적인 예이다. 또 보스턴시 옆의 케임브리지시 중심가에 가면 한국의 숭산 스님이 세운 케임브리지 선원이 있고, 그 옆에는 큰 한인교회를 비롯하여 오래된 건물들의 각종 미국 교회들이 즐비하게 서 있다. 다시 몇 블록 더 가면 이슬람 모스크가 있고 유대교 회당이 있다. 이렇게 그리스도교, 불교, 이슬람교, 유대교가 공존하고 있다는 것이다.

또한 아직은 소수이지만 이런 보수 그리스도교에 반대하는 진보적인 그리스도교의 움직임도 있다. 필자가 사는 동네 한 거리에서 지난 8년간 월요일마다 계속되고 있는 그리스도인들의 반전 시위는 소수이지만 그나마 양심이 살아 있는 그리스도인들이 존재하고 있음을 느끼게 한다. 또 진보 그리스도교 센터를 비롯한 여러 가지 진보 그리스도교 운동도 일어나고 있다. 북미에서 활발하게 일어나고 있는 "예수 세미나"도 이런 진보 그리스도교 운동에 공헌하고 있다. 이들은 역사의 예수에 관한 학문적인 결과들을 대중 언론을 통해 발표함으로 새로운 그리스도교에 대한 길을 보여주고 있다. 더 나아가 자신들의 신학을 교회 현장에 적용하여 교회를 개혁하려는 움직임도 일어나고 있다. 최근에 성서학자 마커스 보그(Marcus Borg)가 쓴 『그리스도교의 핵심-신앙생활의 재발견』은 그 대표적인 예이다. 이 책에서 그는 전통적인 교리를 역사의 예수 연구의 관점에서 새롭게 구성하고 있다. 그는 성서를 신에 대한 인간의 응답에 기초한 역사적이고 은유적인 문헌으로 보고, 신앙생활을 하나님과의 관계 속에서 이루어지는 개인과 사회의 변혁이라고 본다. 또한 그는 여성을 포함한 사회적 소외계층과 동성애자를 수용하는 교회, 타종교에 열린 교회, 정의 평화에 헌신하는 교회를 제시하고 있다. 새 시대에 맞는 진보적이고 열린 그리스도교를 모색하고 있는 좋은 시도라고 생각된다.

미국은 과연 그리스도교 국가인가? 먼저, 필자의 경험과 관찰을 통해 볼 때 미국은 여전히 보수 그리스도교가 사회 전반에 영향을 끼치는 나라라고 볼 수 있다. 특히 보수 그리스도교는 정치적으로 극우 보수 정치 세력과 항상 결탁해 있다. 이른바 '크리스천 라이트'가 그 대표적인 예이다. 보수 그리스도교 목사들이 주도하는 한국의 '뉴라이트' 계열은 이들을 모방하고 있는 것처럼 보인다. 이런 현상을 고려해볼 때, 미국은 진정한 의미에서 그리스도교 국가라고 볼 수 없을 것 같다. 적어도 외국에서 유입되어 숫자상으로 계속 늘어나는 여러 종교들 때문만 아니라, 오히려 극보수 그리스도인들이 미국의 이익, 특히 백인지배계급들의 이익을 지키기 위해 저지르는 반인륜적이고 반신앙적인 모습들을 볼 때 더욱 그러하다. 그들이 공언하는 신앙은 소외되고 약한 천한 민중들의 해방을 위해 싸우셨던 역사의 예수와는 너무도 거리가 멀기 때문이다. 적어도 우리가 역사의 예수에 근거한 종교로서의 그리스도교를 말할 때 그들은 이런 그리스도교와는 무관하다.

얼마 전 이라크 전쟁이 한창이던 때에 우연히 참석했던 지역 목회자 기도회에서 한 백인 목사가 미군들이 신속히 승리하게 해달라고 기도하는 소리를 듣고 충격을 받은 적이 있다. 지금 수많은 이라크 민간인들, 특히 어린이들이 전쟁으로 죽어가고 있는데, 여기에는 관심이 없고 오직 미군들만의 승리를 위해 기도하는 모습 속에서 필자는 적어도 예수와 관계된 사랑과 평화의 그리스도교는 이곳에 존재하지 않는다고 생각했다. 바로 이것이 미국 그리스도교의 현실이 아닐까! 또한 배타적이고 독선적이며 공격적인 한국 그리스도교, 평화보다는 대결과 전쟁을 부추기고 여전히 미국을 찬양하고 숭배하는 한국 그리스도교 역시 이런 모습이 아닐까 하는 생각이 든다. <2012. 8. 19.>

미국의 진보 그리스도교와 교회성장

오래전에 "왜 보수적인 교회가 성장하는가"라는 책이 출판된 적이 있다. 보수적인 교회들은 개인적이고 복음적인 신앙을 강조함으로써 항상 성장한다는 주장이었다. 반대로 사회에 참여적이고 진보적인 신앙을 가르치는 교회는 성장하지 않는다는 것이다. 이 책은 한국말로도 번역되어 대형 교회들이 교회성장을 옹호하는 근거로 사용되었다. 정말 그러한가? 정말 신앙이 보수면 교회가 성장하고 신앙이 진보면 교회는 성장하지 않는 것일까? 요즈음처럼 보수와 진보의 구분이 모호해지고 있는 현실에서 이 물음은 무의미할지 모른다. 하지만 요즈음 들어 각종 대형 교회들이 사회의 주목을 받고 있는 현실에서 교회성장의 의미, 더 근본적으로 교회 존재의 의미를 생각할 때 이 물음은 여전히 중요성을 갖는다. 한국의 대형 교회들 하면 대뜸 극우 보수를 떠올리게 된다. 그만큼 저들은 교회의 외적인 성장과 개인적인 신앙에만 관심을 가지고 있다. 기껏 사회에 참여한다는 것이 사회의 변화에 역행하는 수구적인 행동들뿐이다. 교회는 왜 존재하는가? 교회성장이란 무엇인가? 과연 교회성장은 보수적인 교회의 전유물인가? 한국 보수교회들이 좋아하는 미국의 예를 소개해 보고자 한다.

미국이라는 나라는 여전히 백인이 주도권을 잡고 있지만, 점차 다양해지는 다원주의 사회로 변화되고 있다. 유럽 전 지역에서 그리스도교가 쇠퇴의 길을 걷고 있는 것과는 달리, 미국 그리스도교의 전반적인 추세는 좀 다른 것 같다. 일각에서는 그리스도교 주류 교단들이 대체로 감소하고 있지만 또 다른 쪽에서는 새로운 교회들과 다양한 신흥종교들이 하루가 다르게 성장하고 있다. 이른바 종교다원주의가 새로운 사회의 가치로 인식되고 있다. 또 신기한 것은 지난 10여 년간 수천 명에서 수만 명까지 모이는 이른바 '메가처치'(초대형 교회)가 괄목할만한 성장을 거두었다는 점이다. 따라서 미국의 그리스도교 현황을 쉽게 한마디로 단정 짓기가 매우 어렵다. 한쪽에서는 쇠퇴하면서 또 한쪽에서는 성장을 경험하고 있으니 말이다.

그런데 극보수적이고 성령 운동 중심적인 그리스도교의 성장과 함께 진보적인 교회와 진보적인 그리스도교단체들의 눈에 띄는 성장과 활약에도 주목하지 않을 수 없다. 이들을 보면 교회성장은 보수교회들의 전유물들만이 아닌 것 같다. 매사추세츠주 케임브리지시에 본부를 두고 있는 "진보그리스도교센터"(The Center for Progressive Christianity)가 대표적인 예이다. 이들은 극보수적인 교리와 신앙에 회의를 느낀 그리스도교인들이 모여 개방적이고 진보적인 시각으로 신앙을 이해하고, 현실에 적극적으로 참여하려는 자들이다. 점점 보수화되고 있는 사회 속에서 진보적인 신앙의 목소리를 내고자 노력하고 있다. 최근 뉴스레터에서 기존 보수교회의 병폐를 치유할 수 없는 고질적인 병으로 묘사한 것이 매우 인상적이었다. 이들은 또한 영국 성공회 사제 닉키 검블이 만든 "알파 코스"가 너무 보수적인 그리스도교 교리를 대변하고 있다고 생각한 나머지, 알파 코스를 대신할 새로운 신앙교재를 출간했다.

이 교재의 제목은 "질문을 살아내기"(Living the Questions)인데 알파 코스를 대신할 비호교론적이며 진보적인 교재(an unapologetically liberal alternative to the alpha course)라고 소개하고 있다. 여기에는 "예수세미나" 학자들을 비롯하여 진보적인 신학자들이 대거 참여하고 있다. 바야흐로 진보적인 그리스도교 신앙을 교회 안에서 실천하려는 가장 구체적인 움직임이다. 이 단체가 내세우는 '8가지 강령'이 이미 한국에 소개되어 많은 사람들에게 자극을 준 바 있다.

또 한 단체가 있는데, 캘리포니아지역을 중심으로 활동하는 "진보그리스도교연합" (Progressive Christians Uniting)이다. 이들도 진보적인 그리스도교 운동을 좀 더 구체적으로 주도하고 있다. 이들은 자신들의 사명을 교회와 사회에서 예언자적인 삶을 사는 것으로 이해한다. 또 이들은 하나님의 철저하고도 포괄적인 사랑을 선포한다. 곧, 남녀노소, 성과 인종과 계급을 망라해 모두를 하나님의 자녀로 포용하며, 하나님의 정의를 위해 일하는 것을 강령으로 삼고 있다. 이 단체는 1996년 남캘리포니아의 진보적인 개신교회들이 함께 모여 시작되었으며 사회정의와 평화를 위해 적극적으로 노력하고 있다. 매일 같이 이들 웹사이트에는 구체적인 사회이슈들과 이에 대한 신학적 입장과 운동 방향과 행동지침이 제시된다.

그런데 2005년 6월 미국 세무국이 캘리포니아 패서디나에 있는 올세인츠(All Saints) 교회 측에 면세자격을 박탈하겠다고 경고서한을 발송한 적이 있다. 이 교회 조지 리가스 (George Regas) 목사(은퇴 목사)가 지난 2004년 대통령선거 전 주일 예배 때 한 반전설교를 문제 삼은 것이다. 미국에서 교회들은 비영리단체로 등록되어 물품구매 시 구매세가 면제되고, 세금보고를 하지 않아도 된다. 그런데 교회가 전쟁을 반대하고, 현 정부를 비판했다고 해서 교회의 면제자격을 박탈하겠다는 것이다. 올 세인츠 교회는 미국 성공회에 속한 교회로서 캘리포니아주의 대표적인 대형 교회이면서 진보적인 교회이다. 이 교회는 각종 사회현안에 적극적으로 참여해왔으며, 진보그리스도교연합을 주도하고 있는 교회이기도 하다. 이 교회를 보면 보수적인 교회만이 성장한다는 인식이 잘못되었음을 깨닫게 한다. 그리고 참된 교회의 성장이 무엇인지를 다시금 생각하게 한다. 올 세인츠 교회는 진보그리스도교연합과 함께 이번 문제에서도 적극적으로 대처하였고, 신자들에게 납세국에 항의 전화를 하라고 독려했다. 종교의 예언자적인 역할을 비판하고 이에 관여하려는 정부 당국이 잘못되었다는 것이다.

문제의 핵심이 되었던 리가스 목사는 지난 2004년 대통령선거 직전 주일 예배에서 "만일 예수가 부시 대통령 또는 케리 상원의원과 토론을 벌인다면"이라는 제목으로 설교를 했다. 그는 이 설교에서 특정한 후보를 지지하거나 반대하지 않았다. 오히려 이라크 전쟁을 비롯한 미국의 대내외 정책을 거론하면서 그리스도교인으로서 현명한 판단을 하고 투표에 참여할 것을 권유했다. 가장 중요한 것은 '예수라면 어떻게 했을 것인가'라는 물음이었다. 그는 전쟁과 폭력을 종식하는 일, 빈곤퇴치, 전쟁의 시대에 어떻게 희망을 가질 것인가 등의 세 가지 문제를 중심으로 가상의 토론을 전개했다. 잘 알려져 있다시피, 부시 대통령은 보수적인 그리스도교인(감리교인)이고 케리 상원의원 역시 가톨릭교인 이다.

저마다 신앙에 바로 서 있다고 주장하는 마당에 과연 예수의 입장은 무엇일까? 이라크 전쟁을 테러리즘을 무찌르는 정의로운 전쟁으로 부각시킨 부시와 또 이에 동조한 케리에 대해 리가스 목사는 예수의 입장을 이렇게 소개한다. 그의 설교 중 일부를 옮겨보자.

> 전쟁 그 자체가 테러리즘의 극단적인 형태입니다. 부시 대통령님, 당신은 이라크전으로 인간이 겪을 결과들을 분명히 밝히지 않았소. (2004년 10월 현재-필자주) 1100명의 미군 병사가 죽었고 8000명의 병사가 부상을 당했소. . . 여성과 어린이들을 포함해 이라크 군인들도 100,000명이나 죽었소. 이게 전쟁의 대가라오. 대규모 폭력을 수반한 이 전쟁을 당신은 911테러 사태에 대한 적절한 대응이라고 굳건히 믿고 있소. 하지만 . . . 특정 목표를 달성하고자 무고한 사람들 죽이는 것은 도덕적으로 용납할 수 없는 일입니다. 이제 예수는 세계에서 가장 강한 나라인 미국을 지긋이 바라보며 , . . . 911참사를 위해 전쟁의 폭력이 필요하다는 견해를 단호히 거부하십니다. . . . 예수는 세계에서 가장 참된 진리를 우리에게 보여주십니다. '자비는 자비를 낳고 복수는 복수를 낳는다.' 이라크 전쟁의 핵심에 있는 죄는 미국인의 생명이 이라크인의 생명보다 더 고귀하다는 신념입니다. 미국 아이들이 이라크 아이들보다 더 고귀하다는 신념말입니다. 하나님은 전쟁을 싫어하십니다. . . 부시 대통령님, 예방전쟁이라는 당신의 교설은 잘못된 것입니다. 당장 위협을 주지 않는 정권을 강압적으로 교체하는 것은 큰 재난으로 이어지고 맙니다 . . .
>
> 부시 대통령님, 그리고 케리 상원의원님, 이 모든 고통으로부터 우리를 좀 구해주시겠오 . . . 다시 예수는 부시를 향하여 이렇게 말한다. 정녕 당신은 핵전쟁용 무기개발을 금지한 지난 10년간의 금지 조치를 끝내려고 하는 거요? 그리고 새로운 '벙커 폭격용' 폭탄 개발을 용인하고 싶은 거요. 당신은 핵전쟁 시험을 재개하길 원하는 거요. 이것은 정말 미친 짓입니다 . . . 예수는 이제 우리 모두에게 말씀하십니다. '나는 여러분들이 모든 생명을 치유하는 일에 함께 하길 바

랍니다.' 이번 주 화요일 투표장에 갈 때 평화운동가인 예수에 대해 알고 있는 모든 지식을 동원하십시오. 또 예수가 당신에게 의미하는 바가 무엇인지를 생각하기 바랍니다. 가장 소중한 가치에 투표하기 바랍니다. 아멘.

부시 대통령을 참신앙의 모범으로 간주하고 그가 벌인 추악한 전쟁을 찬양하는 한국의 보수 그리스도교인들에게 리가스 목사의 설교와 올세인츠 교회의 목회 방향은 시사하는 바가 크다. 미국에는 극보수적인 교회들만 있는 것이 아니라 이렇게 크게 성장하고 있는 진보적인 교회와 그룹들이 있다는 점에 놀랄 것이다. 또 사사건건 극우세력의 대변자로 나서서 사회의 개혁과 변화를 좌경이데올로기로 몰아붙이고, 오로지 외적인 교회성장에만 열을 올리는 대형 교회들에도 새로운 도전이 될 것이다. 교회가 생명을 죽이는 전쟁에 반대하고 이런 전쟁을 하나님의 이름으로 버젓이 저지르고 있는 불의한 정권을 비판하는 것은 너무나 당연한 행동이다. 이런 일이 바로 참다운 하나님나라의 선교인 것이다. 이럴 때 교회의 진정한 성장도 이루어지리라 믿는다. 누가 보수적인 교회만이 성장하고, 반면에 진보적인 교회는 항상 영세하고 쇠퇴해간다고 말하는가? 무엇이 참다운 교회 성장인가? 올세인츠 교회를 보라! 교회의 참다운 성장은 오히려 사회 변혁에 대한 열정을 가지고 정의와 평화를 위해 일할 때 이루어진다. 교회가 사회에 관심을 갖고 그 속에서 고통받고 억압받는 사람들을 위해 적극적으로 일할 때 진정한 성장이 이루어진다는 것이다. 이런 교회가 예수의 복음에 충실한 참다운 보수요, 또 진취적으로 하나님나라를 향해 나아가는 참다운 진보인 것이다. <2006. 3. 1.>

제3부

예수의 발자취를 찾아서

- 서평, 여행기

영지주의 문헌 모음집 『나그함마디 문서』

이번에 한국어로 번역 출간된 『나그함마디 문서』(이규호 옮김. 서울: 동연, 2022)는 1945년 이집트 나그함마디 마을 근처에서 어느 농부가 우연히 발견하여 세상에 알려진 초기 기독교 영지주의 문헌들을 가리킨다. 발견 당시 13권의 가죽으로 장정된 파피루스 문헌들이 밀봉된 항아리에 들어있었다. 발견된 나그함마디 문서에는 영지주의 문헌, 헤르메스주의 문헌, 플라톤의 『국가』의 번역본 등이 포함되어 있었다. 이 문헌들은 모두 콥트어로 기록되어 있었는데, 이들은 그리스어로 된 원본을 콥트어로 번역한 것들로 추정한다.

『나그함마디 문서』는 초기 기독교 형성 시기에 등장했다가 4세기경 박해를 받아 지하로 사라졌던 영지주의 전통을 새롭게 이해하는 데 많은 도움을 준다. 서구신학계에서는 이미 각 문서에 대한 논쟁과 연구가 활발히 일어났고 문서의 번역도 여러 번 진행되어 결실을 얻었다. 이제나마 한국어로 『나그함마디 문서』가 출간된 것은 매우 다행이라고 하겠다. 많은 한국신학자들이 서구에서 공부하면서 『나그함마디 문서』를 직간접적으로 접했음에도 아쉽게도 한국어로 번역하는 데 관심을 갖지 못했다. 그 이유는 이단으로 정죄된 영지주의라는 딱지가 붙지 않을까 하는 두려움이 한몫하지 않았나 하는 생각이 든다. 특히 대부분 한국 교회의 보수성으로 인해 영지주의라는 낙인을 피하기가 쉽지 않아 보이는 현실이 여전히 영향을 끼치고 있는 듯하다.

하지만 다양한 사상과 문화와 종교가 서로 공존하고 있는 21세기 세계 현실은 2,000여 년 전 이교적이고 적대적인 환경에서 그리스도교라는 신생 종교가 터를 잡아가던 고대 세계와는 다르다. 어떤 측면에서 볼 때 영지주의는 그 당시 그리스도교가 정통 종교로 자리 잡기 위해 나타난 다양한 해석과 노력 중의 하나라고 생각한다. 또 영지주의는 당시 존재했던 다양한 신앙공동체의 배경과 상황에 따라 하나님을 다르게 체험하고 예수를 다르게 이해했다는 사실을 잘 보여준다. 20세기 중반『나그함마디 문서』가 발견되기 전까지 영지주의는 정통 기독교를 파괴하는 나쁜 이단쯤으로만 알려져 있었다. 하지만 이 문서의 발견으로 영지주의는 단일한 사상이 아니고 매우 폭이 넓은 사상이요 다양한 분파로 존재했었다는 점이 밝혀졌다. 영과 육의 이원론으로 물질을 경시하면서 육체를 감옥쯤으로만 여기고 또 육체에 갇힌 영이 참된 지식을 깨달아 육체의 감옥을 벗어나는 게 구원이라는 정도로만 이해했던 영지주의는 이제『나그함마디 문서』를 통해 그 정체를 보다 정확하게 밝힐 수 있게 되었다. 우리가 정통이라고 알고 믿어 왔던 신앙과 신학만이 전부가 아니라 그 외에 다양한 신앙과 신학의 형태들이 이미 초기부터 존재했으며, 영지주의도 그중 일부였다는 사실이 규명된 것이다.

또 대속자 예수 그리스도에 의한 타력적 신앙만이 그리스도교 정통이 아니라, 자기 몸 안에 거룩한 빛이 들어있는데도 그것을 자각하지 못한 상태에서 깨닫게 되는 것을 구원으로 이해하는 이른바 주체적인 깨달음의 신앙도 그리스도교라는 큰 나무의 뿌리를 형성했다는 사실이다. 미국 신학자 일레인 페이젤에 의하면, 영지주의는 초기 그리스도교 형성과정에서 권력 다툼에 밀려 박해를 받고 지하로 사라졌지만, 그것은 종말이 아니었다. 영지주의는 오히려 그리스도교 역사와 서양사 전반에 걸쳐 광범위하게 영향을 끼쳐 왔다. 대표적으로 그리스도교 전반에 흐르고 있는 신비주의 전통과 유럽 인문주의의 부흥 및 20세기 실존주의 철학의 등장을 예로 들 수 있다. 금번에 출간되는『나그함마디 문서』는 초기 그리스도교 형성기에 등장한 소위 이단이라는 개념과 영지주의에 대한 기존의 이해를 새롭게 하는 데 학문적으로 기여할 수 있으리라고 생각한다.

역자 고(故) 이규호 선생은 본래 대학에서 사학을 전공하고 잠시 고교에서 교편을 잡은 바 있다. 1980년대 초 대전지역 공안조작 사건으로 알려진 신앙공동체 한울회 사건의 피해자로서 고문과 투옥의 고초를 겪기도 했다. 그 후 오랫동안 정신적으로 고통을 겪으면서도 학문에 대한 열정만큼은 식지 않았던 것 같다. 생활고와 건강상의 어려움에도 진리에 대한 탐구가 그의 삶을 지탱해 왔다. 그러다 지인들의 권유와 도움으로 신학대학원에 들어가서 3년의 과정을 잘 마쳤다. 이후 계속된 어려운 생활 속에서도 그 누구의 도움 없이 꿋꿋이 재야 학자로서 신비주의와 영지주의에 관심을 가지고 연구해 왔다. 그의 고독한 연구의 첫 결실이 바로 이번에 출간하는『나그함마디 문서』이다. 이 책은 이미 서구에서 오래전에 출판된 매우 학술적인 책인데 이번에 국내에는 처음으로 번역 소개된다. 이 책은 분량도 많은 데다 내용이 까다로워서 번역하기가 쉽지 않은 책이다. 원문은 콥트어이지만 이미 여러 언어로 번역된 관계로 서구신학계에는 많이 알려져 있다. 이 귀한 문헌의 한국어 번역은 창작만큼이나 힘든 일이었음이 분명하다. 어학과 문헌연구에 타고난 능력을 갖고 있었던 이규호 선생의 학문적 열정과 구도적 자세가 없었더라면 이 귀한 책이 빛을 발하지 못했을 것이다.

이 책을 통해 독자들 모두 그리스도교라는 종교를 좀 더 폭넓고 깊이 있게 이해할 수 있는 계기가 되기 바란다. 또한 기존의 고정관념에서 벗어나서 영지주의 전통에 대한 활발한 학문적 논쟁이 한국 신학계에서 일어나기를 소망한다. <2021. 9. 1.>

오늘 우리에게 성서는 무엇인가?

한국 기독교인들은 전 세계 그 누구보다도 성서를 가장 애독하는 사람들로 잘 알려져 있다. 교회에 갈 때도 성서를 옆에 소중하게 끼고 가고, 예배와 각종 기도회에서도 성서를 읽고 집에서는 물론 대중교통을 이용할 때도 종종 성서를 읽곤 한다. 한국 교회에서는 늘 성서를 애독할 것을 강조하고, 심지어 그 어려운 개역 성서를 필사하는 전통을 장려하기까지 한다. 하지만 성서를 신앙의 중심으로 삼은 개신교는 '성서주의'라는 새로운 전통을 형성했고, 온갖 부패와 타락의 상징인 교황을 몰아내고 그 자리에 성서라는 '종이 교황'을 올려놓고 말았다는 비판을 오늘날 받고 있다. 이는 성서를 목숨처럼 사랑하지만, 과연 그 '성서가 오늘 우리에게 무엇인가'라는 본질적인 질문을 외면한 채 성서의 글자 하나하나를 절대적이고 초월적인 진리로 간주해 버린 결과이다. 그 결과 역사상 얼마나 많은 불행과 실수가 성서의 이름으로 저질러졌던가?

미국의 저명한 역사신학자 야로슬로프 펠리칸(Jaroslav Jan Pelikan)이 펴낸『성서, 역사와 만나다』(김경민, 양세규 옮김, 서울 : 비아, 2017)는 '오늘 우리에게 성서는 무엇인가?'라는 본질적인 질문에 의미 있는 답을 제시한다. 펠리칸은 미국의 대표적인 역사신학자로서 예일대 신학대학원에서 오랫동안 교회사를 강의했던 분이다.『성서, 역사와 만나다』는 펠리칸이 생애 말년에 펴낸 저작인데, 그의 필생의 신학적 연구가 성서로 귀결되었다는 점이 매우 흥미롭다. 특히 펠리칸은 이전의 저작에서 기독교 교리가 역사적으로 어떻게 발전해 왔는지를 성서 본문을 중심으로 확인해왔는데, 이번 저작에서는 성서 그 자체의 구성과 역사를 서술하는 데 초점을 맞추고 있다. 그러므로 성서학자가 아닌 역사신학자가 펴낸 성서 연구서라는 점에서 이 책은 독특하다. 이 말은 성서학자가 미처 파악하지 못하는 측면에서 이 책을 저술했다는 의미이다. 또 펠리칸은 서양의 유대·기독교 문명권에서 벌어진 전쟁의 참상과 홀로코스트(유대인 대학살)의 비극을 성찰하면서 기독교와 유대교의 대화에 관심을 기울여 온 학자이다. 그 때문에 이 책에는 유대교와 기독교의 화해라는 관점이 깔려있다. 펠리칸은 20세기가 가장 성서를 많이 읽고 연구했던 시기였음에도 불구하고 "이 시대에 두 차례에 걸쳐 세계대전이 일어났으며 박해가 만연했고, 집단학살이 빈번했음을 우리는 잊지 말아야 한다"(341쪽)고 강조한다. 바로 20세기는 성서의 역사에서 최고의 순간과 최악의 순간 모두를 빚어냈다는 것이다. 특히 성서의 백성인 유대인과 그리스도인의 관계에서 볼 때 홀로코스트야말로 가장 불행한 사건이다. 그러므로 오늘날 성서의 문제를 재조명하는 것이야말로 이런 문제를 치유하고 회복하는 데 최우선적인 과제라는 것이다.

더 나아가, 이 책에서는 유대교뿐 아니라 가톨릭, 정교회, 개신교 모두의 전통을 고려하면서 성서에 관한 논의를 전개해 나간다. 성서는 하나님의 말씀으로써 초대 기독교인들을 연합시키고 일치시키는 데 중요한 역할을 수행했다. 하지만 이후 기독교가 계속 분열하는 데 크게 공헌을 한 것 역시 성서이다. 즉 "유대교와 그리스도교의 관계사, 그리스도교 세계에서 교파분열의 역사는 성서해석의 역사이다"(19쪽). 그러므로 이 책의 원제목인 『성서는 누구의 것인가?』(Whose Bible is it?)는 바로 저자의 이런 문제의식과 관련되어 있다. 이 제목은 여전히 성서를 근거로 서로 갈등하고 분열하는 그리스도교의 현실에 도전을 던지는 매우 의미 있는 질문이다. 다른 말로 하자면, 성서는 어떤 특정 종파나 개인을 위한 것이 아니요, 모든 그리스도인들, 더 나아가 성서를 읽는 모든 사람들의 책이라는 점이다. 그런 점에서 다양한 성서 독법과 해석의 자유를, 즉 성서 본문에서 주어지는 "의미의 다중성"(383쪽)을 인정할 것을 이 책은 강조한다.

이 책은 머리말과 나가는 말을 포함하여 총 14개의 장으로 구성되어 있다. 본문 1장부터 6장까지는 히브리 성서와 그리스도교 성서, 외경과 주석을 비롯한 각종 문헌들이 어떤 배경에서 탄생했으며, 마침내 오늘날의 책으로 형성되었는지에 대해서 논하고 있다. 다음으로, 본문 7장에서 12장까지는 5세기에서 20세기에 이르기까지 약 1,500여 년간 성서가 사람들에게 어떻게 읽히고 이해되었는지, 또 세계 곳곳으로 확산되어 그리스도교 전통에 속한 교회들의 경전이 되었는지에 대해서 논의를 전개한다. 저자에 의하면, "성서는 기록되기 전에 하나님의 말씀이었다는 점, 즉 성서의 하나님은 말씀하시는 분이시다"(24쪽). 이것은 무엇보다 성서의 본질을 이해하는 중요한 진술이다. 즉 성서는 기록되기 전에 말씀하시는 하나님을 만난 자들의 소중한 체험이 밑바탕 되었고, 이를 입에서 입으로 전하다가 마침내 어느 순간부터 기록되기 시작했다는 사실이다. 그러므로 이렇게 계속 말씀하시는 하나님의 말씀을 눈보다는 마음의 귀로 듣는 자세가 더 중요하다는 것이다. 이후 성서는 다양한 사람들에 의해, 다양한 언어로 기록되고 번역되었다. 무엇보다 성서를 전 세계로 확산 보급한 것은 신앙공동체, 즉 예배공동체였다. 이것은 성서가 역사적 연대기가 아니라 절대자에 대한 신앙을 고백하기 위해 기록되었기 때문이다(60쪽). 즉 성서의 저술 의도는 신앙고백에 있기 때문에, 성서를 적절히 읽는 방법은 바로 성서 저자들의 신앙고백에 초점을 맞추어야 한다는 것이다.

성서는 다양한 전통에서 중시하는 종교 경전이다. 그런데 히브리 성서(구약)를 경전으로 공유하고 있는 유대교와 그리스도교는 같은 본문을 가지고 서로 적대적인 입장에서 해석함으로 분열과 갈등의 길로 갔다. 하지만 저자에 의하면, 양자의 성서해석 방법은 차이점보다 유사성이 더 많다. 그리고 이런 유사성을 더 깊이 파고들수록 심오한 차원에서 둘의 연관성이 드러나고, 상호 간의 무지와 오해가 얼마나 커다란 비극을 낳게 되었는지를 깨닫게 된다(145쪽). 이것은 유대교와의 관계가 다소 생소한 한국 개신교의 현실에서 개신교내의 각 교파들은 물론 가톨릭 및 정교회와의 관계에 그대로 적용될 수 있을 것이다. 그럼으로써 그 누구도 진리를 독점할 수 없다는 토대에서 각 전통들의 화해와 협력이 촉진될 수 있을 것이다.

이 책에서 특히 주목해야 할 것은 종교개혁에 대한 저자의 평가이다. 저자는 종교개혁을 수 세기에 걸쳐 전개된 성서 역사에 있어서 가장 중요한 사건이라고 본다. 즉 종교개혁이 강조했던 말씀의 힘은 교회전통이라는 억압적 권위에서 해방되어 인간의 정신과 삶에 직접 작용하는 성서 메시지의 힘을 의미한다. 그런데 이런 해방은 루터와 같은 종교개혁가가 아니라 오히려 에라스무스와 같은 성서 인문주의자들이 성서를 원어로 복원하고 배급해서 누구든지 성서 메시지에 접근할 수 있게 만들었기 때문이라고 저자는 지적한다. 즉 "에라스무스가 낳은 알을 루터가 부화시켰다"(258쪽)는 것이다. 한편, 종교개혁가들은 자신들의 방식으로 다양한 강해 설교와 주해를 쏟아냈는데, 이는 교파의 분열을 촉진하는 계기가 되었다. 그야말로 종교개혁의 폐해인 것이다. 더 나아가, 성서를 어떻게 해석하느냐, 성서가 무엇을 의미하느냐에 대한 학문적인 이견은 교회 내 갈등으로 이어졌고, 결국 교회의 분열로 이어졌다(262쪽).

2000여 년이라는 세월을 거치면서 성서는 그리스도교의 경전뿐 아니라 인류의 고전이 되었다. 하지만, 오늘 성서에 대해 놀라울 정도의 무지가 유행병처럼 돌고 있다고 저자는 지적한다(348쪽). 이런 시대적 현실에도 불구하고 성서는 다양한 삶의 자리에서 계속해서 우리에게 말을 건네고 있다. 그래서 이렇게 오래된 책이 이토록 새로운 아름다움을 가지고 있다는 것에 경탄하게끔 만든다(어거스틴)는 것이다. 이런 성서의 특징은 "성서 안에서 낯선 신세계"(칼 바르트)를 만나는 체험으로 구체화된다. 성서를 구성하고 있는 문자와 문화적 산물들을 넘어서서, 인간적인 방법으로는 표현할 수 없는 초월적 현실을 성서를 통해 우리는 지금도 경험하고 있다는 것이다. 또한 이것은 그리스도교에만 국한된 것이 아니라 유대교에도 해당된다. 일찍이 유대교 신학자 마틴 부버 역시 바르트와 유사한 방법으로 유대교 경전을 해석하고자 했다는 것이다(344쪽).

오늘 우리에게 성서는 무엇인가? 오직 성서로만이라는 구호가 난무하는 한국 교회의 현실에서 이 질문은 지금도 유효하다. 성서가 하루아침에 하늘로부터 떨어진 책이 아니라 유대교라는 토양에서 싹이 트고 초대 교회에서 비로소 경전으로 완성되었으며, 그 후 다양한 그리스도교 전통에서 번역과 해석을 통해 발전되어 왔다는 점을 이 책은 풍부한 역사적 고증과 자료를 통해 설명한다. 이 때문에 성서에 관심이 있는 자라면 누구든 일독을 권하고 싶다. 마지막으로, 한국어로 붙여진 제목이 마치 성서가 인류의 고전쯤으로만 여겨질 수 있는 오해의 소지가 있다는 점이 아쉬움으로 다가온다. <2017. 11. 4.>

유영모를 통해 이루어진 동서양 정신문화의 회통과 융합

유구한 역사를 자랑하는 한국의 정신사를 대표하는 철학은 무엇일까? 오래 전에 유불선(儒佛仙) 사상이 들어왔고 조선조 말에 기독교가 이 땅에 들어와 찬란하게 꽃을 피웠다고 자부하면서도 이 땅을 대표할 만한 사상이나 철학을 말하라고 하면 선뜻 예를 들지 못하는 게 우리의 현실이다. 박재순에 의하면, 우리 근대사에서 동서양 사상을 회통하고 종합하여 독자적인 사상을 제시한 사람은 다석 유영모이다. 무엇보다 유영모는 평생 동서정신문화의 합류 속에서 민중을 삶과 역사의 주체로 깨워 일으키고 실현하는 철학과 사상을 제시하고 실천한 자였다. 유영모는 동양문명의 뼈에 서양문명의 골수를 담으려 평생 노력한 보기 드문 학자요 스승이었다.

그간 다석 유영모는 함석헌 선생의 스승 내지는 씨올이라는 단어를 최초로 언급한 자 정도로만 대중들에게 알려져 있었다. 박재순은 유영모의 사상의 민족주의적 성격으로 인해 해방 이후 일제 식민지 학맥과 서구 유학파 중심으로 형성된 학맥에 의해 외면당했기 때문이라고 지적한다. 그렇지만 더 중요한 이유는 유영모가 완성한 사상체계가 너무도 방대하기 때문에 일반 연구자들조차 선뜻 연구하기가 어려웠기 때문일 것이다. 특히 그의 독특한 화법은 일반인의 접근을 불가능하게 만들었다. 게다가 유영모는 하나님이라는 말을 자주 쓰고 종교적인 체험을 자주 언급하기 때문에 철학자라기보다는 종교인으로 간주되기 십상이었다.

이번에 씨알사상연구소 박재순 소장에 의해 출간된『다석 유영모』(서울 : 홍성사, 2017)는 어렵게만 느껴졌던 유영모의 사상을 체계적으로 연구하여 소개한 책이다. 박재순 소장은 그동안 함석헌과 유영모의 사상을 깊이 연구하면서 주체적인 한국 사상을 모색하고 있는 몇 안 되는 학자이다. 이번에 출간된 책에서도 그의 깊은 내공이 느껴진다. 저자가 머리글에서 밝힌 대로 이 책은 2008년 서울에서 열린 세계철학자대회를 앞두고 출간된 책을 다시 개정한 것으로, 총 11장으로 구성되어 있다.

먼저, 1장에서 제시한 유영모 사상의 변화와 시기 구분은 독자로 하여금 유영모라는 인물의 등장과 사상적 발전을 한국근현대사의 맥락에서 파악할 수 있게 해준다. 저자는 유영모의 삶을 기독교 신앙에 입문하여 삶과 정신을 세워나간 시기(1890-1913), 동양철학을 연구하면서 보편적인 종교신앙을 바탕으로 생명철학을 형성한 시기(1914-1939), 내적 체험을 통해서 기독교 신앙에 바탕을 두고 생명과 정신의 자유에 이른 시기(1939-1943), 하늘과 땅과 내가 하나 되는 체험을 통해 동서고금을 아우르는 대통합의 사상에 이른 시기(1943-1981)로 제시한다. 네 시기를 통해 유영모의 사상은 단절과 변화를 겪기보다는 내적 일관성과 통일성을 유지하며 발전되고 완성되어 왔다. 특히 유영모는 단순히 한국인으로서 동양사상을 연구하고 종합한 사람이 아니라 기독교 신앙을 받아들이고 그것을 체화하여 독특하게 발전시켰다는 데 의의가 있다. 유영모가 단순한 철학자나 사상가에만 머물지 않고 인간의 근본적 질문을 던지는 종교의 문제를 근본 화두로 삼았다는 것은 무엇보다도 그의 독특한 종교적 체험과 연관된다.

유영모는 1941년 2월 17일에 마음을 새롭게 하고 예수 정신을 신앙의 중심으로 삼고 일일 일식(一食)을 시작하였고 아내와 해혼(解婚) 선언을 한 후 잣나무 널 위에서 자기 시작했다. 이런 각오는 이듬해인 1942년 1월 4일 새벽에 치통으로 괴로워하던 아내를 위해 기도하다가 깊은 깨달음과 영적 체험으로 이어졌고, 이날을 “아버지 품에 들어간 날”로 선언하게 된다. 더 나아가 1943년 2월 5일에는 하늘과 땅과 자신이 하나로 뚫리는 깊은 깨달음의 체험을 하게 된다. 이제 유영모는 지금까지 연구했던 노자, 석가, 공자의 한계를 지적하고 예수에게로 집중하게 되었는데, “말씀(道)으로 몸 일우고 뜻을 받아 맘 하시니, 한울밖에 집이 없고, 걸음걸인 참과 옳음! 뵈오니 한나신 아들(獨生子) 예수신가 하노라”(70쪽)라는 고백에서 그의 신앙이 잘 드러난다. 유영모는 예수가 묵은 누리(낡은 세상)의 돌받침을 깨트리고 하늘 문을 세우셨으며, 이로써 새 천지의 개벽이 시작되고 인간은 천문(天門)으로 통하게 되었다(71쪽)고도 신앙의 의미를 설명하였다.

유영모는 기독교 신앙에 집중했지만, 흔히 말하는 전통적 기독교에서는 벗어나 있었다. 유영모에게 특히 죽음의 문제는 남의 문제가 아니라 ‘나’의 문제요, 내가 살고 죽는 문제였다. 유영모는 안병무와의 대화에서 요한복음의 “나는 길이요 진리요 생명”이라는 말씀을 ‘예수의 나’가 아니라 ‘나의 나’라고 주장했다. 유영모는 성경을 볼 때 남의 문제로 보지 않고 내가 살고 죽는 문제로 보기 때문이라고 그 이유를 밝히면서, 예수의 나는 한 개인의 나가 아니라 '하나님의 나요 영원한 나, 우리 모두의 참나'이며, 이런 참 나가 되려면 사사로운 나는 죽어야 한다고 주장했다(106쪽). 유영모의 참 나라는 개념은 이후 더 발전되었다. 즉 "몸은 죽고 얼은 영원히 산다"라고 주장하면서 몸에 메인 나는 상대적인 나지만 얼의 나는 하나님과 하나 되는 영원한 나, 영원한 생명이라고 주장했다.

기독교 전통교리에 대한 유영모의 독특한 해석은 제9장 예수그리스도에서 더 구체적으로 드러난다. 특히 유영모는 전통적인 속죄론을 넘어서서 대속(代贖)과 자속(自贖)을 함께 주장했다. 여기서 예수가 인류의 죄를 대신 지고 십자가 고난을 통해 속죄를 하는 것은 대속인 반면 믿는 사람이 직접 십자가를 지고 속죄를 하는 것은 자속을 말한다. 유영모는 예수의 피가 모든 인류를 위해 흘린 피라는 것을 인정하면서도, 개인의 주체적인 참여 없이 교리적으로만 인정하고 받아들이면 구원받는다는 속죄교리는 거부했다. 오히려 예수의 피가 지금 나에게 실제로 힘을 줄 때 만이 구원의 능력을 준다는 것이다. 이는 예수의 고난과 죽음에 직접 참여하는 실천적인 삶을 의미한다.

유영모의 독특한 사상은 그의 시간관과 생활 철학에서도 잘 드러난다. 유영모는 어제에 매이지 않고 내일의 걱정에서 벗어나 하루를 영원처럼 살고자 했다. 즉 유영모는 하루를 자유롭게 힘껏 살기 위해 하루에 한 끼를 먹고 한 가지의 말씀을 찾으며 바로 앉으며 어진 마음을 품고 살았으며, 또한 이런 자세를 늘 유지하기 위해 오늘을 "오! 늘"(129쪽)로,

"오늘, 여기, 나"(131쪽)로 살았다. 이렇게 오늘 여기에서의 삶은 곧 과거와 미래의 시간에서 벗어나고 공간의 환경과 관계로부터 자유로워져서 지금 여기의 삶의 중심을 붙잡고 앞으로 나아가는 삶이다. 이를 위해 "시간과 공간의 참된 주체와 주인이 되기 위해 유영모는 시간과 공간, 이제 여기, 나의 가운데를 한 점으로 찍는 가온 찍기"를 한다(165쪽). 일종의 주체의 자각인 셈이다. 이런 삶은 유영모 사상의 바탕인 '씨ᄋᆞᆯ'의 삶, '스스로 함'의 삶으로 실현된다. 이는 개인의 깨끗한 삶의 원칙이자 민주주의의 기초이기도 하다. 유영모는 스스로 함의 삶을 스스로 실천하면서 낡고 비민주적인 거짓된 삶에서 벗어나지 못하는 씨ᄋᆞᆯ과 더불어 사는 겸손한 삶을 살았다. 이런 의미에서 그는 저녁의 어둠 속으로 자신을 낮추고 자기 존재와 이름에 대한 집착과 욕심을 끊으려 호를 '다석'(多夕, 많은 저녁)이라 지은 것이다.

유영모의 독특성은 그의 남다른 한글 사랑에서 더욱 빛이 난다. 갑오농민전쟁의 정신적 토대가 되었던 동학의 동경대전마저도 한문으로 기록된 우리의 현실에서 유영모는 자신의 사상을 순수 한글로 표현하고 해석하려 했다. 즉 "유영모는 민주 의식을 가지면서 우리 말과 글을 철학적 언어로 다듬어 내고 우리 말과 글로써 철학을 펼쳤던 첫 번째 사람이었다"(251쪽). 심지어 유영모는 우리말 한 마디 한 마디에 깃들인 하나님의 뜻을 발견하고 그곳에서 하나님을 만났다고까지 고백했다. 한글과 십자가의 만남(278쪽)은 그 대표적인 예이다.

『다석 유영모』를 통해 우리는 그동안 밭에 감추어 있던 소중한 진주를 발견하게 되는 기쁨을 느끼게 된다. 누구든 이 책을 읽는다면 유영모는 대표적인 한국 현대철학자요 사상가라는 생각에 공감하게 될 것이다. 이런 맥락에서 "그의 정신과 사상에는 그리스와 서구철학의 로고스(이성, 생각), 기독교의 말씀(사랑), 동아시아의 길(道), 한민족의 한(韓, 크고 하나임)이 합류하고 통합되었다"(48쪽)는 박재순의 평가는 매우 타당하다. 동서사상의 동등한 교류를 통한 새로운 문명의 창조가 필요한 이 시대에 유영모의 생명철학은 매우 큰 의의를 가진다. 특히 종교 간의 차이에만 집착하여 서로 갈등하고 반목하는 이 시대에 모든 종교가 하나로 통한다는 그의 '종교일원론'(424쪽)은 신앙의 깊은 자리에서 서로 다른 종교들이 교류하고 화해할 수 있는 근거로 작용할 수 있을 것이다. 나아가, 진정한 의미의 한국 사상, 한국 철학, 한국 신학을 고민하는 자들에게 유영모는 유용한 모델이 되리라 생각한다. 유영모에 관한 연구가 그리 많지 않은 상황에서 이 책은 좋은 개론서로서 많은 사람들에게 읽힐 수 있을 것이다. 한 가지 옥에 티를 지적하면, 책 전반에 걸쳐 같은 논조나 표현들이 반복되고 있다는 점과 충분한 설명을 거치지 않은 채 너무 거창한 용어들이 종종 사용되고 있다는 점이다. 이 점은 앞으로 계속적인 연구를 통해 더 발전되고 보완되리라 기대한다. 마지막으로, 이 책을 통해 제시된 유영모의 삶의 목표처럼, 시공간의 한계를 넘어서는 자유로운 세계, 서로 통하는 세계가 실현되는 "빈탕한데 맞혀놀이"(408쪽)의 삶이 개인과 우리 사회 곳곳에 실현되기를 소망해 본다. <2017. 7. 4.>

현대 무신론자들의 종교비판은 어째서 망상인가?

종교, 특히 서구 문명을 지탱해온 그리스도교는 이제 더 이상 인간에게 무익한 존재가 되어 버렸는가? 이 물음은 종교는 무엇인가라는 근본적인 물음과도 연결되어 있다. 지난 2006년부터 서구에서는 이른바 '새로운 무신론'(new atheism)을 주장하는 자들이 등장했다. 이들은 그동안 이런 저런 형태로 존재해 온 전통적인 무신론자들과는 다르다. 이들은 단순히 신의 존재를 부정하는 데서 그치지 않고, 무신론을 신앙의 차원으로까지 드높인다. 이들은 심지어 종교적인 것은 무엇이든지 다 없애버려야 한다고까지 주장한다.

새로운 무신론 운동의 주창자들이 이렇게 거세게 그리스도교를 비판하는 현실에 맞서 신학자들의 응전이 시작되었다. 국내에 소개된 신학자 중 영국인 신학자 알리스터 맥그래스(Alister Mcgrath)가 그 첫 번째 예이다. 맥그래스는 『어째서 신은 사라지지 않는가?』라는 책을 통해서 새로운 무신론 운동의 오류를 적절히 비판한 바 있다. 그런데 이번에는 미국의 동방 정교회 신학자 데이비드 벤틀리 하트(David Bentley Hart)가 『무신론자들의 망상-그리스도인들의 혁명과 교회사 새로 보기』(한성수 옮김, 서울 : 한국기독교연구소, 2016)를 출판함으로써 새로운 무신론 운동에 대한 비판의 대열에 가세했다. 하트 박사는 초대 교회 교부학 전공자답게 교회사에 관한 매우 풍부한 지식을 활용하여 이 책을 저술했다. 한 마디로, 이 책의 목적은 현대 무신론자들의 그리스도교 비판의 문제점을 논리적으로 역비판하고, 그리스도교가 얼마나 위대했던 것에 대해 역사적으로 설명하는 데 있다. 저자 스스로 밝히듯이 이 책은 주로 초대교회사에 집중되어 있다. 즉 처음 3~4세기 동안 지속되었던 그리스도교 세계(Christendom)가 고대문화와 어떤 관계 속에서 형성되었으며, 그리스도교 신앙이 급진적인 성격을 띤 해방적 요소로 어떻게 기능했는가를 밝히고자 한다.

이 책은 총 4부 17장으로 이루어져 있다. 저자는 이 책이 역사에 대한 특정 사실들을 좀 더 숙고해서 나온 에세이라고 밝히고 있지만, 실상 이 책을 읽다 보면 매우 전문적인 책임을 알 수 있다. 제1부에서는 현재 유행하고 있는 무신론 운동 또는 반(反)그리스도교 운동의 주된 내용이 무엇인지에 대해 살펴본다. 제2부에서는 근대성이란 개념성이라는 개념이 무엇이며 그리스도교는 이와 관련해서 어떻게 가르쳐 왔는지에 대해 논하고자 한다. 제3부에서는 초기 그리스도교 세계에서 일어난 일들에 관해 자세히 살펴본다. 특히 그리스도교 신앙의 박해자에서 옹호자요 보호자가 된 로마제국에서 일어난 여러 주요 사건들에 대해 논하고자 한다. 제4부에서는 그리스도교 세계가 어째서 쇠퇴했는지, 그리고 그 해법은 없는지에 대해 살펴보고자 한다. 각각의 주요 내용을 좀 더 자세히 살펴보면 다음과 같다.

먼저, 리처드 도킨스(Richard Dawkins)를 중심으로 한 현대 무신론자들의 그리스도교 비판을 저자는 신랄하게 역비판한다. 이들은 역사에 대한 무지의 바다 위에 떠도는 공허한 주장들에 의존해 있으며 귀에 거슬리는 독선의 폭풍으로 소란을 떨고 있다는 것이다. 이들은 근본주의자들만큼이나 경멸스러운 자들이다. 예를 들어, 이들은 그리스도교의 윤리적인 유일신론이 대부분의 전쟁에 책임이 있다고 주장하는데, 이는 터무니없는 주장이다. 오히려 역사상 전쟁은 수많은 신들(gods)을 위한 전쟁이었고 그런 신들과 연관된 정치 이데올로기를 위한 전쟁이었지, 유일신이라고 부를만한 것을 위해 전쟁을 벌인 예는 소수였다는 것이다. 저자는 현대 무신론자들의 그리스도교 비판이 매우 수준 이하이며 역사를 너무 단순화시키는 오류에 빠져 있다고 비판한다. 현대 무신론자들은 풍부한 상상력과 깊은 연구를 토대로 그리스도교를 비판했던 데이비드 흄, 볼테르, 에드워드 기본, 니체 등과는 너무 다르다는 것이다.

저자에 의하면, 새로운 무신론자들은 대체로 두 가지의 편견을 지니고 있다. 첫째는 종교의 믿음이란 근거가 없으며, 둘째는 종교란 근본적으로 폭력, 분열, 억압의 원인이기 때문에 이 땅에서 사라져야 한다는 주장이다. 저자는 이런 주장들을 근거가 없는 일종의 편견에 불과하다고 본다. 가령 역사상 종교적 확신이 폭력의 원인으로 작용하는 예가 있었음을 부인할 수 없다 하더라도, 종교는 살인을 거부하고 자비를 베풀며 평화를 찾는 더 강력한 이유를 제공해 왔다는 것이다. 현대 무신론자들의 편견은 그리스도교 세계가 도덕적으로 문화적으로 이룩한 위대한 성취를 부정하는 꼴이 된다. 이들은 그리스도교 비판의 아버지 니체가 지녔던 역사적 통찰력과 지적 정직성을 결여하고 있다. 그것은 마치 코끼리 다리를 만지면서 코끼리라고 우기는 것과 같은 것이다.

즉 그리스도교 2천 년의 역사를 세밀하게 연구해 보지도 않은 채 고작 피에 굶주린 십자군 병사들이나 가학적인 중세 종교재판관들의 유치한 이미지들이나 전설들에만 집착하고 있다는 것이다. 저자에 의하면, 인류 역사 속에서 그리스도교 복음이 무엇을 이룩했는지에 대한 진지한 탐구가 필요하다. 일찍이 근대 신학의 아버지 슐라이어마허가 18세기 말에 『종교론-종교를 멸시하는 교양인들에 대한 변론』이라는 기념비적인 책을 출판하면서 종교적 신앙의 중요성을 '감정'이라는 측면에서 새롭게 강조했다. 마찬가지로 오늘날도 종교를 멸시하는 자칭 교양인들이라는 자들이 있는데, 이들은 자신들의 편견을 정당화하기 위해 정확한 근거나 토대가 없이 자신들에만 의존하는 원칙과 암시에 복종하고 있다고 저자는 비판한다. 즉 "추상적으로 종교를 경멸하는 것은 의미없는 자기 속임수에 불과한 것이다"(368쪽).

둘째로, 그리스도교 교회에 대한 여러 가지 오명들이 존재해 오는데 저자는 이것들을 밝히면서 역사적으로 해명하고자 한다. 흔히들 그리스도교가 서구를 지배했던 중세 시대를 "암흑의 시대"라고 부른다. 저자는 먼저, 이 용어의 부정확성을 지적한다. 암흑시대라는 단어는 서로마제국이 멸망한(AD 476) 직후 매우 부자연스럽게 튀어나왔다고 한다. 그런데 사실은 이탈리아 문예부흥기의 인문주의자들이 새로운 배움의 시대로 문예부흥기를 규정하면서 상대적으로 그 이전의 시기를 암흑시대로 표현한 데서 이 단어가 비롯되었다는 것이다. 하지만 엄격히 볼 때 문예부흥기의 지적 문화적 혁명이라는 것은 중세기의 발전에서 비롯되었으며, 동방그리스도교 학자들의 고전 그리스어 저술과 학문이 이탈리아에 유입되어 잉태되었다. 저자는 이런 관점에서 중세에 대한 새로운 평가를 시도한다. 심지어 과학적인 측면에서도 중세기 전체를 통해 공학기술을 발전시켰으며, 중세후기의 스콜라 철학을 통해 경험과학적 방법이 등장했다는 것이다. 이는 근대에 들어와서야 과학의 혁명이 이루어졌다는 주장을 뒤집는다.

또한 근대 이성이 비합리적인 신앙을 대체했다는 주장, 특히 그리스도교 신앙으로 인해 고대 세계의 지적 성취물들을 야만적으로 불태워버리고 과학을 무시했으며 다원주의를 포기함으로써 천 년간의 정신적 비열함에 빠지게 되었다는 주장의 오류를 저자는 지적한다. 가령 A.D. 390년에 그리스도교 열광주의자들이 알렉산드리아의 고대 도서관을 습격하여 70만 개의 두루마리를 불태워버림으로 서양문명의 발전을 뒷걸음치게 만들었다는 주장은 지어낸 이야기라는 것이다. 저자는 이것을 입증하기 위해 보다 엄밀한 역사적 사료들을 근거로 제시한다. 고대 시대나 중세 시대 문헌들이 소실되는 것은 부주의, 무관심, 전쟁, 약탈, 망각 등의 이유로 흔하게 일어난 일이었는데, 이것을 그리스도인들의 탓으로만 돌릴 수 없다는 것이다. 그리스도인들은 오히려 새로운 것을 고대 세계에 가져옴으로 고대사회를 발전시켰다. 대표적으로, 선함에 대한 전망, 자선 행위를 종교적 의무로 규정하는 신조, 사랑의 하나님에 관한 이야기 등을 들 수 있는데, 이런 것들은 당시 이방인 사회에서는 전례가 없는 것들이었다. 더 나아가, 저자는 그리스도교보다는 이슬람 문명이 고대의 문헌들을 잘 보존한 결과 중세 시대의 어둠을 걷히게 했다는 주장 역시 역사적인 왜곡이라고 주장한다. 오히려 동방그리스도교를 통해 그리스 철학 원전들이 더 많이 보존되었으며, 이런 업적은 후에 이슬람 정복자들의 유산이 되었다는 것이다. 그 외에 시리아 그리스도인들이 철학적, 의학적, 과학적 지혜를 동방으로 전달했고, 페르시아의 네스토리우스 그리스도교 역시 의학을 발전시킨 바 있다. 그러므로 그리스도교가 고전 문명을 배척하고 그 뿌리와 가지를 파괴하여 암흑시대를 초래했다는 주장은 잘못된 것이다. 오히려 그리스도교는 교부들을 통해 4~5세기경 고전문학이 꽃피는 데 큰 공헌을 했다. 교부들이야말로 훌륭한 수사학자이자 형이상학자요 문장가들이었기 때문이다.

과학과 관련해서 그리스도교는 이성과 전쟁을 벌인 결과 과학의 황금기를 중단시켰고, 서양문명을 후퇴시켰다는 주장 역시 허구라고 저자는 생각한다. 그리스도교는 불합리한 주장에 대한 맹목적 복종만을 소중히 여기고 이방인들의 지혜의 빛을 멸시해 버렸는데, 이슬람 덕분에 다시 이성의 소중함을 회복했다는 따위의 주장도 저자는 잘못이라고 주장한다. 왜냐하면 이런 주장들에 대한 증거가 불충분하다는 것이다. 그리스도교가 과학의 발전을 저해했다는 주장에 대해 저자는 과학적 패러다임의 전환을 가져온 코페르니쿠스의 예를 든다. 코페르니쿠스는 그리스도교 대학에서 공부한 사람으로 수학과 천문학 및 운동에 관한 과학적 이론의 오랜 전통을 이어받은 사람이었다. 바로 이런 그리스도교 전통에서 과학을 꽃피웠다는 것이다. 또한 그리스도교보다는 오히려 이슬람이 과학을 더 발전시켰다는 것은 대단한 오해이며, 오히려 그리스도교의 전통이 과학의 발전을 촉진했다는 것이다.

저자는 중세 그리스도교에 대한 부정적인 이미지로 손꼽히는 종교재판 역시 과장되었으며 허구로 가득 차 있다고 주장한다. 중세 시대 300여 년간 존속했던 종교재판은 훨씬 관대했고 힘이 적었으며, 마술 행위로 고발된 사람들에 대해 세속권력의 잔혹함을 완화시키는 역할을 했다고 주장한다. 그리스도교 세계는 오히려 엄청난 도덕적, 문화적 성취를 이룩했으며, 또한 로마제국의 그리스도교화로 인해 이런 것들이 가능했다고 주장한다. 물론 저자는 사회를 변화시키고 형성하려는 복음의 힘과 그것들을 자체로 끌어들이려는 국가의 힘 사이에 일어난 갈등의 역사도 부인하지 않는다. 또한 중세교회가 도덕적 권위를 세속권력에 넘겼을 때 불의와 잔혹함이 넘쳐났던 것도 인정한다 하지만 이런 결점들에도 불구하고 그리스도교 세계는 세상 제국들의 문화보다 훨씬 더 공정하고 관대했으며 평화로웠다는 것이 저자의 일관된 주장이다.

셋째로, 초대 교회와 중세교회 역사에서 그리스도인들은 복음을 통해 무엇을 이루었는가? 그리스도교는 어떤 인간을 만들어냈는가? A.D. 313년 밀라노 칙령을 통해 로마제국은 그리스도교를 공인했다. 이는 한 종파가 다른 종파로 대체된 것이 아니라 그리스도교가 지닌 새로운 인간의 가능성 또는 잠재성 때문이었다. 더 나아가, 그리스도교는 운명에 의해 지배되고 체념으로 가득 차 있던 고대 세계에 새로운 생명과 기쁨으로 가득 찬 종교로 등장했다. 그리스도교는 세상의 변함없는 선함과 만물의 궁극적인 아름다움을 철저하게 선포했다. 무엇보다도 고대 후기 세계에 그리스도교가 가져다준 가장 큰 선물은 영적인 불안으로부터의 해방, 절망과 슬픔 및 우주적 권세에 대한 두려움으로부터의 해방이었다.

저자에 의하면, 그리스도교가 선포한 해방의 메시지는 노예제와 여성의 문제까지 영향을 미쳤다. 그리스도교는 다른 이방 종파들보다 훨씬 더 평등주의를 지향했다. 그리스도교는 남녀노소, 자유인이나 노예 모두를 동등한 회원으로 받아들였다. 그리스도교는 로마제국에 의해 공인된 후에도 노예제도 자체를 철폐하지 못했지만, 노예제도에 대한 훨씬 관대한 사회적 분위기를 형성하게 만들었다. 여성들 역시 교회의 가르침에서 고대종교가 주지 못하는 위로를 발견했다. 왜냐하면 적어도 교회 안에서는 남녀 간에 존엄성의 차별이 존재하지 않으며, 과부들과 병든 자들, 감옥에 갇힌 자들, 가난한 자들을 돌보는 자선 행위를 영적 생활의 중심으로 규정했기 때문이다. 이렇게 고대 및 중세 사회에서 억압받던 계층이 인격을 지닌 고귀한 인간으로 대접받을 수 있게 된 것은 그리스도교가 이룩한 도덕적 혁명의 결과라는 것이다.

저자는 사회 곳곳에서 이런 급진적인 결과들을 만들어 낸 그리스도교의 해방적 메시지의 실체를 "총체적 인간주의"(total humanism, 297쪽)라고 규정한다. 이것은 가장 넓고 깊은 차원에서 바라보는 인간성(인격)에 대한 이해이다. 이것은 공통적인 본성이 인간 개개인을 통해 독특하게 표현되며, 각 개인은 고귀함과 신비와 아름다움을 지니고 있음을 긍정하는 관점이다. 다시 말해, 이것은 인간 각 영혼에 내주하는 신적인 형상에 대한 완전한 확신을 의미한다. 이런 관점을 가지면 세계는 전혀 새롭게 보인다는 것이다. 물론 초대 그리스도교가 지닌 이런 비전은 콘스탄티누스 황제 이후로 구체적인 사회적 정의로 실천되지 못했다고 저자는 지적한다. 총체적 인간주의로서의 그리스도교는 주로 첫 3

세기 동안 효력을 발휘하였다. 비록 작고 조직화되지 않았지만 신적, 우주적, 인간적 실재에 대한 새로운 비전을 주변 문화에 소개하면서 그리스도교는 서서히 성장해 나갔다. 이후 4세기에 들어와 그리스도교는 여러 가지 교리적 발전을 이루었다. 저자는 이 당시 결정된 교리들을 통해 하나님과 세계에 대한 새로운 이해를 갖게 되었다고 평가한다. 대표적으로 하나님을 삼위일체로 표현함으로써 형이상학적인 하나님 이해, 즉 본체들의 꼭대기에 위치한 접근 불가한 최고의 존재, 오직 멀리 있는 대리자를 통해 영향을 미치는 존재라는 형이상학적 신관에서 벗어나게 되었다는 것이다. 그 대신 이제 하나님을 "내적이며 역동적인 관계의 충만함으로, 지식과 사랑의 무한한 활동"(349쪽)으로 이해하게 되었다는 것이다. 이는 신론에 있어서 혁명적인 발전이며, 그리스도교라는 종교의 새로운 발전을 의미한다.

마지막으로, 근대 후기를 살고 있는 자들에게 그리스도교는 어떤 의미를 가지는가? 저자는 단순히 그리스도교를 전적으로 옹호하거나 또는 새로운 종교적 부흥을 위해 이 책을 쓰지 않았다고 주장한다. 현재 서구에서는 그리스도교가 거의 빈사 상태에 이른 것은 아니지만, 로마제국 당시 이방 종교의 상황과 점점 더 비슷해져 가고 있다는 것이 저자의 판단이다. 그렇다면 뭔가 새로운 것이 나타나야 하지 않겠는가? 이런 새로움에 대한 갈망은 단순히 그리스도교가 없어진 사회에 대한 두려움으로 인해 믿음을 가져야 한다는 일종의 강박증과는 거리가 멀다. 그리스도교는 이미 서구 사회 곳곳에 스며들어 있고, 또한 사라지고 있으며, 그 결과 서구인들 자신이 변하고 있다는 것이다. 따라서 뭔가 새로운 것이 나타나야 한다는 희망은 이미 여러 세기 동안 이런저런 모습으로 실현되고 있기 때문에 너무도 당연하다는 것이다. 저자는 초기 그리스도교 수도원 운동, 특히 사막의 교부들에서 어떤 교훈을 얻을 수 있지 않을까 생각한다. 사막의 교부들은 세상을 떠나 광야로 들어가 온전히 기도와 금식과 온전한 자비심을 함양하는 데 헌신했다. 저들은 그리스도교화한 제국의 한복판에서 새로운 영적 조직을 탄생시켰으며, 오직 하나님과 이웃에 대한 사랑에 헌신한 사람들이었다. 저들은 "영적 투쟁"(399쪽)이라는 삶의 원칙에 충실하며 살았다. 저자는 사막의 교부들이야말로 고대 그리스도교에서 일어난 마지막 혁명의 순간이었으며, 그리스도교의 성공에 대한 자체의 반란이었다고 규정한다. 더 나아가 저자는, 근대 후기의 서구에서 사막의 교부들이야말로 그리스도교를 변혁시킬 수 있는 매우 적합한 새 모델이 될 수 있을 것이라고 주장한다.

서구 문명의 토대였던 그리스도교가 현재 서구 사회 곳곳에서 기울어가고 있다는 것은 분명한 사실이다. 특히 최근 들어 등장한 새로운 무신론자들의 그리스도교 비판으로 서구 그리스도교는 새로운 도전에 직면해 있다. 이러한 현실에서 출간된 벤틀리 하트 박사의 책은 매우 시의적절하다고 하겠다. 그리스도교가 이제 빈사 상태이므로 백약이 무효라고 생각하는 사람들에게는 이런 책은 분명 무의미할 것이다. 하지만 최소한 자기 뿌리에 대해 고민하며 참된 신앙을 추구하는 그리스도인들에게 이 책은 큰 도전과 힘이 될 것이다. 이 책에서 저자는 그리스도교를 "혁명"(11쪽), "신기하고 신비한 성격"을 지닌 것(12쪽), "의식의 가장 깊은 차원과 문화의 최고 수준에서 인간성을 변화시킨 것"(14쪽), "인류역사상 일찍이 없었던 가장 체제전복적인 주장"(43쪽), "서구 역사 속에서 문화적, 윤리적, 미학적, 사회적, 정치적, 영적으로 가장 창조적인 유일한 힘이자 매우 파괴적인 힘"(178쪽), "생명과 기쁨이 풍성한 종교"(246쪽), "총체적 인본주의"(297쪽) 등으로 정의하고 있다. 이 책 곳곳에서 빛나고 있는 저자의 그리스도교 이해야말로 이 시대 그리스도교 비판에 적절히 대응할 수 있는 근거이며 쇠퇴해가고 있는 그리스도교를 살릴 수 있는 힘이라고 필자는 생각한다. 특히 각종 도덕적 부패와 폐쇄성으로 고립되고 침체되어가고 있는 한국 교회의 현실에도 자극과 도전이 될 수 있으리라 생각한다.

이 책을 읽으면서 발견한 몇 가지 아쉬운 점을 결론적으로 지적하고자 한다. 이 책에서 저자는 교회사가로서 풍부한 지식을 동원하여 그리스도교에 대한 잘못된 주장들을 일일이 반박하고 있다. 독자들은 저자의 이런 기술 방식을 통해 유용한 지식을 습득할 수 있을 것이다. 하지만 아쉬움이 있다면 다소 논의가 산만해지는 데도 있고, 쉼표로 이어지는 문장이 너무 길어서 이해하기 위해 정신을 집중해야 할 때도 있다는 점이다. 또한 저자가 에세이 형식으로 글을 쓰기 위해 각주를 많이 생략했다고 밝혔지만, 어떤 곳에서는 오히려 논리의 출처를 자세히 밝혀주는 것이 더 도움이 되지 않았을까 하는 생각도 든다. 가령 초대 그리스도교 세계에 대한 해석과 중세에 대한 해석은 가히 새롭다고 볼 수 있는데, 저자 말고도 어떤 학자들이 그런 입장을 지지하고 있는지 밝혀주었다면 더 좋았을 것이다. 그렇게 했더라면 저자의 해석이 단순한 호교론적인 측면을 넘어서서 좀 더 보편적인 지지를 확보할 수 있었을 것이다. 그리고 그리스도교 복음의 뿌리를 갈릴리 예수 운동에서 파악하려는 시도가 없었다는 점도 아쉽다. 하지만 "모든 것이 파괴되고 중심이 무너지고 있는"(W. B. Yeats) 현실에서 새로운 무엇인가를 갈망하는 모든 자들에게 이 책은 작은 희망이 될 수 있으리라 생각한다.

<2016. 3. 11.>

미국 근본주의 기독교와 정치의 상호관계

- 얼 쇼리스의 『천국의 정치학』을 중심으로

미국에서 목회하던 시절 언젠가 지역 목회자 기도회에 참석한 적이 있다. 당시 이라크전이 시작된 지 얼마 되지 않은 때였다. 서로 목회에 대한 관심사를 주고받으면서 함께 기도하는 모임이었다. 필자는 가까이 지내는 친구 목사의 권유로 이 기도회에 참여하였다. 그런데 어떤 백인 목사가 어서 속히 미국이 이라크에서 승리하게 해달라고 기도하는 소리를 들었다. 필자는 상당히 충격을 받았다. 그것은 전쟁 자체에 대한 반대는 고사하고 무고하게 죽어가는 이라크 시민들은 전혀 생각하지 못하는 너무도 몰상식하고 비신앙적인 처사였기 때문이다. 그의 기도에는 미군이 마치 악의 세력을 무찌르는 정의의 사도로 간주되는 것 같았다. 필자는 그가 매우 보수적인 독립 교회 소속 목사라는 것을 후에 알았고, 또 이런 기도 모임에 동의할 수 없어서 모임에 더 이상 참석하지 않았다. 이 백인 목사의 기도는 미국의 보수 기독교를 대변한다. 부시 같은 부적합한 인간을 하나님이 세우신 지도자로 찬양하고 그가 벌인 외교 정책, 심지어 사람을 무차별하게 학살하는 전쟁마저도 보수 기독교인들은 하나님의 이름으로 정당화했다. 예수가 보여준 희생과 사랑의 모습은 이들과는 너무도 거리가 멀다.

그 후 이라크전은 부시 정권이 정보를 조작하여 벌인 더러운 전쟁임이 판명이 났다. 미국에 살고 있는 사람 대다수가 이 전쟁은 잘못된 전쟁이고, 부시 이후로 미국이 잘못된 방향으로 나가고 있다고 생각했다.그제서야 사람들은 환상에서 벗어나, 911대 참사와 무관하게 거짓된 정보에 근거하여 벌인 잘못된 전쟁으로 인해 사회적으로 공포 분위기 확산되었고 또한 그로 인한 경제적 피해로 미국 전체가 어려움을 겪고 있음을 인식하기 시작했다. 또한 부시 정권의 잘못된 경제 운영으로 야기된 경제난으로 많은 사람들이 직장을 잃고 고통을 겪고 있으며, 특히 가난한 사람들과 각종 사회적 약자들 및 이민자들이 더 큰 어려움을 겪고 있음을 인식하기 시작했다. 하지만 여전히 보수 기독교는 미국 사회의 중요한 축을 담당한다. 변화를 역설하는 오바마가 대통령 취임할 때 미국 보수 기독교를 대표하는 릭 워렌 목사가 기도를 한 것이 이를 잘 보여준다. 도대체 미국이라는 나라의 문제는 무엇인가? 미국이 겪고 있는 각종 문제와 위기의 원인은 무엇인가? 도대체 무엇이 잘못되었던 것일까? 미국의 방향을 좌지우지하는 실체는 무엇인가? 선거 때마다 등장하는 보수 기독교인들의 정체는 무엇일까?

2007년 8월에 얼 쇼리스(Earl Shorris) 선생의 16번째 정치평론서로 출판된『천국의 정치학-공포시대의 미국』(The Politics of Heaven: America in the Fearful Times)[33]은 이런 물음들에 대한 적절한 답을 제시해 준다. 저자 얼 쇼리스는 시카고 대학교에서 수학했으며, 소설가, 사회비평가, 강연자, 저널리스트 등으로 활발하게 활동했다. 특히 그는 미국 원주민들과 유색인종 및 사회적 약자들에게 관심을 가지고 있다. 그는 1960년

33 필자에 의해『종교의 정치학』이란 이름으로 2016년에 한글로 번역 출간되었다.

대부터 미국 진보 매체인『하퍼스 매거진』,『네이션』,『뉴욕타임스』,『애틀랜틱 먼슬리』 등에 정치, 사회평론을 활발하게 기고하고 있다. 2000년에는 미 전국 인문학상을 수상하기도 했다. 총 4권의 소설과 12권의 사회, 정치, 역사 평론서를 출판할 정도로 왕성하게 활동하는 작가이다. 특히 얼 쇼리스는 가난한 자들을 위한 인문학 강좌인 클레멘트 코스(Clemente Course)의 창시자로서 미국뿐 아니라 한국에도 널리 알려진 인물이다. 한국에도 여러 번 방문해 각종 시민운동 단체에서 강연을 한 바 있다. 그가 1997년에 뉴욕의 진보적인 학교인 바드 대학과 함께 만든 클레멘트 코스는 돈이 없어 배움의 기회를 놓친 사람들에게 철학과 역사 및 문학을 중심으로 한 인문학을 제대로 가르쳐서 인간으로 바로 서게 하는 데 그 목적이 있다. 이 코스는 현재 7개 나라 60개 도시에서 열리고 있으며, 한국에도 소개되어 현재 성공회대학교에서 노숙자들을 대상으로 한 인문학 강좌인 성 프란시스코 대학으로 운영되고 있다. 또 이 강좌를 열면서 클레멘트 코스에 대해 알리기 위해 얼 쇼리스의 책인『가난한 자들을 위한 부: 클레멘트 인문학 코스』(Riches for the Poor: The Clemente Course in the Humanities)가『희망의 인문학』이라는 이름으로 한국에 출판되었다. 최근에 출판된 '천국의 정치학'은 얼 쇼리스의 가장 최근 저작이다. 이 책은 다양한 문헌들에 대한 연구뿐 아니라 쇼리스 선생이 직접 정치 현장을 방문하고 인터뷰한 내용을 토대로 저술되었다. 그만큼 이 책은 학문적이면서 매우 실용적인 지혜로 가득 차 있다.

무엇보다도, 이 책은 그 제목에서 암시하듯이 처음으로 미국 정치와 근본주의 보수 기독교와의 관계를 집중적으로 분석했다는 점에서 의의가 있다. 그동안 미국의 각종 선거 때마다 기독교 보수주의자들이 영향을 끼쳤다는 언론의 보도를 많이 접했지만, 이 책만큼 이런 측면을 철저히 분석한 책도 없을 것이다. 한 마디로, 이 책은 미국 근대 정치사를 정치적, 역사적, 철학적, 신학적 관점에서 세밀하게 파헤친 역작이다.

이 책은 총 14개의 장으로 구성되어 있다. 먼저 저자는 이 책의 중심에 자리 잡고 있는 '합류'라는 독특한 관점을 제시한다. 즉 여러 강물들이 합류하듯이 역사의 중요한 사건들이 서로 어우러져 결국에는 민주주의라는 큰 강으로 모여들어 흘러갈 것이라는 관점이다. 이것은 현재의 부정적이고 비관적인 시대 현실을 넘어설 수 있다는 희망과도 관계가 있다. 이런 관점과 함께 이 책은 정계를 초월해서 매우 광범위한 어떤 '전국적인 정치운동'(national political movement)이 미국에 태동했다는 전제에서 출발한다. 언제부터인가 이 전국적인 정치운동이 미국의 방향을 몰고 가고 있다는 것이다. 저자에 따르면 이런 '전국정치운동'의 기원은 남북전쟁기에서부터 찾을 수 있다. 하지만 1930년대 불어 닥친 대공황에서 벗어나기 위해서 루스벨트 대통령이 벌인 뉴딜 정책에서 비로소 본격적인 운동의 형태를 갖추고 등장했다. 루스벨트의 정책에는 많은 문제점과 약점들이 있었지만, 저자는 당시 이 운동이 가난한 자들에 대한 관심을 표명했던 '사회복음운동'(Social Gospel Movement)의 영향을 받았다는 점에 주목하며 나름대로 긍정적인 평가를 내린다. 여기서 사회복음운동이란 19세기 말 오하이오주 회중 교회 목사 워싱턴 글래든과 20세기 초 뉴욕의 침례교 목사이자 신학자로서 빈민운동을 펼쳤던 월터 라우션부시(1861-1918), 그리고 당시 하나님나라 운동의 중심지였던 아이오와주 그리넬 대학의 조지 해론 교수 등을 중심으로 일어난 혁신적인 기독교 운동을 말한다. 이 사회복음운동에 대해 배운 사람들이 대거 루스벨트 정부 아래 들어가 뉴딜정책에 영향을 끼쳤다는 것이다. 하지만 루스벨트가 벌인 전국적인 운동은 세계 1, 2차 대전을 거치면서 쇠퇴하였고, 아우슈비츠의 유대인 대학살과 히로시마의 원폭투하로 세계가 죽음과 공포의 시대로 접어들면서 종말을 고하기 시작했다. 결론적으로 저자는 첫 번째 전국정치운동은 1960년대 존슨 대통령이 민권법을 통과시키는 것을 계기로 완전히 종말을 고했다고 본다.

그러다 레이건이 대통령으로 당선되면서 두 번째의 새로운 전국정치운동이 등장하였고 현재에까지 영향을 끼치고 있다는 것이다. 이 두 번째 운동은 기독교 종말론과 인종차별주의와 비관주의를 바탕으로 하는 죽음과 공포의 운동이다. 한 마디로 이 땅보다는 내세와 천국을 더 염원하는 '천국의 정치학'을 추종하는 운동이다. 라우션부시의 사회복음운동과는 대조적으로 종말론을 추종하는 보수 기독교인들이 이 운동의 열렬한 추종자들이다. 레이건 이래로 아버지 부시와 클린턴 및 아들 부시에 이르는 시기 모두 이 정치운동의 영향 아래 있었다는 것이 저자의 판단이다. 따라서 문제는 정당과 후보가 바뀐다고 해결되는 것이 아니라, 바로 이런 전국적인 정치 운동을 종식시키고 참된 민주주의를 지향하는 새롭고 진보적인 운동이 시작되어야 한다는 것이다.

현재의 전국정치운동의 특징은 무엇보다도 근본주의 기독교를 바탕으로 하고 있다. 저자는 미국이라는 나라 자체를 개신교 적인 전통에 확고히 서 있는 나라로 본다. 저자는 아메리카 대륙에 도착한 초창기 청교도들은 극단적인 칼빈주의자들로 본다. 일찍이 칼빈이 제네바를 신정통치 국가로 만들려고 한 것과 같이, 그들은 자신들이 정착한 땅에 칼빈처럼 신정통치를 실현하려고 했다. 그리고 이들은 영국 국교도들에게서 갈라져 나온 철저한 분리주의자들이었으며, 이 세상에 대해 비관적이고 내세지향적이며 원주민들과 타종파에 대해 배타적이었다. 한마디로 청교도들은 우리가 알고 있는 그런 고상한 도덕적인 인간들이 아니라 왜곡된 세계관을 가지고 자칭 신적인 나라를 이루겠다던 그런 인간들이었다는 것이다. 또 이들은 영국 국교도들로부터 이탈해서 이른바 신앙의 자유를 찾아 플리머스에 1620년에 도착했는데, 이들이 배척했던 영국 국교도들은 이미 1607년에 버지니아주에 도착하여 그곳을 제임스 영국 왕 이름을 따서 제임스타운이라고 불렀다는 역사적인 사실을 상기시킨다. 그리고 이후 이들 청교도 분리주의자들은 영국 국교회와 함께 미국 땅에 영향을 발휘하며 정착해 나갔다는 것이다. 따라서 이른바 신앙의 자유를 찾아 아메리카 대륙에 왔다는 청교도들에 관련된 역사가 왜곡되고 미화되었으며, 또 청교도들만이 미국 개신교의 근원이라는 것도 잘못되었음을 밝힌다. 얼 쇼리스의 이런 분석은 청교도들을 신앙의 조상으로 숭배하고 있는 한국 보수 기독교인들에게는 큰 충격을 줄 것이다.

이런 개신교의 영향은 보수 복음주의라는 이름으로 미국 곳곳에서 아직도 막강한 힘을 발휘하고 있다. '크리스천 라이트'라고 불리는 이들은 극단적인 보수주의자이자 성서문자주의자이며 종말론추종자들이다. 이들은 외형상 개인과 가족의 도덕을 기치로 내걸지만, 사실은 현실에 대한 비관주의자들이며 죽음과 공포를 몰고 오는 악의 세력들이다. 이들은 현실에서 도피하며 내세와 종말을 더 동경한다. 이들은 생명존중을 내세우며 낙태와 동성애에 결사적으로 반대하지만, 동시에 전쟁을 지지하고 사회적인 약자에 대한 정부 차원의 지원에 반대함으로써 스스로 모순됨을 드러낸다. 그러면서도 모든 것을 하나님의 이름으로 포장한 채, 자신들이 모순된다는 점을 깨닫지 못하는 바보들이라는 것이다. 이런 근본주의 기독교는 미국정치계뿐 아니라 한국의 기독교에도 강력하고도 직접적인 영향을 미치고 있다. 이들은 한국의 기독교 보수주의자들인 '뉴라이트'의 직접적인 모델이다.

이 운동은 철학적으로 두 사람에게 빚을 지고 있다. 그들은 알스다이어 맥킨타이어(Alasdair MacIntyre)와 레오 스트라우스(Leo Strauss)이다. 이들은 레이건 대통령 이후로 미국정치계에서 활약하고 있는 네오콘(신보수주의자)들의 사상적 아버지들이다. 맥킨타이어는 한국에 도덕철학자로 소개되어 있는데, 얼 쇼리스만큼 현 정치와 연관하여 명쾌하게 분석한 사람은 없는 것 같다. 맥킨타이어는 보수적인 가톨릭 사상을 바탕으로 근대국가를 반대하는 대표적인 사람이다. 그는 국가를 비효과적이고 강제적이며 비도덕적인 것으로 본다. 따라서 낮은 세금과 관료체제의 축소를 통해 점차 국가를 없애버리고 그 대신 소규모 공동체를 만들자는 입장이다. 이런 입장은 레이건 시대 이래로 네오콘들이 작은 정부와 감세 정책을 표방하는 데 영향을 끼쳤다. 현재도 공화당은 이런 정책을 전면에 내세우고 있다. 하지만 저자는 이런 발상은 비현실적이고 위험한 것으로 본다. 현대 국가를 부정하고 소규모 공동체 중심으로 살아가야 한다는 것은 마치 사막 한가운데 마을을 짓는 것처럼 비현실적이라는 것이다. 소공동체나 현 도시사회에서 도피한 은둔생활과 같은 것으로는 현 인류 사회의 문제를 해결할 수 없다는 것이다. 다양한 세력이 건전하게 공존하는 민주국가를 부정해서는 안 된다는 것이다.

또한 힘의 정치철학을 주장하는 철학자 스트라우스는 네오콘들에게 가장 큰 영향을 끼친 자이다. 한 마디로 그는 철학의 고전을 자신의 잘못된 정치철학을 뒷받침하는 데 사용하는 왜곡된 지식인의 대표적인 예이다. 그는 플라톤의 이상국가론을 현대에 잘못 적용해서, 귀족정치를 옹호하며 철저히 계급화된 사회를 지지한다. 또 이런 사회에서는 효과적인 통치를 위해 이른바 '고상한 거짓말'(noble lie)도 용인될 수 있다고 생각한다. 그리고 현 국가가 강해지기 위해서는 외부에 가상의 적이라도 만들어서 저들을 힘으로 물리쳐야 한다고 주장한다. 이런 주장은 레이건 시대 이래로 미국이 다른 나라의 문제에 개입하며 전쟁을 일으킨 철학적 근거로 사용되었다. 또 국가가 강해지기 위해서 거짓 정보를 사용하고 가상의 적을 만들 필요가 있다는 근거에서 이라크전이 발생할 수 있었다는 것이다. 저자의 이런 분석은 매우 독특하면서도 매우 설득력이 있다. 사실 그동안 그 누구도 어째서 미국이 이라크전을 그리 쉽게 일으키게 되었는지 명쾌하게 분석해 내지 못했기 때문이다. 저자의 분석에 따르면 이런 사상을 추종하는 자들은 이른바 스트라우스주의라는 독특한 이익집단으로 발전하여 현재 미국 대학과 국가 기관 곳곳에 포진해 있으며, 쉽게 사라지지 않을 전망이다. 얼 쇼리스는 이런 자들을 미치광이라고 혹독하게 비판한다. 즉 이들은 현대판 인종차별주의자들에 지나지 않으며, 인간의 존엄성을 무시하고, 민주주의 사회의 이상을 짓밟는 자들이라는 것이다.

저자는 이런 사상적인 토대를 통해 전국정치운동이 미국 정치 전반에 어떻게 영향을 끼치고 있는지를 소개하고 있다. 또 이 운동이 사용하는 방법을 구체적으로 분석하고 있다. 예를 들어, 이 운동은 극우 기독교를 철저히 이용하고, 인종차별주의를 부추기며, 유사집단들을 정치집단으로 결집시킨다는 것이다. 이 중에 극우 기독교가 가장 중요한 역할을 하기 때문에 이 운동은 천국의 정치학을 펴는 운동으로 명명될 수 있다. 결국 '천국의 정치학'을 토대로 한 이런 정치 운동은 단시일에 사라지지는 않을 것이다. 하지만 저자는 여러 흐름들이 결국 하나의 큰 물로 합류하듯이 다양한 사람들과 그들의 의견이 존중되는 건전한 민주주의가 실현될 것이라고 주장하면서 미래를 낙관적으로 생각한다. 또한 19세기 말과 20세기 초에 나타났던 사회복음 운동과 같은 해방적인 기독교 운동은 역사에서 결코 사라지지 않았으며, 새롭게 각성하는 기독교인들을 통해 미국적인 사회복음운동으로 계속 되살아날 것으로 전망한다.

미국이 한번 기침을 하면 광풍이 몰아칠 만큼 큰 영향을 직접 받고 있는 한국인들에게 미국은 가까우면서도 여전히 먼 나라임이 분명하다. 이런 측면에서 볼 때 얼 쇼리스가 비판적인 시각에서 쓴 이 책은 미국을 제대로 이해하고자 하는 사람들에게 꼭 필요한 책이다. 또 미국의 잘못된 대외정책을 비판하고 항거하는 데 필요한 이론적인 근거를 확보하는데 적절한 도움을 줄 수 있는 책이기도 하다. 더 나아가, 미국 보수 기독교를 하늘처럼 떠받들며 그대로 답습하고 있는 한국 기독교의 모습을 파헤치는데도 많은 도움을 주리라 생각한다. 얼 쇼리스의『천국의 정치학』을 읽으면서 필자는 지식인들이 갖추어야 할 인문, 사회과학적 소양이란 과연 어떤 것이며, 이 시대에 그것이 주는 의미가 무엇인지를 다시금 고민하게 되는 기회가 되었다. 비단 이런 고민은 필자만의 고민은 아닐 것이다. 이 책은 국가의 경계를 넘어서서 이런 고민을 공유하고 있는 모든 지식인들에게 많은 교훈과 신선한 자극을 주리라 생각한다. 더 나아가, 이 시대의 양심을 지닌 인간다운 인간으로서 거듭나는데 이 책은 크게 한몫을 하리라 확신한다. <2008. 11. 12.>

예수의 발자취를 찾아서

- 요르단, 팔레스타인, 이스라엘 여행기

1

요르단에서 갈릴리까지 : 약속의 땅을 바라보며

예수의 제자라면 누구든 한 번쯤 가보고 싶은 나라. 이른바 성지 순례라는 이름으로 지금도 사시사철 북적이는 나라 이스라엘과 팔레스타인에 간다는 생각에 필자는 가슴이 설레었다. 그동안 여러 나라를 여행할 기회가 있었지만, 팔레스타인과 이스라엘만큼은 가장 특별한 나라들이었다. 무엇보다 성서의 배경이 되는 곳이고 예수의 숨결이 배어 있는 곳들이기 때문이다. 이번 여행은 너무나 뜻밖에 이루어졌다. 필자가 사는 보스턴 지역에 "성서연구학회"(Society for the Biblical Studies)라는 단체가 있는데, 작년 10월에 필자를 포함한 지역 목회자들에게 성지순례 프로그램을 소개한 적이 있다. 단순한 관광이 아니라 여행을 통한 학습프로그램이었다. 예수의 발자취를 찾아갈 뿐 아니라 예수의 삶과 사역을 오늘의 이스라엘·팔레스타인 현장에 적용해 보는 프로그램이었다. 그래서 현지인들과의 만남과 대담이 프로그램에 포함되어 있었다. 더 나아가 여기서 배우고 느낀 것들을 오늘의 목회 현장에 적용해 보고 다른 사람들에게 이스라엘-팔레스타인의 현실을 바르게 알린다는 것이다. 일반 성지순례 프로그램과는 내용과 관점이 달라서 매우 흥미로웠다. 필자는 처음에는 시간 내기도 어렵고 또 재정적인 이유로 망설이다가, 마침내 프로그램에 참여하기로 결정했다.

여정은 뉴욕 케네디 국제공항에서 모인 후 요르단 암만 공항으로 가는 로얄 요르단 항공을 타는 것으로 시작되었다. 미 동부 지역의 춥고 변덕스러운 날씨 때문에 다들 걱정해서였을까, 이번 여행에 함께한 우리 일행 11명을 태운 비행기는 갑자기 쏟아지는 눈 때문에 공항에서 발이 묶이고 말았다. 혹시라도 일정이 바뀌는 게 아닌지 염려하며 우리는 비행기 안에서 초조하게 기다리고 있었다. 3시간을 연착한 끝에 드디어 비행기가 이륙을 시도했다. 시계를 보니 2월 26일 새벽 2시였다. 비행기의 심한 요동으로 불안해하며 이런저런 생각을 하다가 창밖을 보니 어느덧 비행기는 대서양을 가로지르고 있었다. 드디어 여행이 시작된 것이다. 12시간 후면 꿈에 그리던 성서의 땅에 도착하는 것이다. 이번 여행 일정은 요르단의 수도 암만에서 시작하여 몇몇 유적지를 보고 버스로 이스라엘로 들어갔다가 다시 요르단으로 돌아오는 것으로 짜여 있었다. 이스라엘로 직접 들어가는 것보다, 요르단으로 먼저 가서 여행을 시작하는 것이 훨씬 경제적이고 편리하다는 이유 때문이었다. 미국 여러 교단의 목회자로 구성된 우리 일행은 요르단의 수도 암만에 도착하여 숙소에 짐을 풀고 밤늦게 저녁을 먹었다. 8시간이나 시간이 빨리 가는 관계로 몸이 피곤했지만, 다들 즐겁게 서로를 소개하며 이번 여행에 대해 기대감에 부풀어 있었다.

화요일 아침 드디어 일정이 시작되었다. 우리 일행은 암만 시내를 버스로 지나면서 도시의 역사에 관해 소개를 받았다. 암만은 로마가 세운

10개 도시 연맹체(데가볼리, Decapolis) 중 하나로 한때 번성하여 필라델피아('형제애의 도시'라는 뜻)로 불렸던 곳이다. 로마 시대에 홍해와 다마스쿠스를 연결하는 통로로 많은 사람들이 왕래하던 곳이다. '데가볼리'는 복음서에서 언급되고 있는데 알렉산드로스 대왕 이래 중근동 지역을 효과적으로 통치하기 위해 로마제국이 건설하고 관리한 주요 거점 도시를 말한다(마 4:25, 막 5:20, 7:31 참조). 암만은 다마스쿠스, 제라시 등과 함께 로마 시대의 주요 데가볼리 중 하나였다. 암만에는 아직도 곳곳에 로마식 건축양식으로 된 원형 극장과 많은 유적들이 남아 있었다. 이 원형 극장은 A.D. 2세기경 건설된 것으로 암만의 동쪽 언덕을 깎아서 만들었다. 6000여 명을 수용할 수 있는 규모이며 현재도 공연장으로 사용되고 있다.

우리가 탄 버스는 곧 시내를 빠져 외곽도로로 빠져나오면서 눈 앞에 펼쳐지는 산과 들의 모습이 새로웠다. 곳곳에 촘촘히 들러붙어 있는 듯한 올리브나무들이 눈에 종종 띄었다. 이윽고 도착한 곳은 야곱이 천사와 밤새 싸워 이겼다는 얍복 강이었다(창32:22-32). 강이라기보다 시골에 있는 조그만 하천이었다. 근처의 작은 산과 계곡과 구릉들이 양을 치기에 알맞은 곳이었다. 기대와는 달리 이 강에는 아무런 표지도 되어 있지 않았고 관광객도 드물었다. 잠시 버스에 내려 강을 바라보며 구약성서의 배경이 바로 이런 곳이구나 생각했다. 야곱을 비롯한 이스라엘의 족장들이 유목민들이었으니까 바로 이런 지형에서 그런 체험과 이야기가 전승되었으리라 짐작이 갔다.

다시 버스를 달려 첫날 가장 중요한 유적지인 제라시(Jerash, 성서에서는 헬라어 거라사 'Gerasa'라고 불렀음) 에 도착했다. 제라시는 암만과 마찬가지로 로마가 세운 데가볼리 중 하나인데 유적이 가장 많이 보존된 곳이다. 복음서에서는 도시로 나오지 않고 '거라사인의 땅' 또는 '거라사인의 지방'으로 언급된다(눅8:26-27, 8:37. 마8:28, 막5:1). 또 예수께서 이곳에서 군대 귀신 들린 사람을 고치시고 그 귀신을 돼지 떼에 들어가게 하신 유명한 사건도 일어났다(막4:1-20). 또 거라사(오늘날은 쿠르시'Kurish'라고 부름)는 골란 고원 밑의 갈릴리 호수 근처 산 위에 있는 동굴 지역을 뜻하기도 한다. 우리가 방문하는 곳은 첫 번째 의미의 로마 유적지인 제라시였다. 제라시는 원래 그리스의 알렉산더 대왕이 BC 332년경에 세웠는데, 그 후 로마에 점령당했고 그 후 로마의 데가볼리 중 하나로 매우 중요한 역할을 했던 도시이다. 당시 로마의 원형경기장에서 성행했던 전차 경기가 이 도시에서 그대로 열렸다고 한다. 개선문에 들어서자 로마 양식 특유의 도로가 도시를 사방으로 관통하고 있었다. 돌로 이루어진 도로에는 전차들이 지나다녔던 자국이 눈에 선명했다. 로마의 여러 신전 터들이 곳곳에 남아 있었다. 동서남북으로 원형극장들이 아직도 그대로 보존되어 있었고, 현재에도 각종 문화행사장소로 쓰인다고 한다. 또 비잔틴 시대에는 그리스도교가 성행해서 15개의 대교회들이 이 지역에 세워졌으며 현재 곳곳에 교회터가 남아 있었다. 2000여 년의 세월에도 아랑 곳 없이 뚜렷하게 남아 있는 로마제국의 유적을 보며 제국의 강대함과 무상함을 느꼈다. 아무리 강대한 제국도 세월이 지나 멸망하여 이렇게 유적지에 불과할 뿐이니 말이다. 예수의 복음을 들으러 데가볼리에서조차 사람이 모여들었다는 복음서의 기사가 떠오른다. 로마의 광채 뒤에 숨은 민중들의 삶은 어떠했을까? 예수의 복음은 당시 최고의 도시에서 어떤 의미가 있었을까?

암만에서 둘째 날이 밝았다. 오전 시간에 중요한 유적지를 둘러보고 오늘은 이스라엘로 들어가는 날이다. 시내를 빠져나와 킹 후세인 하이웨이에 들어서자 이 지역이 바로 암몬 족속들이 살았던 곳이라고 가이드가 소개한다. 콘크리트로 지어진 집들 사이로 큰 언덕들이 눈에 띈다. 전형적인 유목민들의 땅이다. 이스라엘 지파들과 전쟁을 벌였던 저들의 역사에 대해 생각해 보았다. 이윽고 도착한 곳은 마다바(Madaba)라는 곳인데, 구약성서에서도 언급되고 있는 지역이다(역대상 19:7-8). 이곳에서 6세기경 비잔틴 시대 교회 건물 바닥에 작성된 모자이크식 지도가 발견되었다. 이 지도는 지금까지 발견된 로마-비잔틴 시대의 가장 오래된 지도로써 A.D. 542년에 봉헌된 예루살렘의 네아(Nea, '새로운') 교회가 그려져 있는 것으로 보아 유스티아누스 황제(A.D. 527-565) 때에 작성된 것으로 추정한다. 이슬람에 의해 많이 파손되었지만, 아직도 주요 부분이 선명하게 남아 있어 당시 그리스도교가 얼마나 번성했는지 잘 보여주었다.

다음으로 도착한 곳은 모세가 약속의 땅을 바라보며 죽음을 맞이했다는 느보산이었다 (민33:47, 신32:49, 34:1-4). 바람이 몹시 불고 멀리 시야가 흐릿했지만, 해발 835m에 위치한 산 정상에 세워진 기념 교회당 앞에서 모세가 보았다던 약속의 땅을 바라보았다. 멀리 여리고와 사해가 보였다. 날씨가 좋을 때는 예루살렘까지 보인다고 한다. 우리 눈으로 보기에는 평범한 목초지들에 불과한 곳인데 평생 떠도는 유목민의 관점에서 이곳은 신이 약속한 젖과 꿀이 흐르는 약속의 땅인 것이다. 솔직히 그 의미가 가슴에 와 닿지는 않았다. 기념 교회당 안에 들어가 보니 마다바에서 본 지도들이 곳곳에 남아 있었다. 그중 한 지도를 보니 다양한 인종들이 각종 동물들을 한 마리씩 데리고 있는 모습이었다. 그중에는 흑인도 있었다. 비잔틴 시대 각 지역에 퍼진 교회의 모습이었다. 이 그림이 보여주듯 최소한 그 시대에는 인종 차별은 없었다고 한다. 그 대신 경제적, 계층별 차이는 존재했지만 말이다. 문득 교회당 맨 앞쪽에서 한국말 소리가 들려 가보니 한국인 관광객들이 모여 앉아 한 사람이 성경을 들고 설교를 한 후 같이 기도하고 있었다. 모세를 본받아 신앙의 용사가 되게 해달라고 기도하는 소리가 들렸다. 역시 한국 교인들이 제일 뜨겁다는 생각이 들었다.

요르단에서의 마지막 여정은 예수님이 세례 요한에게 세례를 받았다던 세례 터를 방문하는 것으로 이루어졌다. 예수의 세례 터가 여러 곳이 있는데, 1996년에 발견된 요르단의 이곳 세례 터가 가장 신빙성 있는 곳으로 여겨진다고 한다. 이곳은 요르단과 이스라엘의 국경 근처에 있는데, 두 나라 사이의 전쟁으로 오랫동안 군사지역으로 분류되어 민간인의 출입이 통제되었던 곳이다. 그러다가 요르단과 이스라엘이 휴전한 후 성서 고고학자들이 역사적인 자료를 고증해서 가장 최근에 발견한 곳이라고 한다. 막상 세례 터에 가보니 강 물줄기는 훨씬 밑에 있었다. 그 대신 그곳에는 6세기 무렵에 세워진 교회터가 남아 있었다. 초대교회 시대에 예수님의 세례 터로 생각하고 순례자들이 찾던 곳에 세워진 교회라고 한다. 그러니 당연히 예수님의 세례 터로 가장 신빙성이 높다는 말이다. 물론 2,000여 년의 기간이 흐르면서 교회도 파괴되고, 지질적인 변화를 거치면서 물줄기가 조금 밑으로 이동했으리라고 추정한다. 세례 터 밑에 위치한 요단강에 가보니 우기 때라 그런지 진흙탕물이 흐르고 있었다. 강폭이 너무 좁아 충분히 건널 수 있어 보였다. 바로 맞은 편에는 철조망으로 둘러싼 이스라엘 땅이 보이고, 초소 높이 이스라엘 국기가 펄럭이고 있었다. 예수는 고향 나사렛에서 이곳까지 광야를 방랑하며 요단강에 도착했으리라. 그리고 당시 예언자로 명성을 떨치고 있었던 세례 요한에게 세례를 받으면서 하나님나라 운동에의 소명을 재차 확인했으리라. 이 지역이 또한 예언자 엘리야와 엘리사가 활동했던 지역이라고 하니 세례 요한의 활동 배경에도 깊은 연관성이 있었을 것이다.

어느덧 요르단에서의 일정이 다 마쳐가고 있었다. 이제는 이스라엘로 이동할 때이다. 불과 한 시간 정도 가면 사해 지역이고 또다시 한 시간을 가면 갈릴리 지역이다. 하지만 모든 것이 그리 쉽지 않아 보였다. 우리 일행은 이스라엘 국경을 통과하기 위해 미리 마음의 다짐을 하고 버스에 올랐다. 까다로운 검문검색으로 입국이 지연되는 일이 종종 있기 때문이다. 요르단 국경을 지나면서 손쉽게 출국 도장을 받았지만 이스라엘 국경에서는 모든 것이 더뎠다. 검문소를 통과하고 다시 버스에서 내려 개인 짐을 챙겨 일일이 입국 수속을 밟고 불친절한 이스라엘 경찰과 직원들의 물음에 하나하나 답해야 했다. 아직도 이 땅에는 평화보다는 긴장과 갈등으로 가득 차 있다는 느낌을 받았다.

드디어 출입국사무소를 통과하니 예루살렘에서 대절해온 버스가 반갑게 우리를 기다리고 있었다. 팔레스타인 출신 운전사가 한 사람 한 사람 정답게 악수를 하며 물병을 건넸다. 다소 긴장이 풀어지는 듯했다. 버스를 타고 출발하자 바로 요단강 서안지구가 시작되었다. 흡사 한국의 철책선을 연상케 하는 이중 철책선과 그 사이에 있는 도로가 길게 늘어서 있었다. 이곳은 원래 요르단이 통치하던 곳인데 이스라엘이 1967년에 제3차 중동전쟁(일명 6일 전쟁)을 벌여 요르단으로부터 빼앗아 점령한 지역이다. 현재 서안지구의 80퍼센트를 이스라엘이 점령하고 있으며, 이스라엘이 군사지역으로 지정하여 검문소들을 설치하고 군인들이 수시로 순찰을 돌고 있다. 물론 유엔안보리 이사회에서 모든 점령지에서의 철수를 촉구하는 결의안 242호를 채택했지만, 이스라엘은 서안지구와 함께 동예루살렘 및 가자지구를 현재까지 점령지배하하고 있다. 이곳에서는 사진 촬영도 금지되고 있었다. 조금 지나니 목초지가 펼쳐진다. 대추야자 나무와 바나나 나무들도 보였다. 종종 비닐하우스도 눈에 뜨였다. 곳곳에서 농부들이 각종 채소를 재배하고 있었다. 길가에다 야채와 과일을 잔뜩 진열해 놓고 파는 사람들도 가끔 눈에 뜨였다. 그만큼 요르단강에서 유입되는 물로 농사가 잘된다는 증거였다. 젖과 꿀이 흐르는 땅 중 우리는 지금 꿀이 흐르는 땅을 지나고 있는데, 그것은 풍부한 야채와 과일 농사를 지을 수 있는 이 땅을 두고 하는 말이다. 젖이 흐르는 땅은 또 다른 지역으로 목축지를 가리킨다.

우리 일행은 여리고로 가는 계획을 바꿔 근처 휴게소에서 점심을 먹었다. 생각보다 너무 비싼 점심값에 놀라 이곳이 정말 이스라엘인지 미국인지 구분이 안 될 정도였다. 점심 식사 후 우리는 다시 길을 달렸다.

사해와 여리고를 바라보며 멀리 골란 고원이 눈앞에 다가왔다. 이곳 역시 1967년 이스라엘이 시리아로부터 빼앗아 자국의 영토로 합병해버린 땅이다. 수자원이 풍부한 지역으로 전략상 중요한 지역이다. 그만큼 이스라엘이 탐낼만한 땅인 것이다. 골란 고원을 옆에 끼고 돌자 갈릴리 호수가 눈에 들어온다. 예수가 하나님나라 운동을 시작했던 그곳이라 생각하니 2,000여 년 전 예수에게로 성큼 다가선 느낌이었다. 아직 해가 지지 않아 호수 전체의 모습을 볼 수 있었다. 숙소에 짐을 풀자마자 호숫가로 내려갔다. 호수치고는 매우 컸다. 왜 바다로 불렀는지 짐작이 갔다. 호수에 고기 잡는 어부는 없었다. 단지 호수 주변에 널려 있는 돌들에 부딪히는 물소리가 우리를 반기는 듯했다. 어느덧 저녁이 되어서 해가 호수 맞은편으로 넘어가고 있었다. 2,000여 년 전 예수도 똑같이 이 해가 지는 모습을 보았을 것이다. 이곳에서 고기를 낚으며 제자들을 부르고 설교하고 병자를 고치던 모습을 상상해 보았다. 예수의 발자취 하나하나가 찰랑거리는 물결 소리 사이에 묻혀 전해져 오는 듯했다.

갈릴리 호수에서 첫날 여정을 끝내기 전 현지 이스라엘인과 대담할 기회가 있었다. 1970년대 미국에서 이주한 사람으로 현재 갈릴리 호수 주변에 설립된 키부츠라는 협동농장에서 일하고 있다고 했다. 오늘 밤 우리가 묵을 휴양지 역시 이곳 키부츠에서 운영하고 있다고 했다. 키부츠는 한 마디로 종교적인 신념을 공유하여 만든 사회주의적 협동농장이다. 공동의 대표를 뽑아 함께 거주하고 일하는 이상적인 공동체이다. 모든 구성원들은 자기에게 맞는 일을 할당받아 일하고 중산층 정도의 생계를 보장받는다. 물론 의료 서비스와 교육 서비스도 받을 수 있다.

동유럽이나 러시아에서 실현되었던 사회주의보다는 덜 완고한 형태로서, 이스라엘인들이 나라를 건국하며 만든 이스라엘식의 공동농장인 것이다. 초기에는 아이들까지 공동으로 기르는 탁아시설까지 운영했지만, 현재에는 많은 변화가 이루어져 임금의 약 20%가량을 인센티브제로 지급하여 생산을 독려하고 있다고 한다. 변화하는 세계시장의 요구와 외국인 노동자의 값싼 노동력과 경쟁을 해야만 한다는 것이다. 키부츠에 대한 설명 이후 현 이스라엘과 이웃 나라들과의 관계에 대한 질문이 있었다. 그는 이스라엘은 외국의 침략으로부터 자신들을 보호하기 위해 지금도 싸우고 있다고 주장했다. 골란고원과 서안지구를 점령한 것도 자신들이 먼저 전쟁을 벌인 것이 아니라 시리아나 요르단이 먼저 침략한 데 대해 맞서 싸워 이긴 것이라고 강변했다. 전형적인 이스라엘의 시각이었다. 또 분리 장벽도 팔레스타인의 테러로부터 자신들을 지키기 위해 불가피한 선택이라고 주장했다. 허용된 시간이 많지 않아 키부츠에 관한 몇 가지 질문으로만 대담이 마무리되었다. 과연 그의 주장이 옳은지 며칠 후에 예정된 팔레스타인 사람들과의 대담이 실마리를 풀어줄 것으로 생각했다.

2

갈릴리 : 예수 운동의 현장

셋째 날 아침, 갈릴리 호수 주변을 돌아보는 날이다. 예수가 하나님나라 운동을 위해 목숨을 걸었던 곳이 이곳 아닌가? 예수가 제자들을 조직하고 갖가지 진리를 선포한 곳도 바로 이곳이 아닌가? 예수가 부활한 곳도 바로 이곳이 아닌가? 갈릴리 호수는 정말 특별한 곳이었다. 예수 운동의 중심지라고 말할 수 있다. 우리 일행은 먼저 가버나움에 들렀다. 이곳에서 예수는 수많은 병자를 고치고 기적을 행했다(마8:14-17, 눅7:1-10, 마9:1-35, 마12:10-14 등등). 또 예수는 가버나움에 대해 꾸짖기도 했다(마11:23-24). 가버나움은 예수의 제2의 고향이라 할 정도로 예수가 자주 들려 머물던 곳이었고, 베드로의 집도 이곳에 있었다. 갈릴리 호수 주변에 위치해 있는 가버나움은 현재는 돌무덤들과 마을 터 그리고 그 위에 세워진 기념교회만 남아 있다. 이곳저곳 발굴의 흔적들이 남아 있다. 로마 건축양식을 따서 만든 유대교 회당의 흔적을 보면서 로마 식민지 시대 유대 시대 헬레니즘과 혼합된 유대교의 모습을 볼 수 있었다. 요르단의 제라시에서 본 제우스 신전의 건축양식과 차이가 없었다. 같은 형식 속에 서로 내용은 달랐을까? 유대교와 헬레니즘의 차이는 무엇인가? 이렇게 서로 다른 문화가 혼합하여 나타난 것은 무엇인가? 문득 한국 찬송가 소리에 정신이 들어 주위를 보니 한국 관광객들이었다. 각국에서 오는 사람들 중 한국 사람은 단골손님들인 것 같았다. 예수님의 숨결을 너무 강하게 느껴서일까 우렁차게 부르는 찬송 소리가 지나가는 사람들의 시선을 끌게 했다.

다시 버스를 타고 10여 분 더 가서 타브가(Tabgha)라는 곳에 도착했다. 예수가 오병이어의 기적(마 14:13-21, 막 6:30-44)을 베푼 곳으로 알려져 있다. 원래 타브가는 갈릴 호수에 있었던 15개 항구 중 하나로 '일

곱 개의 샘'이라는 뜻이다. 이곳에서 따뜻한 온천이 솟아올라 겨울에도 어업을 가능케 했던 곳이다. 큰 기념 교회당 정원에는 로마 시대 올리브 기름을 짜던 돌기 구가 그대로 남아 있었다. 교회당 입구에는 오병이어의 기적을 나타내는 모자이크 그림이 새겨져 있는데, 빵이 4개였다. 왜 5개가 아니라 4개냐고 물었더니, 예수 자신이 5번째 빵을 상징한다는 의미에서 일부러 4개로 그렸을 거라고 설명을 했다. 아마도 요한복음서에서 예수를 생명의 빵으로 소개하는 구절이 영향을 끼쳤을 것이다.

다음으로 우리가 도착한 곳은 예수가 산상 설교를 한 곳에 세워진 팔복교회였다. 목초지로 이루어진 낮은 계곡들 사이로 잠시 올라가니 갈릴리 호수가 한눈에 내려 보이는 곳에 도달했다. 꼭 한 곳에서만 설교한 것이 아니라 곳곳에서 설교했는데, 그 주된 무대가 바로 이런 계곡과 구릉 지역들이다. 예수는 자주 이런 언덕들을 오르면서 사람들을 모아 놓고 설교했을 것이다. 바로 옆에는 갈릴리 호수가 위치하고 있어서 아름다운 대자연의 풍경이 감동을 주었다. 예수의 여러 가지 자연 비유들이 저절로 생각났다. 팔복교회는 특히 마태복음의 팔복선언을 기념하여 로마 가톨릭에서 세운 교회이다. 언덕 저 밑으로 그리스 정교회가 세운 기념교회도 보였다. 이 팔복교회에는 사람들로 북적거렸고, 미사가 집전되고 있었다. 교회 주변을 거닐면서 예수가 설교했던 곳들을 살펴보고 있는데, 갑자기 먹구름이 몰려오면서 비가 내렸다. 갈릴리 호수 저편을 보니 여전히 맑은 날씨인데도 팔복교회 주변만 갑자기 비가 내리는 것이다. 날씨 변화가 이렇게 심하다니? 갑자기 몰려오는 먹구름을 보고 예수는 시대의 징조를 떠올렸을까? 또한 갑자기 뿌리는 비를 예로 들면서 선인과 악인에게 고루 내리는 하나님의 은혜에 대해서 얘기하지 않았을까?

잠시 비를 피하다가 우리는 다시 버스를 타고 갈릴리 호수 포구로 향했다. 배를 타보기 위해서였다. 복음서에 자주 등장하는 장면들을 재현해보기 위해서였다. 불행히도 고기 잡는 어부는 없었고 관광용 페리들이 우리를 기다리고 있었다. 우리 일행은 모두 배에 올라 예수가 배에서 주무시다가 폭풍을 꾸짖었던 복음서 이야기를 읽으면서 호수 한가운데로 나아갔다. 호수 주변이 예수의 하나님나라 운동의 본고장이다. 그래서 예수를 갈릴리 예수로 부르는 것이다. 예수는 이 갈릴리 호수 곳곳을 손수 발로 걸으면서 하나님나라의 복음을 전했다. 잠시 배의 엔진을 끄고 묵상하는 시간을 가졌다. 바람은 잔잔했지만, 저 멀리 하늘을 보니 곧 폭풍이라도 몰아칠 기세였다. 호수 맞은편 저 멀리 디베리아가 보였다. 그리고 그 너머로는 데가볼리로 가는 길이 있을 것이다. 예수가 탕자의 비유(눅15:11-32)를 말했을 때 그 탕자가 떠나간 먼 나라란 바로 저기 호수 건너로 보이는 디베리아였을 것이라고 가이드가 설명해 준다. 그리 멀지 않은 곳이지만 예수 당시에는 꽤 먼 거리였을 것이다. 이 호수도 배로 건너야 되니 말이다. '그물을 버리고 나를 따르라'는 소리를 각자 마음으로 들으면서 우리 일행은 육지로 배를 돌렸다. 갈릴리 호수를 떠나기 전 베드로가 부활한 예수를 만나 새로운 소명을 받았던(요 21:15-19) 해안가로 갔다. 바로 이곳에 베드로 기념 교회당이 세워져 있었다. 베드로에게서 교회의 기원을 찾는 가톨릭 교인들에게는 가장 중요한 곳일 것이다. 해변가를 걸으면서 누구든 예수를 만나면 그

곳이 바로 갈릴리의 해변이 될 수 있겠다고 생각했다.

우리 일행은 디베리아를 지나 찌포리(Zippori, 또는 '세포리스'라고 부름) 유적지로 향했다. 찌포리는 복음서에서 언급되고 있지는 않지만, 예수 당시 갈릴리 지역의 첫 번째 수도로서 예루살렘 다음으로 큰 도시였다고 한다. 헤롯 안티파스가 갈릴리 지역을 통치하면서 찌포리에 이 지역의 수도를 건설했다. 갈릴리 호수에서 20킬로미터가량 떨어져 있다. 찌포리는 주변을 잘 감시할 수 있고 방어에 유리하게 우뚝 솟은 언덕, 수량이 풍부한 하천들, 비옥한 농경지, 사방으로 연결되는 교통의 요지에 자리 잡고 있었다. 1985년도 히브리대학과 미국 듀크대학이 공동추진한 대대적인 발굴작업으로 도시의 많은 부분이 드러났다. 현재는 이스라엘 국립공원으로 지정되어 있으며, 예수 시대의 역사적 배경을 이해하는 데 빠뜨릴 수 없는 중요한 곳이다.

찌포리에는 로마식 도로와 건물과 원형 극장 및 회당의 흔적이 즐비했다. 아직도 발굴이 진행 중이었다. 저 언덕 너머로 예수의 고향 나사렛이 보였다. 약 5㎞ 정도 떨어져 있는 거리다. 걸어서 2시간 정도면 족히 닿을 거리였다. 예수는 당시 가장 번화한 도시였던 찌포리를 자주 방문해서 그리스-로마 문화를 접했을 것이다. 예수의 아버지와 예수 자신 역시 이 도시의 여러 건설 현장에서 목수나 석수로 일했을 것이다. 예수의 설교 중 자주 등장하는 '위선자'(Hypocrite)라는 용어는 원래 그리스 고전에 등장하는 연극배우라는 뜻이었다고 한다. 예수는 당시 찌포리 원형 극장 연극 공연에서 배우가 가면을 쓰고 실제 생활과 전혀 다른 여러 가지 역을 연기하는 것을 보았을 것이고, 후에 겉과 속이 다른 종교지도자들을 가리켜 '이 찌포리 배우 같은 자들'이라고 빗대어 꾸짖지 않았을까 추측한다고 한다. 그만큼 예수의 하나님나라 운동에 그리스 로마 문화 역시 많은 영향을 끼쳤으리라 짐작한다. 찌포리의 유적들이 이를 증거한다. 유대 전통에서 자란 예수는 그리스어를 비롯한 그리스 문화도 자연스럽게 접했을 것이고 이것들이 그의 설교에도 반영되었을 것이다. 예수 당시 문화는 어느 하나가 독립되어 있지 않고 서로 교류하며 영향을 끼쳤음이 분명했다.

우리 일행을 태운 버스는 어느덧 나사렛을 통과하고 있었다. 불행히도 예수 당시 나사렛의 모습은 찾을 수 없었다. 몇 개의 산을 중심으로 형성된 현대적인 도시 사이로 복잡한 도로를 빠져나왔다. 나사렛에는 예수의 고향임을 기념하는 현대식 기념교회만 서 있을 정도였다. 약 2시간 반 정도를 달린 끝에 세계에서 오래된 몇몇 도시 중에 속하는 여리고에 도착했다. 여리고는 서안지구에 위치해 있는데 1967년에 이스라엘에 점령당했다가 1994년 이스라엘과 팔레스타인 해방기구의 극적인 합의로 팔레스타인 자치지구가 되었다. 하지만 말이 자치지구이지 이스라엘 군인들이 도시 입구에 검문소를 설치하고 출입객들을 철저히 통제하고 있었다. 또 그 옆에는 이스라엘 군인들이 캠프를 설치하고 중무기로 무장한 채 주둔하고 있었다. 우리가 탄 버스도 잠시 검문을 받았다. 도로 주변에 이스라엘군의 포격으로 부서진 건물들이 즐비했다. 40여 년간의 이스라엘의 점령통치에 반대하여 팔레스타인 민중들이 일으킨 대대적인 봉기(인티파다) 때에는 도시 전체가 이스라엘군에 의해 완전히 고립되었고, 그 결과 관광산업이 중단되어 서민들의 생계가 위협

받았다.[34]

여리고는 일찍이 자연 샘이 발달하였고 일만 년 전부터 사람이 살기 시작했다고 한다. 여리고는 사해에서 북쪽으로 수 마일 떨어져 있고 예루살렘에서는 24㎞ 정도 떨어져 있으며 해수면보다 1250피트 정도 낮은 곳에 위치한 고대도시이다. 구약성서에 보면 여호수아가 이끄는 이스라엘인들이 요단강을 건넌 후 처음으로 공격한 도시로도 유명하다(여호수아 6). 또 복음서에 보면 예수 역시 이곳을 종종 방문했을 정도로 매우 중요한 곳이다. 그중 여리고에서 세리 삭개오가 예수를 만난 얘기는 너무도 유명하다(눅19:1-10). 또 예수가 공생애를 시작하기 전 시험 받은 곳으로 알려진 광야가 바로 여리고 뒷부분에 위치해 있다. 이 때문에 여리고는 크리스천들이 성지로 여겨서 수시로 찾아오는 곳이었는데, 이스라엘의 군사점령으로 관광객이 뚝 끊어졌다고 한다. 현재는 조금 나아졌지만, 이스라엘은 이곳을 위험 지구로 간주하여 관광객들에게 가지 말 것을 조언하곤 한다. 이런 조언에도 아랑곳하지 않고 우리는 여리고로 들어와 이틀을 묵었다. 역시 이곳은 전형적인 팔레스타인의 한 도시였다. 곳곳에 우거진 야자나무와 올리브나무를 보면서 도시 전체가 평화롭게 느껴졌다. 도심 한가운데는 이슬람 사원이 웅장하게 자리 잡고 있었다. 지나다니는 시민들 역시 정겨웠다.

---

34 팔레스타인 민중들은 이스라엘의 점령에 반대하여 1987년 12월 9일 제1차 인티파다를 일으켰으며, 이 투쟁은 1993년까지 계속되었다. 그 후 2000년 2월에 이스라엘의 대레바논 폭격에 항의하면서 다시 제2차 인티파다가 일어났다. 이 결과 수많은 팔레스타인 사람들이 다치고 죽거나 수감되었다.

3

유대 광야 : 은둔과 저항의 영성

넷째 날 아침이 밝았다. 새벽에 이슬람 사원에서 우렁차게 울려 퍼지는 기도 소리에 잠을 설쳤다. 이슬람에서도 새벽기도를 한다고 생각하니 낯설지는 않았다. 물론 이는 이슬람 신자들이 하루에 다섯 번 드려야 하는 기도('살랏') 중 첫 번째 기도였다. 아침 7시 30분에 숙소를 출발했다. 오늘은 사해 주변의 유대 광야를 돌아보는 날이다. 예수가 떠돌면서 시험받고 하나님나라를 외치기도 하였지만, 종종 은둔하여 하나님나라 운동을 계획하고 고민했던 곳이다. 예수는 홀연히 우주로부터 떨어진 존재가 아니라 구체적인 지리적, 역사적 상황에 처해 고민하며 살았던 한 인간이었다. 그뿐 아니라 이미 그의 조상들과 동시대 인간들이 종종 이 유대 광야로 들어와 독특한 종교적 문화를 형성했다. 우리는 유대 광야에 있는 맛사다 요새와 쿰란 공동체로 일정을 잡았다. 우리는 다시 몇몇 검문소를 거쳐 먼저 맛사다로 향했다. 사해를 끼고 달리는 도로 곳곳이 풀 한 포기 없는 준 사막지대였다. 곳곳에 이상하게 형성된 자연 지형물들이 새로 멋지게 지은 건물들처럼 보였다. 과연 이곳에 사람들이 살 수 있을까 하는 의문이 저절로 들었다.

맛사다 요새 입구에 도착하니 관광객들로 북적거렸다. 대부분이 이스라엘사람들이었다. 맛사다는 고대의 산상 요새로 예루살렘이 함락된 뒤(A.D. 70) 일부 유대인들이 모여 로마군에게 마지막으로 저항했던 곳으로 알려져 있다. 물론 이 요새는 훨씬 그 이전부터 중요한 군사 요새로 사용되던 곳이다. 예루살렘이 로마에 함락된 후 팔레스타인 지역에 남은 960여 명의 유대인들이 이곳에 모여들었는데 이들은 무장투쟁을 주장하는 젤롯당들이었다고 한다. 이들은 만 오천 명가량의 로마군에게 2년 넘게 저항하다가, 로마군이 요새로 진입하기 직전 모두 자결했다고 알려진 곳이다. 그 후 5~6세기에 비잔틴 시대 교회가 세워지기도 했지만, 그 후 오랫동안 방치되다가 1950년대와 1960년대에 이스라엘에 의해 대대적으로 발굴되어 복원되었다. 현재는 이스라엘의 국가 성지로서 이스라엘의 민족주의를 고취하기 위해 가장 많이 홍보되는 곳이다. 해마다 이스라엘 군인들은 이곳에 와서 충성을 서약하며 이른바 '마사다 정신'을 되새긴다고 한다.

최근의 성서학자들 연구에 따르면, 현재에 유포되고 있는 이런 주장은 이스라엘 측의 의도적인 왜곡이라고 한다. 이번 여행을 주관한 성서연구학회 역시 현재의 맛사다설을 잘못된 것으로 비판했다. 이 마사다설의 근거로는 당시 로마에 투항한 유대인 어용 사가 요세푸스의 기록이 유일하다. 요세푸스에 의하면 맛사다에 들어온 사람들은 젤롯당들이 아니라 '시카리'들이었다고 한다. 종종 젤롯당과 시카리가 동일시되곤 하는데, 양자는 다른 집단이다. 시카리는 칼을 품고 다니며 주요 요인들을 암살하는 무장투쟁 조직이었는데 젤롯당과는 달리 유대 독립운동에 참여하지 않았다고 한다. 이들은 이스라엘 민중들의 지지를 받지 못했으며, 종종 사회 반역자 또는 악당이나 괴한들로 여겨졌다. 즉 이들은 로마에 저항하여 독립을 쟁취하려는 민족적인 대의보다는 사회불안을 이용하여 개인적인 야망을 충족하려는 치안들에 불과했다는 것이다.

요세푸스는 바로 이자들을 동족들마저 저버린 자들로 경멸적으로 표현하면서, 자신들의 헛된 야망을 이루기 위해 헛되게 분투하다가 로마를 통한 하나님의 심판을 받아 멸망했다고 기록했다. 자신들이 받을 바를 당연히 받았다는 것이다. 물론 요세푸스는 로마의 관점에서 대다수 유대인들의 도덕성을 옹호하는 한편 대규모 전쟁을 정당화하기 위해 이 이야기를 썼고 시카리들을 그 희생양으로 이용했다는 것이다. 요세푸스가 염두에 둔 시카리들 말고도 젤롯당과 비슷한 시카리들도 있었을 것이다. 그런데 이렇게 대규모의 사람들이 최후까지 항전하다가 집단으로 자살한 사건이 그의 저작에 이미 4번이나 되풀이되고 있고, 헬레니즘 문헌에도 16번이나 비슷하게 기록되어 있다고 한다. 그만큼 이 사건의 역사성 역시 의문이 든다는 말이다. 실제 그런 사건이 일어나기는 한 것인지, 집단 자살이 아니라 서로를 죽인 다음 몇몇 사람만 살아남은 것인지 정확하지 않다. 분명한 것은 이스라엘이 현재 침략전쟁을 정당화하는 이데올로기의 근거로 맛사다 이야기를 적극적으로 활용하고 있다는 것이다.

우리 일행이 케이블카로 정상에 도착해보니 믿기 어려울 여러 고대의 유적들이 남아 있었다. 특히 400여 미터나 되는 작은 산꼭대기에 자연수로를 만들어 물을 저장하고 사용했다는 것이 너무도 신기했다. 때마침 모여든 이스라엘 관광객들을 보니 저마다 숙연한 얼굴들이었다. 한 이스라엘 관광객은 이곳에 오니 너무 행복하고 감격스럽기까지 한다고 말했다. 문득 한 무리 사람들이 모여 찬송을 부르고 있었다. 이번에는 미국에서 온 크리스천 그룹이었다. 우리 일행은 의아해했다. 이곳은 크리스천하고는 관계없는 곳 아닌가? 그런데 왜 찬송을 부르고 기도를 하는 것일까? 아마도 보수 계통의 교인들인 것 같았다. 이스라엘을 동경하고 지지한 나머지 맛사다마저 성지로 생각하는 모양이다.

맛사다에서 내려와 다시 버스로 이동하니 곧 쿰란 국립공원이었다. 이곳은 현대 성서번역에 지대한 영향을 끼친 사해사본이 발견된 곳이다. 또한 예수 당시 유대교의 한 분파인 에세네파가 하스몬가의 반로마 저항 이후 예루살렘 성전예식에 반대하며 광야로 나와 이 산악지대에 공동체를 이루고 살았던 곳이다. 에세네파를 알기 위해서는 신구약 중간사에 대한 지식이 필요하다. 일찍이 희랍의 안티오코스(BC 175-164) 왕의 침략에 맞서 유대 광야에서 마카비 가문이 독립전쟁(BC162년경)을 벌이던 때 하시딤이라는 경건한 무리들이 포함되어 있었다. 이 하시딤은 이스라엘의 운명이 기운 것을 하나님의 뜻을 배반했기 때문이라고 보고, 함께 모여 율법을 연구하고 생활 속에서 그것을 엄격히 지키려고 노력했다. 이후 잠시 독립을 쟁취한 마카비 가문이 권력투쟁에 몰두하자 이들과 결별하였고 하시딤들은 다시 예루살렘을 떠나 광야로 들어갔다. 에세네파는 바로 이 하시딤의 후손들이다.

에세네파의 생활 강령은 무소유, 정결, 기도, 토라 연구, 노동이었다. 에세네파는 철저한 원시 공산공동체이자, 엄격한 규율을 가진 일종의 비밀공동체였다. 이들은 임박한 종말에 대비해 자신을 정화해야 한다고 믿었다. 그래서 하루에 두 번씩 정결례 목욕을 함으로써 마지막 날 새 이스라엘로 태어난다고 확신했다. 이들은 함께 공동 식사를 한 다음 각자 산 위의 동굴로 돌아가 지냈다고 한다. 대부분이 독신생활을 했다고 알려져 있는데 최근에 발견된 유물에는 여자의 유골들도 발굴된 것으로 보아 결혼한 이들도 있었으리라 추측하기도 한다. 또 이들은 한 방에서 율법서를 연구하고 필사했는데 이것들이 바로 사해사본의 기원이다. 곧 쿰란 공동체 사람들이 사해사본의 저자들인 것이다. 로마군이 진군해 오자 이들은 바로 이 성서 필사본들을 항아리에 담아 곳곳의 동굴에 숨겼다. 1947년 베두인족의 양치기 소년이 우연히 동굴에 들어갔다가 이 성서 사본을 발견하여 세상에 알려지기 시작했고, 그 후 대대적인 발굴작업으로 엄청난 양의 성서 사본들이 발견되어 현대 성서학의 발전에 크게 공헌한 바 있다.

쿰란 공동체에 올라 사방을 보니 돌로 이루어진 산들이었다. 수많은 크고 작은 동굴들이 곳곳에 흩어져 있었다. 먼저 산 중간에 있는 각종 유적지들을 돌아보았다. 정결례 목욕을 하던 곳, 회당 터, 성서를 필사하던 곳 등등. . . 신비스러운 공동체의 유적들이 아직도 생생하게 남아 있었다. 바로 눈 앞에 펼쳐진 계곡 중간에 있는 동굴들을 보니 사해사본이 발견된 곳 중 하나였다. 우리는 돌산을 올라가 보기로 했다. 과연 어떤 곳이기에 사람들이 그곳에서 살 수 있었을까? 가까스로 올라가 한 동굴에 들어가 보니 생각보다 너무 작았다. 그래도 사람이 들어가서 누울 수는 있는 곳이었다. 잠시 그곳에 앉아 멀리 눈 앞에 펼쳐진 유대 광야와 사해를 바라보았다. 주의 길을 예비하라고 외치는 세례 요한의 소리가 들리는 듯했다. 분명한 근거는 없지만 아마도 세례 요한은 이 쿰란 공동체의 영향을 받았을 것이다. 여기에 오든 오지 않았던 이 공동체에 대해 듣고 배우면서 예언자로 부름을 받았을 것이다. 에세네파처럼 금욕주의 생활을 했지만 세례 요한은 이들보다 더 적극적으로 세상의 악과 부조리에 대해 비판했다. 어쩌면 이 공동체의 영향은 예수에게까지도 미쳤을지도 모른다. 예수는 금욕주의와 은둔의 영성을 버리고 한 걸음 더 나아가 삶의 한 가운데서 민중들과 어울리며 하나님나라를 실현하는 쪽을 택했다. 대자연의 광활함과 신비함에 압도되어버리는 이곳에서 예언자의 소명은 어쩌면 당연했을지도 모른다. 하나님의 신비스러운 음성이 엄청난 계곡 사이로 울려 퍼지는 듯했다. 당장이라도 뛰쳐나가 무엇인가 말하고 싶은 충동이 느껴졌다.

4

예루살렘과 알 쿠드스: 세계 3대 종교의 공동 성지

유대 광야에서의 (영적인?) 체험을 간직한 채 여리고로 돌아와 하루밤을 더 묵었다. 마침 금요일이 이슬람 안식일이라 호텔은 사람들로 붐볐다. 아마 특별 모임을 하는 듯했다. 음악 소리와 떠드는 소리로 밤새 요란했다. 그럭저럭 또 다시 날이 밝아 토요일 아침이 되었다. 우리는 여리고를 둘러싸고 있는 '유혹의 산'(예수가 시험을 받았다는 산)을 다시 방문하기로 약속하고 세계 삼대 종교의 성지인 예루살렘으로 향했다. 유대인들과 그리스도인들에게는 예루살렘('평화의 도시')이지만 이슬람인들에게는 알 쿠드스((Al-Quds, '신성한 곳')라고 불리는 이 거룩한 도시야말로 이번 여행의 하이라이트다. 버스를 타고 다시 사해 쪽으로 나오니 예루살렘이라고 쓰여 있는 도로 표지판이 눈에 들어온다. 곧장 40여 분을 달리니 예루살렘 시내가 보인다. 곳곳에 허름한 베두인 마을과는 대조적으로 반듯반듯한 빌딩들로 이루어진 이스라엘 정착촌들을 보였다. 모두 이스라엘 정부의 영토 확장의 목적으로 불법적으로 들어선 것들이다. 유엔을 비롯한 국제 사회의 반대에도 이스라엘은 곳곳에 수많은 정착촌을 짓고 있었다. 따로 이스라엘인들만 사용하는 전용 고속도로를 건설하고 치안확보라는 명목으로 군대를 주둔시키고 있었다. 이 모든 것이 미국의 지원금으로 이루어졌다. 반면에 팔레스타인은 이들에 의해 나라 꼴을 갖추지 못한 채 지리적으로 찢겨지고 고립될 수밖에 없었다. 어떤 사람의 말대로, 마치 구멍이 숭숭 나버린 치즈 조각과도 같은 신세가 되어 버렸다.

이스라엘은 아직도 정복 전쟁 중이었다. 이른바 자국의 영토를 확장한다는 명분으로 그 땅에서 수천 년 동안 살고 있었던 팔레스타인인들을 무력으로 쫓아내고 난민화시키고 있었다. 21세기 현대 사회에서 아직도 이런 일들이 종교의 탈을 쓰고 버젓이 자행되고 있음에 놀랐다. 이스라엘은 팔레스타인과의 공존보다는 추방과 배척의 정책을 쓰고 있었다. 서안지구의 80%를 차지하고서도 모자라 계속 정착촌을 짓고 군대를 주둔시키고 있었다. 이들은 팔레스타인 전체 영토가 하나님이 약속한 자신들의 나라라고 확고히 믿고 있다. 이른바 유대교 근본주의 또는 시온주의가 이 정착촌의 이념적 배경이다. 현재 이스라엘 인구의 10% 즉 40여만 정도가 이들 정착촌에 살고 있고 테러로부터 자신들을 보호한다는 명목으로 민간인들조차 총기를 휴대하고 있을 정도이다. 정착촌은 이렇게 이 땅의 평화를 저해하는 가장 큰 걸림돌로 자리 잡아 가고 있었다.

예루살렘에 들어와 먼저 올리브 산(감람산)에 올라가 도시 전경을 보았다. 바로 눈앞에 겟세마네 골짜기가 보이고 옛 성벽 터가 있었다. 예수가 십자가의 길을 시작한 곳이다. 멀리 황금 돔으로 된 이슬람 사원이 보였다. 곳곳에 빼곡히 들어 서 있는 집들이 산등성이에 펼쳐져 있었다. 도시 전경을 바라본 후 우리는 버스에서 내려 예루살렘으로 들어가는 7개 문 중 하나인 사자 문을 통해 좁은 길을 따라 예루살렘 안으로 걸어 들어갔다. 바로 베데스다 연못 터가 있었다. 복음서에 보면 예수가 연못물이 움직일 때 천사가 내려와 병을 고쳐주기를 38년 동안 기다렸던 한 병자를 고쳐준 곳이다(요 5:1-9). 매우 큰 연못 터와 교회 터가 있었다. 바로 주위는 전형적인 예루살렘 주택가였다. 연못 입구로 다시 나오다 보니 "네 병이 낫기를 원하느냐?" "일어나 네 자리를 들고 걸어가라"는 성서 구절이 여러 가지 언어로 선명하게 새겨져 있었다. 예수님의 치유 기적이 재현되려면 얼마나 간절한 믿음이 필요한 것일까? 그 앞에서서 기도하는 사람들의 모습이 눈에 띄었다.

이윽고 작은 가게들로 가득 찬 구역으로 들어서니 예수가 십자가의 길을 걸었다는 '비아 돌로로사'(Via Dolorosa, '비탄의 길')이 시작되었다. 비아 돌로로사는 14개 지점으로 이루어져 있으며 각 지점마다 예수의 십자가 길과 관련된 성서 구절과 그림이 걸려 있었고 기념교회들이 들어 서 있었다. 예수가 실제로 이 길을 걸었는지 역사적으로는 알 수 없지만, 예수시대 이후 그리스도인들이 이곳을 십자가의 길로 정해 놓고 순례했다고 한다. 아마도 '믿음의 길'이라고 말하는 것이 더 정확할 것이다. 지금도 매주 금요일이면 예수의 십자가 길을 재현하곤 한다. 우리 일행은 각 지점에서 잠시 멈추어 성서 구절을 읽고 묵상하는 시간을 가졌다. 길이 너무 좁고 복잡해서 어떤 때는 서 있기조차 힘들었다.

'비아 돌로로사'는 예수 무덤교회(Church of the Holy Sepulchre)에서 절정을 이룬다. 6세기 무렵 그리스도교가 로마에서 콘스탄틴에 의해 공인되자 콘스탄틴의 어머니 헬레나 왕후는 예루살렘을 방문하여 예수가 졌던 십자가의 잔해와 무덤을 발견하도록 명령했고, 그 후 발견된 무덤 터 위에 큰 교회를 지었다고 한다. 모양이 원형으로 이루어져 있어서 유니콘이라고 불리고, 정교회, 아르메니안 교회, 가톨릭교회 등 서로 다른 전통의 교회들이 구역을 나누어 관리하고 있었다. 예수의 십자가 조각들이 발견된 곳, 십자가에 달려 죽자 바위가 흔들렸다는 바로 그 바위, 예수가 묻혔던 곳 등 여러 가지 기념 유물들이 있었다. 순례객들은 돌로 된 예수의 관 흔적 위에 손을 대고 입을 맞추곤 했다. 신을 만나려는 간절한 소망이 가장 깊이 배여 있는 듯했다. 모두 확인 불가능한 것들이지만 교회 역사상 수많은 그리스도인들은 그렇게 믿어 왔다.

우리는 동예루살렘으로 지역으로 넘어가 식당에 들러 식사를 했다. 유대, 그리스도교 유적으로 가득 찬 서예루살렘과는 달리 이 지역은 이슬람 지역으로 훨씬 한가했다. 주로 팔레스타인 사람들이 거주하는 곳인데, 이스라엘이 1967년 전쟁을 통해 이곳을 점령하고 주민들의 삶을 통제하고 있었다. 이들은 형식적으로는 이스라엘인이지만 사실상 팔레스타인 민족과 더 연대감을 느끼고 있다고 한다. 이들을 아랍계 이스라엘인들로 부르는데, 그만큼 이스라엘 안에서 이등 시민으로 차별을 받고 있다는 증거이다. 팔레스타인인들의 봉기가 일어났을 때 이들 역시 함께 봉기를 일으켰고 그 결과 많은 사람이 잡혀가고 죽었다고 한다. 예루살렘을 이스라엘과 팔레스타인이 공동 수도로 정해 국제개방도시로 발전시켜 나가자는 중재안이 나올 때마다 이스라엘은 번번이 거부했다고 한다. 팔레스타인 측이 양보하여 1967년 이전의 상태로 복귀하지 말고, 그 대신 예루살렘의 4분의 1가량만 팔레스타인 사람들에게 내어 달라는 제안마저도 거부되었다. 예루살렘의 단 한 뼘도 팔레스타인 사람들에게 양보할 수 없다는 것이다. 하지만 예루살렘은 이슬람의 3번째 성지이기도 하다. 벌써 2천여 년 동안 팔레스타인 사람들이 이곳에 거주해 왔다. 이들을 어떻게 다 쫓아내고 이스라엘만의 수도로 만들지 의아했다.

식사 후 우리는 다시 서예루살렘의 유대인 지역으로 옮겨가 살벌한 검문을 통과한 후 "서쪽 벽"으로 갔다. A.D. 70년에 로마군은 예루살렘 성전을 허물고 서쪽 벽만을 남겨 로마군의 위력을 과시하려 했다. 로마 시대에는 유대인들이 예루살렘에 들어오는 것이 금지되었다가, 비잔틴 시대 이후로는 나라를 잃고 떠도는 유대인들이 일 년에 한 번씩 찾아와 이 벽에 손을 얹고 통곡하며 기도하던 곳이라 "통곡의 벽"으로 불렀다고 한다. 이제 이스라엘이 건국되었고 해외에 사는 유대인들이 1990년대 중반까지 대거 귀환하여 더 이상 통곡할 일이 없으므로 서쪽 벽으로 부른다고 한다. 여전히 이곳은 이스라엘인들에게 성지이자 자신들의 과거 역사를 가르치는 중요한 곳이다. 마침 안식일이라 사진 촬영이 금지되었다. 남자와 여자가 기도하는 곳이 분리되어 있었다. 많은 사람들이 수도에서 손을 씻고 성벽으로 가 벽에 손을 대고 기도했다. 나도 성벽에 가서 손을 대보았다. 성벽 곳곳에 기도 제목을 적은 종이들이 꽂혀 있었다. 이들은 무엇을 위해 기도할까? 이스라엘의 건국을 신의 약속의 성취로 기뻐하며 계속적인 영토 확장과 번영을 위해 기도할까? 예수가 오늘 저 벽 앞에 서신다면 무엇을 위해 기도하실까? 예루살렘을 바라보며 통곡하셨던 예수는 오늘 이 현실에 또다시 통곡하지 않으실까? 이스라엘이 성벽 너머에 있는 이슬람교 사원에 맞서기 위해 불법으로 쌓고 있는 기다란 임시 통로는 많은 것을 생각하게 했다.

5

베들레헴 : 이스라엘의 억압으로 수난당하는 예수 탄생성지

해가 아직도 충천한 오후 5시경 다시 버스를 타고 우리는 예수 탄생의 성지 베들레헴으로 이동했다. 다시 검문소에 도착했다. 무장한 이스라엘 군인이 버스 안으로 들어와 여권을 보고 여행목적을 물었다. 버스가 검문소를 통과하니 바로 커다란 콘크리트 장벽이 눈에 띈다. 높이가 5m는 되어 보였다. 저게 무엇이냐고 물으니, 이스라엘이 몇 년 전부터 테러로부터 자국민의 안전을 지킨다는 명목으로 쌓고 있는 '분리장벽'이라고 대답했다. 베들레헴은 팔레스타인 자치구인데 이 도시 자체를 예루살렘과 단절시켜 버리겠다는 의도였다. 그래서 한 시간도 채 안 되는 거리에 있는 베들레헴시는 관광객들이 끊어진 지 오래였다. 상가들이 문을 닫고 경제가 침체되었다. 분리장벽과 살벌한 검문검색으로 베들레헴에 방문하기 어렵고, 이곳에 머물기는 더 어려운 실정이었다. 그래서 관광객들은 베들레헴보다는 예루살렘 유대인 지역의 호텔에 머물 것을 권유받곤 한다. 우리는 이스라엘에 점령되어 신음하는 성지 베들레헴을 직접 경험하기 위해 싼 호텔에서 이틀을 머물렀다. 무엇보다 팔레스타인 현지인들과 잠시나마 삶을 나눠보고 싶었다.

베들레헴에 도착한 첫째 날 밤 우리 일행은 팔레스타인 크리스천 가정에 초대되었다. 베들레헴은 이슬람인들 외에 약 30% 정도의 시민들이 크리스천들이다. 성서연구학회 측에서 주선한 만남이었다. 우리가 도착하자 먹음직스러운 저녁 식사가 준비되어 있었다. 먼저 집 뜰로 가 팔레스타인 전통식으로 닭고기를 요리하는 것을 보았다. 큰 화덕에 숯을 땐 다음 닭고기를 넣고 입구를 진흙으로 막은 후 그 열기로 고기를 익힌다는 것이다. 수천 년 동안 내려온 팔레스타인 고유의 요리법이라고 했다. 우리는 이렇게 구운 닭고기와 또 다른 팔레스타인 전통음식들로 식사를 했다. 우리를 초대한 사람은 조지(George)라는 사람이다. 그는 미국에 자주 왔다 갔다 하는 사람으로 팔레스타인의 현실을 외국에 소개하는 일을 사명으로 알고 있었다. 그의 늙으신 아버지는 대뜸 우리를 보자 아랍어로 뭐라고 인사 말씀을 하셨다. 무슨 뜻이냐고 물으니, 예수께서 고통당하신 것처럼 팔레스타인 형제, 자매, 가족들이 벌써 40년이 넘게 이스라엘의 억압으로 고통당하고 있다는 말이었다. 우리는 가슴이 숙연해졌다. 이 땅의 역사를 몸으로 체험한 분의 처절한 절규였다. 식사 후 대화가 이어졌다. 분리장벽으로 인해 이산가족 신세가 된 사람들 이야기에서부터 어느 날 하루아침에 삶의 터전을 빼앗기고 난민이 되어 이곳에 들어와 살게 된 사람들의 이야기도 있었다. 모두들 한결같이 이스라엘의 점령이 속히 종식되고 팔레스타인이 나라를 세워 사람다운 삶을 살 수 있기를 갈망했다. 대화는 그칠 줄 몰랐다. 간신히 3시간여가 지난 후 양해를 구하고 우리 일행은 숙소에 돌아올 수 있었다. 팔레스타인 사람들의 환대를 가슴으로 느낀 밤이었다.

다음 날은 일요일이라 우리는 교회에 갈 준비를 했다. 어제 음식 대접을 받은 집 주인 조지가 다니는 교회에 가기로 되어 있었다. 비잔틴식 가톨릭교회라고 해서 우리는 단순히 가톨릭 교회일거라고 생각했다. 하지만 막상 베들레헴 시내에 있는 이 교회에 가보니 이 교회는 가톨릭도, 정교회도, 개신교회도 아니었다. 이들 말에 따르면 예수시대 직후 세워진 초대 교회의 모습을 계승한 교회라고 했다. 더 정확히 말하자면 비잔틴 시대의 교회였다. 예배당은 정교회와 비슷했다. 약 한 시간 동안 아랍어로 진행된 예배는 복잡한 예식을 주문처럼 낭송하는 순서가 주를 이루고 있었다. 일어섰다 앉기를 자주 반복했다. 설교와 헌금 시간도 있었고, 성만찬 때는 우리 일행 모두가 초대되었다. 비록 언어와 전통은 다르지만 같은 빵 같은 포도주를 마심으로 그리스도인으로서 일치감을 느낄 수 있었다. 예배 후에는 전교인이 마당으로 나와 사제가 앞에 선 채 찬송을 부르며 한 바퀴 돌고, 다시 교회에 들어가 찬송을 불렀다. 친교 시간이 이어지는 듯했다. 얼마 후 교회당을 떠나면서 다들 손에 빵 봉지 하나씩을 쥐여주었다. 어떤 사람들은 우리에게도 먹어보라고 빵을 한 조각 떼어서 주었다. 다들 시골 사람들처럼 순박했다. 나는 한 사람에게 하나님을 아랍어로 뭐라고 부르는지 물어보았다. '알라'라고 대답했다. 그리스도교나 이슬람이나 아랍어를 쓰는 한 다 똑같이 '알라'라는 것이다. 같은 이름으로 신을 고백해서일까, 후에 사제와의 간담회에서 이들은 이슬람과 평화롭게 살고 있음을 알 수 있었다. 종교는 교리이기 이전에 삶의 문제이고, 이슬람과 그리스도인들은 자연스럽게 삶을 공유하고 있다는 것이다.

교회방문 후 우리는 아이다(Aida) 난민 캠프로 향했다. 어제 우리를 초대했던 조지와 그의 친구가 동행했다. 이스라엘이 1948년 나라를 세울 때 현지 팔레스타인인들을 무력으로 쫓아내고 삶의 터전을 파괴했는데, 그 결과 120만 명의 팔레스타인인들이 고향을 떠나 방황하다가 유엔이 정해준 60여 곳의 난민촌에 정착하게 되었다. 당시 팔레스타인 영토에 살고 있던 인구의 85퍼센트가 유대 시온주의자들에 의해 고향에서 추방당했다. 가자 지구 같은 곳은 주민의 80퍼센트가 난민들이다. 당시에 일어난 사건을 사람들은 '인종청소'라고 부른다. 최근 속속히 공개되고 있는 이스라엘 비밀문서들에 의하면, 1948년 당시 이스라엘은 대량학살, 테러, 강제철거, 주택파괴, 400여 팔레스타인 마을의 파괴 등 전면적인 인종청소를 자행했다. 팔레스타인인들의 씨를 말려버리고 그곳에 이스라엘을 세운다는 정책이었다. 2007년 현재 팔레스타인 난민촌은 서안지구(21곳)와 가자(Gaza, 8곳)를 비롯하여 인근 국가들인 요르단(10곳), 레바논(12곳), 시리아(10곳) 지역 등 여러 곳에 산재해 있다. 아이다 난민촌은 그들 중 하나로 베들레헴에 있다. 1948년에서 1968년

사이에 35개 마을에서 약 650여 가정 4000여 명의 주민이 난민이 되어 이곳에 정착하였다. 우리 일행이 도착하니 제일 먼저 높이 들어 서 있는 분리장벽이 눈에 띈다. 이 장벽에는 "인종차별적인 이 장벽을 허물라," "그 어떤 장벽도 평화를 허물지 못한다," "이스라엘은 분리장벽 공사를 중단하라" 등의 구호가 영어로 적혀 있었다. 작년에 미국 전직 대통령 지미 카터가 이 분리장벽을 새로운 인종차별정책('아파르트헤이트')이라고 비난했던 말이 떠올랐다. 그 악명 높던 아파르트헤이트가 남아프리카에서는 이제 철폐되었는데, 바로 이곳 성지에서 여전히 어두운 그림자를 드리우고 있었다.

마을 전체가 한국의 달동네와 비슷했다. 처음에는 긴급 대피용 천막촌으로 시작되었다가 콘크리트로 다닥다닥 집을 지어 오늘날의 난민촌이 된 것이다. 마을에 들어서자 자신들이 원래 살았던 35개 고향 마을의 모습이 벽에 그려져 있었다. 이들은 유엔으로부터 정식으로 고향 귀환권 (유엔 결의안 194호)을 부여받았고 자신들이 살던 집 열쇠도 간직하고 있다고 했다. 하지만 이스라엘은 이들 난민촌의 존재조차 인정하지 않는다. 난민촌 가운데 있는 라지(Lajee, 아랍어로 '난민'이라는 뜻) 청소년 봉사센터에 들러서 우리는 자세한 현황에 대해 들었다. 마침 영국에서 온 자원봉사자가 친절히 설명해 주었다. 화가이기도 한 그는 해외 곳곳에서 사진전시회를 개최해 팔레스타인의 현실을 알리고 여기서 얻은 돈으로 이 센터를 돕고 있었다. 난민촌 아이들에게 영어와 미술을 가리키고 있었다. 아이들이 놀 곳이 부족해 건물 옥상에서 놀곤 했는데 이스라엘 군인이 아파치 헬기를 동원해 무차별 사격을 가해 많은 아이들이 죽었다고 한다. 바로 저 앞 분리장벽 곳곳에 세워져 있는 초소에서 가하는 총격으로 주민들뿐 아니라 이곳에서 일하던 수녀들도 죽었다고 한다. 심지어 학교에도 총격을 가해 모든 창문들이 콘크리트로 봉합되어 있었다. 도대체 왜 무고한 시민들을 죽이냐고 물으니, 이유가 없다고 한다. 단지 이스라엘에게 대들지 못하도록 팔레스타인인들의 기를 죽이는 데 목적이 있다는 것이다. 너무 어이가 없었다. 이런 일들이 어떻게 일어날 수 있을까? 마을을 돌아보니 분리장벽으로 마을 전체가 고립되어 가고 있었다. 건물 옥상에 올라가 보니 바로 분리장벽 너머로 무화과 과수원이 보였다. 그 곁에 집도 몇 채 있었다. 얼마 전까지 학교에 오던 그곳 지역 아이들을 이제는 만날 수 없게 되었다고 한다. 건물의 제일 맨 위층은 이스라엘의 총격으로 인해 아무도 살지 않고 비어 있었다. 건물 곳곳에 총탄 자국들이 아직도 선명하게 남아 있었다.

마을 한 귀퉁이에는 이스라엘 군인들에게 잡혀가 감옥에 수감되어 있는 마을 주민들의 얼굴과 이름이 새겨진 현수막이 걸려 있었다. 현재 이스라엘 감옥에는 약 10,000여 명 정도의 팔레스타인인들이 수감되어 있는데, 이들 모두 이스라엘의 점령에 저항하여 투쟁을 벌인 자들이라고 한다. 난민촌은 마치 현대판 수용소와도 같았다. 이스라엘이 히틀러에 의해 강제 수용소에서 당한 고통을 이제 다시 팔레스타인인들에게 자행하고 있는 것이다. 얼마 전까지 흑인들을 사람 취급하지 않고 사회 한곳으로 격리시키고 차별하던 남아프리카 공화국의 아파르트헤이트가 이곳에서 자행되고 있었다. 주민들은 수시로 감시당하고 이동과 여행할 자유마저도 없었다. 가령 예루살렘을 방문하고 싶으면 이스라엘 정부의 통행허가증을 얻어야만 하고 검문소에서 줄을 선 채 검문을 기다려야 한다. 우리 일행은 충격으로 할 말을 잃었다. 더욱이 미국 정부와 유대인 및 보수 그리스도인들이 퍼붓는 지원금으로 최신식 무기를 구입해서 무고한 양민들을 학살하고 있다니? 우리 일행은 필자를 제외한 모두가 미국인이었는데, 모두 이런 불의한 현실을 개탄해 하면서 미국인임에 부끄러워하고 회개하는 듯했다. 그래도 이렇게 뜻있는 사람들이 자원봉사자로 자기 돈과 시간을 바쳐 난민들을 위해 일하고 있음에 감동하고 작은 희망을 발견했다. 그리고 아이들에게 인종 간, 민족 간 평화의 소중함을 교육하고 있음에 감사했다.

우리는 난민촌에서 받은 충격을 가라앉히기 위해 다시 시내로 이동해 점심을 먹었다. 그동안 말로만 들었던 팔레스타인 현실이 너무 참담했다. 성서에 나오는 골리앗은 오늘날의 이스라엘이고 그와 싸웠던 소년 다윗은 팔레스타인이라는 말이 귀에 쟁쟁했다. 팔레스타인은 아직 군대다운 군대를 보유하지 못하고 있고, 자치지역의 치안유지 병력 역시 빈약한 무기로 무장하고 있다. 반면에 이스라엘은 최첨단 과학무기로 무장하고 있고 심지어 핵무기도 보유하고 있는 것으로 알려져 있다. 이스라엘은 세계 10대 군사 강국이다. 과연 이런 골리앗에게 저항하는 소년 다윗의 돌팔매질은 어느 정도 위협적일까? 그것을 테러라는 이름으로 규정짓고 장벽까지 쌓으면서까지 사람들을 고립시켜야 할까? 삶의 기본권마저 제약당하고 있는 현실에서 저항하는 것은 당연하지 않을까?

오후에는 예수탄생 교회(Church of the Nativity)에 갔다. 베들레헴을 대표하는 성지이다. 넓다란 광장에는 팔레스타인 평화센터라는 간판이 붙은 건물이 있었다. 예수 탄생교회는 매우 웅장했다. 이 교회당 역시 헬레나 왕후의 명령으로 339년에 건설되었다. 물론 현재의 웅장한 교회는 530년 유스티아누스 황제에 의해 다시 건설되었다. 가장 최근에 이 예수탄생 교회에서 일어났던 비극적인 사건이 떠올랐다. 지난 2002년 4월 이스라엘군은 팔레스타인 저항군이 교회 맞은편에 위치한 오마르 빈 카탑 이슬람 사원에 숨어있다는 것을 알고 탱크로 저들을 소탕하려고 사원을 포위하려 했다. 그러자 245명의 팔레스타인 저항군 소속 사람들이 뛰쳐나와 예수탄생 교회로 몸을 숨겼다. 이스라엘군에게 죽는 것보다는 교회에 피신하는 것이 낫겠다는 생각에서였다. 이스라엘군은 다시 탱크로 예수탄생 교회를 포위하고 42일 동안 교회를 폐쇄했다. 그 안에 갇힌 사람들은 정교회와 아르메니안 및 가톨릭 사제와 수녀들의 도움으로 생명을 부지할 수 있었지만, 이스라엘군은 탱크와 총을 교회를 향해 겨눈 채 위협하며 이들과 대치했다. 그때의 상처가 교회 곳곳에 남아 있었다. 이스라엘의 통제가 중단되지 않았고 분리장벽이라는 새로운 억압이 자행되고 있었다.

예수탄생 교회는 웅장한 교회 외형과는 달리 들어가는 문이 너무 작았다. 모두 한 줄로 서서 허리를 굽히고 들어가야 했다. 이 문을 '겸손의 문'이라고 부르는데, 그 이유는 예수 탄생성지인 만큼 모두 허리를 숙여 겸손한 상태로 들어가라는 의미이다. 즉 말구유에 태어난 예수의 겸손을 배우라는 뜻이다. 또 다른 이유는 이슬람의 성전 파괴에 대비하기 위해서였다. 즉 이슬람 전사들이 말이나 전차를 타고 들어가서 성전을 부수지 못하도록 십자군 시대 주요 교회 문들을 봉해 버리고 작은 문 하나만 남겨놓았다는 것이다. 교회 안에는 순례객들로 북적였다. 누가 죽었는지 한창 그리스 정교회 장례미사가 진행 중이었다. 한참 줄을 섰다가 교회 지하 동굴에 들어가 보니 예수가 태어났다는 말구유가 놓였던 곳이 있었다. 동방박사들이 별을 보고 찾아왔다는 것을 암시하기 위해 별들로 장식되어 있었다. 다들 크리스마스 캐럴을 부르면서 예수 탄생의 의미를 되새겼다.

교회당을 나와 숙소로 돌아왔다. 일찍 저녁을 먹은 후 베들레헴에서 마지막 남은 일정에 참여했다. 팔레스타인 자치 정부의 최대 정파인 하마스 관계자를 만나기로 되어 있었다. 이 모임은 예루살렘에 근거를 둔 '사빌'(sabeel)이라는 단체가 주관했다. 하마스가 미국을 비롯한 서방 각국에 의해 테러단체로 규정되어 있어서 만나는 것 자체가 문제가 될 수 있다는 가이드의 설명 때문에, 우리 일행 중에서는 필자를 포함해 단 세 명만 용기를 내어 참석했다. 사빌이라는 단어는 아랍어로서 '길', '통로', '샘' 등을 의미한다. 이 단체의 공식명칭은 '팔레스타인을 위한 에큐메니컬 해방신학 운동'이다. 사빌은 예수의 삶과 가르침에 바탕을 두고 팔레스타인 그리스도인들 간에 일치를 도모하여 해방운동에 참여하며, 다양한 인종과 민족 간의 화해를 추구하는 것을 주목적으로 한다. 특히 팔레스타인의 현 상황과 팔레스타인인들의 존재를 세계에 바로 알리기 위해 노력하고 있다. 또한 고통당하는 팔레스타인인들의 삶과 투쟁을 신학적으로 해석하여 팔레스타인 해방신학을 정립하고 확산하는 것 역시 사빌의 주요 활동 중 하나이다. 무엇보다 예수가 2000여 년 전에 바로 이 팔레스타인에서 벌였던 하나님나라 운동을 오늘 이 땅에서 재조명하고 실천하고자 노력하는 것이 매우 감동적이었다. 흥미롭게도 그때나 지금이나 상황은 비슷하다. 그때는 로마의 식민통치하에 있었지만, 이제는 이스라엘의 점령 아래 팔레스타인 민중들이 고통당하고 억압당하고 있다는 것이다.

사빌은 1989년 팔레스타인 해방신학자 나임 아틱(Naim Ateekk) 박사가 팔레스타인 목회자들과 해외 신학자들을 중심으로 결성되었다. 현재 예루살렘에 본부가 있으며, 최근에 나사렛에도 사무실을 개설했다. 미국 연합그리스도교회(UCC)에서 파송한 선교사들이 이들을 돕고 있었다. 또 미국, 캐나다, 영국, 호주, 스칸디나비아, 아일랜드 등에 '사빌의 국제 친구들'이라는 후원조직이 결성되어 있으며, 이스라엘의 점령에 대항하는 팔레스타인의 저항운동을 해외에서 지원하고 있다. 한 해에도 사빌이 주도하는 국제회의가 여러 번 열리고 있으며, 참석자들에게 직접 팔레스타인의 현실을 체험할 수 있는 기회를 제공한다. 월 회보와 소식지를 출판하여 해외에 팔레스타인의 소식을 전하고 있다. 1990년 사빌이 주최하는 신학회의가 열렸는데, 팔레스타인의 현실, 팔레스타인 그리스도인의 정체성, 인티파다(봉기), 팔레스타인 해방신학 등의 주제가 논의되었다. 그 후 이 신학회의의 결과물이 묶여서 1992년에 『신앙과 인티파다: 팔레스타인 그리스도인의 소리』라는 제목으로 미국 올비스 출판사에서 출판되었다. 이 책에는 팔레스타인 신학자 나임 아틱, 유대교 신학자 마크 엘리스, 미국 여성 신학자 로즈마리 류터 등의 논문이 실려 있다.

필자가 이곳을 여행하는 동안 마침 사빌이 주최하는 국제회의가 베들레헴에서 열렸고, 운 좋게도 이들이 계획한 하마스와의 만남에 참여하게 된 것이다. 회의는 베들레헴의 한 호텔에서 열렸다. 이미 날이 어두워져서 우리 일행은 택시를 타고 회의 장소에 갔다. 40여 명의 참석자들이 회의 장소를 꽉 채우고 있었다. 대부분 미국과 유럽에서 온 사람들이었다. 잠시 후 하마스 대표가 회의 장소에 도착했다. 아랍 전통의 옷을 입고 있었다. 통역자가 아랍어를 영어로 통역하였다. 그는 지난 작년 1월 치러진 총선에서 베들레헴 의회원으로 당선되었다. 그 당시 그는 옥중에 있었다고 한다. 자신은 무슬림이지만, 그리스도인들을 친구로 여긴다며 참석자 모두를 환영했다. 베들레헴의 그리스도인들 다수가 자기를 지지했다는 사실을 밝히면서, 종교와 관계없이 베들레헴에 사는 사람들은 모두 다 팔레스타인 형제자매들이라고 말했다. 또한 그는 미국을 중심으로 한 서방 각국의 친 이스라엘 정책으로 팔레스타인의 현실이 왜곡된 채 알려지고 있으며, 특히 하마스가 테러조직으로 잘못 보도되고 있다고 지적했다.

이슬람 저항운동이라는 뜻의 하마스는 1987년에 소수의 급진적인 이슬람주의자들이 아라파트가 이끄는 팔레스타인 해방기구(PLO)의 노선에 반대하면서 생긴 단체이다. 당시 미국과 이스라엘은 팔레스타인 해방기구를 견제할 목적으로 하마스를 지원했다. 하지만 하마스가 미국과 이스라엘의 중동평화구상을 위협할 정도로 성장하자 태도를 바꿔 하마스 고립 작전에 나섰다. 팔레스타인 해방기구를 이끄는 파타당이 1993년 무력투쟁을 포기하고 미국과 이스라엘이 주도하는 평화협상에 참여하기로 결정했는데, 이는 결국 팔레스타인에게 더 큰 희생과 고통을 가져다주었다. 이로 인해 팔레스타인 민중들이 분노하게 되었고, 친미국, 친이스라엘적인 파타당에 등을 돌리고 오히려 무장투쟁들 고수하는 하마스를 지지하게 된 것이다. 그래서 2006년 1월 국제 선거 감시인단의 입회 아래 공정하게 치러진 총선에서 하마스는 국민들의 압도적인 지지로 파타당을 누르고 다수당이 되었다. 파타당을 이끄는 압바스 수반은 할 수 없이 하마스와 연정을 구성하였고, 총리 자리를 하마스에게 할당했다. 하지만 미국과 이스라엘을 비롯한 서방 각국은 하마스를 테러리스트 집단으로 규정한 채 대화를 거부하고 원조를 중단하였다.

이번에 만난 하마스 관계자는 이렇게 자초지종을 설명하면서 자신들은 테러리스트가 아니며, 이스라엘의 점령과 억압에 대항하여 정당한 투쟁을 벌이고 있다고 말했다. 미국의 고립 작전으로 어려움에 처해 있지만 결국에는 승리할 것이라고 말했다. 그리고 자신들의 존재를 바르게 알려 달라고 부탁했다. 최신 첨단 무기로 무장한 이스라엘에 맞서는 자신들의 저항이라는 것은 마치 골리앗에 맞서는 소년 다윗과 같이 작고 약하지만 절망하지 않는다고 했다. 하마스의 창설자 셰이크 아흐메드 야신은 2004년 이스라엘 저격부대에 암살되었고, 자신의 수많은 동지들이 이미 죽거나 감옥에 있다고 했다. 때때로 이들이 생각날 때마다 신의 이름으로 이들을 위해 기도하며 팔레스타인 국가 독립이라는 위대한 목표를 향해 싸울 것을 다짐한다고 했다. 1시간 반가량 진행된 강연과 질의응답은 너무도 진지하고 엄숙했다. 우리 일행 모두는 하마스에 대해 새롭게 인식하게 되었다. 속히 팔레스타인이라는 나라가 세워져 자유롭고 평화롭게 살 수 있는 날이 오기를 기원했다.

다음 날 아침 일찍 버스를 타고 베들레헴을 떠났다. 다시 서안지구와 여리고를 거쳐 요르단으로 돌아가기 위함이었다. 일정이 거의 끝나가고 있었다. 버스 창밖에 베들레헴 시내 곳곳의 풍경이 정겹게 눈에 들어왔다. 작은 언덕들을 보니 양들이 풀을 뜯고 있었다. 이곳은 목축이 성행하는 지역으로 젖과 꿀이 흐르는 땅 중 젖이 풍성한 땅에 해당된다. 버스에서 본 '목동들의 언덕'도 바로 저런 언덕과 비슷했다. 예수 탄생의 첫 번째 고지자인 목동들이 바로 저런 곳에서 생활했구나 하고 생각했다. 아직 3월의 날씨인데도 푸른 목초지가 펼쳐져 있었다. 유대 광야에서는 베두인들이 낙타를 치는 모습을 종종 보았는데, 이곳에서 보는 양떼들의 모습은 전혀 다른 풍경이었다. 물론 우리가 그림에서 종종 보던 그런 목가적인 풍경은 아니었지만, 양 떼들의 모습은 평화로워 보였다. 목동이 곁에 없는데도 자기들끼리 평화롭게 풀을 뜯고 있었다.

여러 가지 물음이 떠올랐다. 이 거룩한 땅이 무력으로 점령당한 지 40년이 넘었지만, 저 양 떼들이 누리는 평화가 인간들에게 도래할 때는 언제인가? 곳곳에서 예수 탄생을 축하하는 노래보다는 무력 점령으로 고통당하며 죽어가는 팔레스타인 민중들의 신음소리가 더 크게 들림은 어쩐 일인가? 예수가 맞서 싸웠던 '팍스 로마나'(로마의 평화)는 오늘 '이스라엘의 평화'로 바뀌어 되풀이되고 있었다. 그들이 외치는 '샬롬'(히브리어로 평화)은 무력을 통한 평화요 점령과 추방과 학살을 통한 평화였다. 예수가 목숨을 걸고 실현하려 했던 평화와는 너무나 거리가 멀었다. 예루살렘을 향해 통곡하던 예수, 예루살렘에서 십자가에 달려 죽은 예수는 오늘 이 거룩한 땅에 무슨 의미가 있는가? 예수의 발자취를 밟으며 점령지에서 만났던 여러 팔레스타인 사람들을 생각해 보니 예수는 여전히 그들 속에 살아 있음이 분명했다. 그분 예수는 여전히 평화의 상징이요 희망으로 그들 속에 자리 잡고 있었다. 과연 그들의 '살렘'(아랍어로 평화)은 언제 실현될 것인가? 억압과 점령이 종식되고 이스라엘과 팔레스타인이 이 거룩한 땅에서 함께 평화를 누리고 번영할 날은 언제일까? 예루살렘과 베들레헴을 가로지르고 있는 저 분리장벽을 허물게 될 날은 언제일까? 예수 탄생성지에서 예수는 내 가슴속에 부활하여 이렇게 묻고 있었다. <2007. 4. 25.>

우간다에서 만난 흑인 예수

1

비행기를 세 번씩이나 갈아타는 장기간의 여행 끝에 12월 7일 드디어 아프리카 땅 우간다에 도착했다. 그토록 멀기만 한 나라 아프리카, 그중 검은 대륙의 진주라고 불리는 우간다, 내게는 갖가지 내전과 에이즈로 얼룩진 참상과 비극이 먼저 떠올랐다. 국제공항이라기보다는 국내공항을 연상시키는 작은 규모의 엔테베 국제공항에 들어서자마자 더위와 함께 날파리떼가 몰려들었다. 공항 검색을 마치고 나가자 기다리던 사람들이 단번에 나를 알아보고 반갑다고 인사들을 했다. 우간다, 아니 아프리카 땅에 온 것을 진심으로 환영한다는 말을 반복해 들으면서 서로 인사를 나누고 내가 묵을 게스트하우스를 향해 차를 탔다.

나를 마중 나온 이들은 이미 연락을 받은 매튜 키반다(Matthews Kibanda) 교회 교인들과 친지들이었다. 당사자 매튜는 안수준비로 피정에 들어가 있어서 외부와 단절되어 있는 상태였다. 이번 여행은 참으로 뜻밖에 이루어졌다. 내가 목회하는 교회의 교우들 중 우간다 분들이 몇 분 있는데, 그중 한 분의 남편(매튜 키반다)이 2년 전에 성공회 신학교에 들어가 늦깎이 신학생이 되었고, 이번에 우간다 성공회에서 목사안수를 받게 되었다. 그런데 누군가 가족 대표로 안수식에 참여해야 하는데 그러지 못할 상황이었다. 그래서 내가 대신 참여하도록 부탁을 받은 것이다. 더불어 오랫동안 가족과 떨어져서 이주 노동자로 미국에서 살고있는 이분들의 현지 가족들을 직접 찾아가 소식을 전하고 서로를 위로하는 것도 이번 여행의 목적 중 하나였다. 이를테면 목회적인 목적의 여행인 셈이다. 때가 12월 중순인지라 성탄절 준비로 바쁘기도 해서 여행을 고려하지 않고 있다가, 다섯 분의 정성과 배려로 마침내 여행을 계획하고 서둘러 수속을 밟은 뒤 이곳 우간다 땅에 도착하게 되었다.

내가 묵은 나미렘베(Namirembe) 게스트하우스는 우간다 성공회 나미렘베 교구에서 운영하는 저렴한 숙소로 비교적 시설이 잘 갖추어져 있었다. 숙소 뒤로는 육중한 크기의 나미렘베 대성당이 자리 잡고 있었다. 이곳에 들어서자마자 총을 든 경비가 일행을 확인한 후 육중한 철문을 열어준다. 여전히 심각한 이곳의 치안 문제를 실감했다. 다음날에도 시내 곳곳에서 이런 무장 경비들을 종종 목격했다. 이 게스트하우스는 미국 성공회의 도움을 받아 지은 곳으로 기념비가 세워져 있었다. 우간다 성공회가 미국에 많이 의존되어 있음을 알 수 있다. 자정이 다 지난 시간인데도 시내 곳곳에서 고성과 음악 소리가 들려왔다. 때가 금요일 밤인지라 많은 곳에서 결혼식과 파티가 있어서 그렇다는 것을 나중에야 알았다. 성탄절을 앞둔 주말이 일 년 중 가장 좋은 결혼 시즌이라는 것이다. 서로 이때를 맞추어 결혼을 하느라 시내 전체가 시끄럽다는 것이다.

다음날은 토요일이었다. 안수식은 일요일 아침에 예정되어 있었기 때문에 주요 유적지와 시내를 둘러보기로 했다. 지난밤에는 전기가 나간 관계로 암흑 속에서 잠을 설쳤다. 다행히 안내해주기로 한 사람들이

늦게 와주었다. 준비해온 차를 같이 타고 먼저 동아프리카 최고의 대학이라고 이들이 자부하는 마카레레(Makerere) 대학교에 들렀다. 일찍이 식민지 시절 영국이 식민지 청년들을 교육하기 위해 만든 근대식 서구 교육기관이다. 한때는 최고의 시설을 자랑하는 대학으로 아프리카 각국에서 온 유학생으로 넘쳐났고, 특히 열대 병리학을 연구하기 위해서는 마카레레 대학교 의과대학에서 연구해야 할 정도로 유명한 대학교였다고 한다. 하지만 전반적으로 시설이 너무 낡았다는 인상을 받았다. 비좁은 학생기숙사 밖의 빨랫줄에 빨래들이 가득 널려 있는 모습이 이 대학의 시설을 말해 주는 듯했다. 캠퍼스 곳곳이 차가 다니기에는 너무 비좁은 비포장도로로 이루어져 있었다. 대학교 안에 있는 가톨릭과 성공회 채플을 둘러보았다. 마침 결혼식이 열리고 있어서 채플은 사람들로 북적거렸다. 국립대학 안에 채플이 있을 정도로 그리스도교의 영향이 매우 크다는 생각이 들었다.

다음으로 우리는 우간다 그리스도인들이 자랑하는 나무공고 순교자 사원(Namugongo Martyrs' Shrine)에 들렀다. 캄팔라 외곽에 있는 이 사원은 가톨릭과 개신교 순교자들을 추모하는 곳이다. 아프리카 전통 양식의 돔으로 이루어진 건물이 매우 인상적이었다. 가이드의 안내로 사원 안으로 들어가 벽화를 비롯한 실내 장식물을 둘러보았다. 영국 식민 통치가 시작되기 이전 바간다 왕국이 통치하던 1886년, 이제 막 선교사들로부터 세례를 받고 신앙인이 된 56명의 가톨릭 교인과 성공회 교인들이 신앙을 지키다 순교했다고 한다. 이들은 배교하라는 요구를 뿌리치고 끝까지 신앙을 지킨 결과 산 채로 화형당했다고 한다. 초대 교회에나 있을 법한 이야기가 이곳 우간다에서 120여 년 전에 일어났다. 그 후 영국이 식민통치를 하면서 영국 성공회가 거의 국가종교로 변해버렸고, 이들 순교자들은 사원에 모셔졌으며, 교황청에 의해 모두 성인으로 추대되었다. 교황이 두 번이나 이곳을 방문했다고 한다. 우간다 정부는 매년 6월 3일을 순교자의 날(국경일)로 정해 대대적으로 이들을 추모한다고 한다. 인근 여러 나라에서 순례하러 올 정도로 이곳은 동아프리카에서 유일한 그리스도교 성지가 되었다. 지금도 이들 순교성인들이 하늘나라에서 우간다 그리스도인들을 위해 기도하고 있는 모습이 그려진 벽화를 보면서 문득 한국의 초기 가톨릭 교인들의 순교가 떠올랐다. 오래전에 많은 사람들이 한반도의 작은 나라에서도 신앙을 지키기 위해 순교하지 않았던가? 어느 곳에서든 복음이 뿌리내리기 위해서는 이처럼 피의 순교가 필요한 것인가?

돌아오는 길에 시내에 들러 도미노 피자집에서 식사를 했다. 캄팔라 시내는 오랜 내전에도 불구하고 현대적인 건물이 제법 많이 들어서 있었다. 비좁은 도로에 그렇게도 많은 차량들이 요리조리 빠져나가는 모습이 신기했다. 교통경찰도, 신호등도 없는데 어떻게 운전하느냐고 물으니, 이곳은 '자기통제'가 교통경찰이요 신호등이라고 대답했다. 그만큼 아직도 복잡하고 풀기 어려운 여러 문제가 산적해 있다는 것이다. 당연히 교통사고가 빈번하게 일어나고 많은 사람들이 희생물이 되고 있다. 이곳에서는 우리가 상식적으로 생각하는 규칙이라는 것이 적용될 수 없는 것 같았다. 그만큼 아프리카가 안고 있는 저개발과 빈곤, 종족 간, 민족 간 분쟁의 문제가 복잡하고 뿌리 깊은 듯했다. 아프리카에서 비교적 교통상황이 괜찮은 우간다가 이 정도니 다른 곳은 어떨까?

시내 피자집은 초만원이었다. 세상에 피자 한 판에 10달러라니? 내가 사는 보스턴과 거의 똑같은 가격이 아닌가? 거기다 주스까지 따로 시켜야 하다니! 이곳 초등학교 교사 한 달 월급이 100달러라는데, 도대체 어떻게 10달러짜리 피자를 사 먹으러 이렇게 줄을 설 수 있단 말인가? 그만큼 빈부격차가 심하다는 사실을 나중에야 알게 되었다. 이곳은 그야말로 최상층만이 출입할 수 있는 우간다의 중심지였다. 나를 인도해준 사람은 부끄럽게도 이곳에서 최상의 삶을 누리는 사람들이었다. 그래서 자연스럽게 피자집으로 나를 안내한 것이다. 그것도 피자가 중국 음식에 비해 싸다는 말을 하면서. 현재 남아프리카에 기반을 둔 기업들이 우간다에 진출하면서 경제가 조금씩 좋아지고 있다는 말을 들었다. 독재자 이디 아민 시절 강제로 쫓겨났던 아시아인들이 계속 우간다로 유입되고 있다고 한다. 하지만 이것도 수도에 국한된 현상일 뿐이다. 수도를 조금이라도 벗어나면 대다수 민중들은 여전히 절대 빈곤의 문제로 고통당하고 있다고 한다. 대다수가 일하고 싶어도 일자리가 없다. 그래서 서로 도시로, 또 좀 더 잘사는 나라로 나가려고 애를 쓰고 있지만, 외국에 나가기는 하늘의 별 따기나 마찬가지다. 가족을 대표하여 미국으로 건너가 이주 노동자로 살아가면서 꼬박꼬박 본국 가족들에게 송금하는 우간다인들의 심정을 좀 더 이해할 수 있게 되었다.

2

매튜 키반다의 목사안수식은 11시로 예정되어 있었다. 일행과 함께 올 세인츠 대성당(All Saints' Cathedral)으로 향했다. 일요일인데도 시내는 복잡했다. 시내 곳곳에는 최근에 지은 듯한 현대식 이슬람 사원들이 눈에 띄었다. 중동의 이슬람 국가들로부터 지원을 받아 이슬람이 빠르게 진출하고 있다고 한다. 그래서 그리스도교 국가인 이곳 우간다에서도 아침이면 이슬람 사원의 기도 소리를 쉽게 들을 수 있었다. 이디 아민이 무슬림을 자처하면서 많은 그리스도인들이 어려움을 당했기 때문에 이곳 그리스도인들은 이슬람에 대해 매우 안 좋게 생각한다. 그리스도교를 빠르게 잠식하고 있다고 다들 걱정을 한다. 시내 한가운데를 지나면서 오순절교회 간판이 눈에 띈다. 다른 제3 세계국가들과 마찬가지로 이곳에서도 오순절교회가 급성장하고 있다. 형식을 중요시하는 성공회와는 달리 성령 운동을 강조하는 자유스러운 예배에 많은 사람들이 몰리고 있다고 한다. 물론 대부분이 외국 선교사들에 의해 시작되고 있다.

안수식은 일요일 낮 예배와 함께 열리기로 되어 있었다. 올세인츠 대성당은 제법 규모가 컸다. 대성당 옆에 간이 천막으로 만들어진 별도의 예배시설에서 사람들이 이미 1부 예배를 드리고 있었다. 주교 사무실로 가서 각종 준비로 바쁜 주교와 목사들을 만나 서로 인사했다. 선교사로 일하고 있는 미국인 두 명도 이번에 이곳에서 안수받는 모습이 신기했다. 전 세계적인 조직이 있는 성공회이기 때문에 가능했다. 검은색 피부의 아프리카 사람들 속에 백인들이 섞여 가족들과 함께 안수 예식을 준비하는 모습을 보면서 이제 교회 안에서는 인종차별의 문제가 해결되지 않았나 하는 생각이 잠깐 들었다. 물론 이는 나의 짧은 식견에 불과함을 나중에야 깨닫게 되었지만 말이다. 우간다는 여전히 서구에 깊이 의존되어 있으며, 부족주의(tribalism)라는 새로운 인종차별 문제로 여전히 고통을 겪고 있었다. 정치권 안에서뿐 아니라 교계 안에서도 여전히 부족끼리의 갈등이 만연해 있으며 이는 종종 종족 간 싸움과 각종 내전으로 발전하곤 한다는 것이다.

현재에도 종족주의는 아프리카 전 지역에서 가장 풀기 힘든 문제로 인식되고 있다. 단지 같은 종족이 아니라는 이유로 성직자들까지 학살하는 일도 있었다고 한다. 오죽하면, 몇몇 신학자들이 예수 그리스도를 참된 조상 중의 조상으로까지 강조하는 운동을 벌이고 있을까? 물론 이는 서구 제국들이 아프리카를 통치하다가 제2차 세계대전 후 종족 간의 특성을 고려하지 않고 임의대로 아프리카를 분할하여 단시일 내에 나라들을 독립시킨 데에 가장 큰 원인이 있다고 한다. 곧 분할하고 통치한다는 서구 제국주의의 씨앗이 오늘날 종족주의의 발아가 된 것이다.

예배는 전형적인 성공회식 예전 형태였다. 여기에 개신교식 예배가 혼합되어 있었다. 대주교를 비롯한 성직자들이 찬송을 부르며 입장을 했다. 다음에 성가대가 입장했다. 교회 안은 발 디딜 틈이 없었다. 텔레비전 방송국에서 카메라 기자가 나와서 예배 장면을 촬영했다. 복잡한 예전들이 끝난 뒤 드디어 안수식이 시작되었다. 성공회 성직질서에 따라 캐논(Canon), 사제(Priest), 부제(Deacon)의 순서로 안수식이 거행되었다. 물론 매튜는 이제 막 성직에 들어서는 단계이므로 맨 마지막 부제 안수 순서에 나가 안수를 받았다. 다른 성직은 그냥 대주교의 당부와 함께 가운에 거는 스톨(stole) 색을 갈아주는 것으로 끝났는데, 부제의 경우 대주교가 직접 이들의 머리에 손을 얹고 안수를 했다. 그런 다음 성공회 기도서를 주며 신앙적 권면을 했다. 특이한 점은 가족들을 앞으로 초대하여 기도하는 순서가 있었다. 혼자만 하는 목회가 아닌 가족 전체가 감당하는 목회로 인식하는 듯하다. 총 예식은 3시간 동안 진행되었다. 이윽고 설교와 성만찬 예식으로 예식이 마무리되었다. 모든 것을 영국 성공회가 가르쳐준 그대로 하는 듯했다. 주교와 사제들을 비롯한 교회 지도자들은 까만 피부색의 우간다인들로 바뀌었지만, 모든 예배순서는 여전히 영국 성공회와 다름이 없었다. 더욱이 공식 언어인 영어로 모든 것을 진행하고 있었다. 우간다 고유의 독특한 무엇을 기대했던 나에게는 실망이었다. 무릇 신앙은 보편적이라는 생각은 맞지만, 각 문화와 상황에 따라 다르게 표현되어야 하지 않겠는가? 우간다 성공회는 여전히 영국 성공회를 최고로 떠받들고 있다는 생각이 들었다. 영국 성공회에서 온 대표들이 함께 예전을 집례하는 모습에서 이런 생각이 뇌리에서 떠나지 않았다.

예식이 끝난 후 곧바로 축하행사가 열리는 곳으로 이동했다. 축하행사는 대개 안수받은 자들이 목회하고 있는 지역 교회에서 자체적으로 열린다. 교회 주차장에서 어떤 여자 목회자가 미국에서 온 나에게 다가와 인사를 건넨다. 보스턴 성공회 신학교에서 유학한 경력이 있다는 것이다. 나도 반가움을 표시하자, 멋진 초대장을 한 장 준다. 오늘 안수받은 기념 파티가 시내 호텔에서 열리니까 나보고 오라는 것이다. 의아했다. 안수 기념 파티를 호텔에서 열 정도면 얼마나 잘사는 것일까? 8년 전 목사안수 받던 내 모습이 생각났다. 10여 명의 가족과 선후배들과 함께 근처 식당에 가 점심을 먹었던 기억이 난다. 그게 다였다. 그런데 호텔이라니, 빈부의 격차는 일반 민중만의 문제가 아니라, 이미 목회자들 간의 문제이기도 했다. 이미 미국 유학까지 다녀오고, 또 그 자녀들도 현재 미국 유학을 하고 있으니 생활 수준을 짐작할 만했다. 이런 극심한 차이는 이후 몇몇 지역 교회들을 방문하면서 더 분명히 알게 되었다.

일행의 차에 실려 30여 분 뒤 도착한 곳은 매튜가 부교역자로 목회하는 성 누가(St. Luke) 교회였다. 전형적인 시골교회였다. 불어나는 교인으로 교회당 옆에 새로운 예배당을 짓고 있었다. 행사는 교회당 옆 마당에서 열렸다. 수백여 명의 교인들이 교회 마당 한가운데에 가득했다. 안수받은 2명을 환영하기 위해 꽃으로 개선문을 해놓았다. 이미 음식이 한 곳에 가득 준비되어 있었다. 다 같이 일어나서 찬송을 부르면서 안수받은 자들과 그 가족들의 입장을 환영했다. 이윽고 여러 환영 예식이 열렸다. 각 부서에서 나와 축하 찬송을 했다. 춤과 함께 진행된 순서들을 보며 아프리카인들은 선천적으로 음악적이라는 생각이 강하게 들었다. 비록 찬송의 내용은 단순하지만, 여기에 곁들여지는 음악과 춤은 풍성하고 화려했다. 꼭 마을 잔치 같았다. 모두 한곳에 부서별, 나이별로 앉아서 순서를 기다리고 있었다. 원로목사의 권면의 말씀과 축복기도로 3시간가량의 긴 축하 순서가 끝나고 드디어 식사 시간이 되었다. 뷔페식으로 아프리카 음식을 함께 나누어 먹으면서 다들 즐거워하는 모습이었다. 음악과 춤만큼이나 음식 역시 푸짐했다. 비록 그리스도교식으로 바뀐 축제였지만, 그 이면에는 축제를 중시하는 아프리카인들의 전통이 배여 있었다. 아니 축제는 이들 삶의 중심이었다. 어제저녁 방문한 곳에서도 이것을 느낄 수 있었다.

매튜가 살고 있는 지역의 고향 교회 어느 교인 집에서 나를 환영하는 만찬이 어젯밤에도 열렸다. 30여 명의 교인들이 마당에 잔치를 준비했다. 그곳에 도착하자 귀여운 여자아이가 꽃을 주면서 환영해주었다. 이윽고 최고 좋은 자리로 안내를 받고, 아이들이 준비한 환영순서 후 나에게 한 말씀 해달라고 부탁을 했다. 마치 시골 촌장에게 지혜를 구하듯 말이다. 그런 다음 푸짐한 음식으로 환영식은 절정을 이루었다. '손님을 맞는 것은 축복'(Guest is blessing)이라는 이곳의 속담이 사실임을 몸소 확인했다. 정말 이곳이 가난한 나라 우간다가 맞는지 의심스러울 정도였다. 물론 다음 날 아침 해가 밝은 후 이 지역이 매우 가난한 시골 동네임을 확인했을 때 이들의 손님 접대가 굉장한 것이었다는 것을 깨달았다.

이런 자리를 준비한 평신도 지도자 사라(Sarah)의 활동이 매우 두드러져서 기억에 남았다. 그는 온 교우들을 사실상 이끌고 있었다. 대뜸 왜 미국 성공회는 동성연애자들을 받아들이냐고 나에게 항의를 해댔다. 최근에 뉴햄프셔에서 진 로빈슨이라는 목사가 대주교로 서품받은 사건을 알고 있었다. 이는 성서적이 아니며, 미국 교회는 죄를 짓고 있다고 비난을 했다. 우간다 성공회는 공식적으로 이에 반대하는 입장을 표명했지만, 아직 미국 성공회와 관계를 단절하지는 않았다. 아니 곳곳에서 여전히 미국 성공회의 경제적 지원을 받고 있었다. 전형적인 서구 의존적인 교회의 모습이었다. 그렇게 비난하면서 왜 도움은 받고 있을까? 차라리 모든 면에서 독립을 이루면 이런 비판의 목소리가 더 떳떳하지 않을까? 나 같은 외부인의 눈으로 볼 때 우간다 성공회의 문제 역시 심각한데, 오히려 원조국인 미국 성공회가 너무 진보적이며 비성서적이라고 열을 올려 비판해댔다.

나는 별로 할 말이 없었다. 미국이라는 나라는 너무 크고 다원적이어서, 뭐라고 한마디로 단정 지을 수 없다는 것, 특히 우간다의 관점에서 뭐라고 비판하기에는 문제가 너무 다양하고 복잡하다는 것, 같은 미국 성공회 내에서도 여러 가지 다양한 입장의 그룹이 있다고 몇 마디만 설명해 주었다. 전통 그리스도교의 영향 아래 있는 우간다가 실질적인 자립과 성장을 이루기를 바랄 뿐이었다. 사실 미국 성공회는 영국 성공회에서 출발했지만, 현재 '에피스코팔 교회'(Episcopal Church, 주교 교회)라는 독립적인 이름으로 부르고 있다. 또한 '신부'나 사제라는 이름보다는 '교구 목사'(rector)라는 이름을 사용하고 있을 정도로 전통적인 영국 성공회(Anglican Church)와는 매우 다르다. 미국 성공회는 이미 여자를 목사로 안수했으며, 교구마다 다양한 신학적 입장과 전통을 가지고 있다. 이에 비해 우간다 성공회는 매우 전통적이고 보수적이며, 100여 년 전 영국 성공회의 모습을 그대로 따르고 있었다. 당연히 100여 년 전 영국 성공회의 모습으로 현재의 미국 성공회를 판단하기에는 무리가 있지 않을까?

3

우간다를 떠나기 전날 뜻밖에도 한국 선교사들을 만날 기회가 생겼다. 미국 다음으로 전 세계에 선교사를 제일 많이 파송하는 나라가 한국이다 보니, 당연히 이곳 우간다에도 한인 선교사들이 들어와 있었다. 지난 일요일 안수식 때 올세인츠 대성당에서 우연히 한국 선교사들을 만났는데, 떠나기 전날에서야 만나기로 약속이 잡혔다. 영국 성공회가 주류인 이곳에서 한인 선교사들은 무슨 일을 하고 있을까? 듣기로는 이곳에 사는 약 200여 명의 한인들 중에 약 70퍼센트가 선교사들이라고 한다. 대부분 장로교에서 파송되어온 분들이다. 이렇게 한국은 선교 강국임을 전 세계 곳곳에서 과시하고 있지만, 우리의 또 한쪽 조국인 북한은 오래전부터 이곳에 군사고문단 파견을 비롯하여 군사지원을 하고 있었다. 남북 모두 우간다와 수교를 했지만, 한쪽은 군사지원으로, 다른 한쪽은 선교사 파송으로 각기 다른 일을 하고 있었다. 참 미묘한 느낌을 지울 수 없었다. 시대가 낳은 비극이라는 생각이 들었다. 어떻게 같은 민족이 같은 곳에서 서로 다른 일을 하고 있을까?

맨 처음 찾아간 곳은 한국 선교사가 운영하는 신학교였다. 작은 캠퍼스 안에 교실과 채플, 도서관, 기숙사 등의 시설을 갖추고 있었다. 현지인 70여 명이 학생으로 등록하고 있다고 한다. 한국 선교사들이 10여 년 전에 세운 학교로서, 현재는 학교 경영권을 우간다 현지인에게 넘기는 작업을 하고 있다고 한다. 무엇을 가르치냐고 물으니, '전도학'과 '로마서 강해'를 가르친다고 말한다. 복음적이고 신앙적인 목회자 후보생을 육성하는 것이 목표라고 한다. 정기적으로 학교 채플에서 부흥회를 연다고 한다. 그야말로 한국 장로교단의 보수적인 신앙이 우간다인들에게 그대로 전수되고 있었다. 한국의 교회성장을 배우기 위해 학생들을 선발해 한국을 방문하는 프로그램도 있다고 한다. 그때마다 우간다 신학생들은 한국 대형 교회들을 방문하고 많은 감명을 받는다고 한다. 이 모두가 한국 교회성장이 이루어놓은 결과임을 그는 계속 강조했다. 일면 타당성이 있는 듯했다. 한국 교회가 그토록 급성장했기에 이 오지 아프리카에도 너도나도 진출해 학교를 짓고, 현지인 목회자를 배출해 내고 있으니 말이다. 이들에게는 한국 교회의 성장, 특히 대교회의 성장이 모델이었다. 그리고 그 모델을 그대로 전수하고 있었다. 한국 교회의 세계화, 우간다 교회의 한국 교회화가 목표였다. 최근에 폭발하고 있는 여러 대형 교회의 문제들은 아랑곳없이 이곳 아프리카 선교지에서는 전혀 다른 모습으로 열매를 맺고 있었다. 과연 한국 교회의 대형 교회들과 그들이 자부하는 보수 정통신학이 우리가 전해야 될 복음일까? 여러 물음이 머리에 맴돌았다.

다행히 우연히 만나게 된 또 다른 선교사에게서 좀 다른 이야기를 듣게 되었다. 우간다에는 목회자 수준이 너무 낮다고 한다. 고등학교 졸업 후 2~3년만 교육받으면 바로 목사가 될 수 있다. 특별한 경우 신학교육 없이도 목사가 되며, 시골의 경우는 상황이 더욱 열악하다. 그리고 우간다 교회가 너무 서구 의존적이어서, 이를 주체적으로 극복할 수 있는 좀 더 수준 높은 신학교육이 필요하다는 것이다. 곧 우간다인 스스로 우간다 교회가 처해 있는 문제들을 파악하고 해결할 수 있도록 신학교육의 질을 높여야 한다는 것이다. 이는 당연히 우간다 그리스도교의 토착화 작업과도 관계가 되어 있었다. 선교사가 아무리 서구신학을 가르쳐도 우간다인들에게는 너무도 어렵고 난해하며, 딴소리처럼 들리는 게 현실이란다. 그래서 그는 우간다 현실에서 해석된 신학, 주체적인 신학, 우간다 문화와 사회적 문제에서 출발하는 우간다 민중 해방신학이 필요하다고 역설했다.

우간다 북부에서는 오랫동안 정부군과 반군이 전쟁을 벌여서 곳곳이 황폐해졌다. 그리고 시골로 내려가 보면, 일부다처제와 신부지참금 문제, 종족 간의 갈등 문제, 에이즈 감염으로 인해 많은 민중이 고통을 당하고 있다. 반면 정치권은 현 대통령이 장기 집권하면서 조금 안정을 이루었다고는 하지만, 여전히 각종 부패가 만연해 있다고 한다. 오죽했으면, 우간다의 가장 큰 문제가 '에이즈'(AIDS)가 아니라 '에이디즘'(Aidisim, 원조병)이라는 말까지 할까? 이런 상황에서 필요한 것이 바로 아프리카 토착화신학, 여성신학, 해방신학이라는 것이다. 너무도 뜻밖이었다. 대부분의 선교사들이 보수신앙 일색인데, 이런 생각을 하는 선교사도 있다니. 물론 이런 이야기를 선교사들 사이에서 공개적으로 말할 수 있는 분위기는 아니라고 한다. 다들 교회성장과 전도, 제자화 훈련, 개인 경건훈련 등에는 관심을 갖고 있지만 정작 우간다 사회와 교회 자체의 문제에는 관심을 갖고 있지 않다는 것이다. 그러면서 그는 자신이 구상하고 현지인들과 함께 추진하고 있는 아프리카 대학원(Africa Graduate School)의 커리큘럼을 보여주었다. 페미니즘 과목이 포함되어 있었다. 그 이유를 물으니, 억압받는 여성의 해방이 가장 필요한 곳이 바로 이곳 아프리카이기 때문이란다. 아프리카인 스스로 문제 의식을 가지고 이 학교를 이끌어가게 하는 게 목표란다. 현재 이를 위해 교수진을 확보하고 신학 도서를 모으는 중이었다.

그러면서, 그는 현재 아프리카 전 지역에서 진행되고 있는 아프리카 토착화신학, 해방신학의 움직임들을 자세히 소개해주고 책도 살 수 있게 해주었다. 캄팔라 시내의 한 서점에서 손바닥 만한 크기의 엽서도 구입할 수 있었다. 그 엽서는 예수를 검은색으로 표현하고 있었다. 흑인 예수의 모습이 내 마음 깊숙이 새겨졌다. 그토록 만나고 싶어 하던 흑인 예수를 여기에서 만나다니. . . 가슴이 뭉클했다. 예수가 이곳에서는 이렇게 검은 피부색을 가진 자로 묘사될 수 있구나. 아 이곳에서는 이 흑인 예수가 바로 진정한 예수구나. 그렇다면 대다수 한인 선교사들이 이곳에서 가르치는 예수는 어떤 예수일까? 아직도 금발 머리에 하얀 피부색을 한 전형적인 백인 예수일까? 아니면 한국의 많은 신앙인들이 믿고 있는 복 방망이 예수일까? 백인 예수에서 진정한 한국인 예수로, 다시 백인 예수에서 흑인 예수로 넘어가는 회심의 과정은 언제쯤 이루어질까? 손바닥 크기의 작은 엽서 속에 갇혀 있는 흑인 예수가 우간다 곳곳에서 부활할 때는 언제일까? 우간다에서 만난 흑인 예수는 이렇게 묻고 있었다. <2005. 2. 18.>

이정순

· 충남대학교 영어영문학과 졸업(문학사)
· 목원대학교 신학대학원 졸업(신학석사)
· 목원대학교 대학원 신학과 졸업(신학박사)
· 미국 Boston University 졸업(신학박사)
· 현재 목원대학교 신학과 교수(조직신학, 종교철학, 영성).

대전환시대의 한국교회

초판 1쇄 발행 _ 2023년 8월 25일

저 자 • 이 정 순
발 행 인 • 정 현 걸
발 행 • 신 아 사
인 쇄 • 대명프린팅
출판등록 • 1956년 1월 5일 (제9-52호)
주 소 • 서울시 은평구 통일로 59길 4(2F)
전 화 • 02)382-6411 · 팩스 02)382-6401
홈페이지 • www.shinasa.co.kr
E-MAIL • shinasa@daum.net

ISBN 979-11-92428-96-3 (93230)

정가 17,000 원